Kati Förster (Hrsg.)

Strategien erfolgreicher TV-Marken

Kati Förster (Hrsg.)

Strategien erfolgreicher TV-Marken

Eine internationale Analyse

VS VERLAG

Bibliografische Information der Deutschen Nationalbibliothek
Die Deutsche Nationalbibliothek verzeichnet diese Publikation in der
Deutschen Nationalbibliografie; detaillierte bibliografische Daten sind im Internet über
<http://dnb.d-nb.de> abrufbar.

1. Auflage 2011

Alle Rechte vorbehalten
© VS Verlag für Sozialwissenschaften | Springer Fachmedien Wiesbaden GmbH 2011

Lektorat: Barbara Emig-Roller | Eva Brechtel-Wahl

VS Verlag für Sozialwissenschaften ist eine Marke von Springer Fachmedien.
Springer Fachmedien ist Teil der Fachverlagsgruppe Springer Science+Business Media.
www.vs-verlag.de

Umschlaggestaltung: KünkelLopka Medienentwicklung, Heidelberg
Gedruckt auf säurefreiem und chlorfrei gebleichtem Papier
Printed in Germany

ISBN 978-3-531-18036-6

Vorwort

Warum schalten wir nach einem langen Arbeitstag an unserem ganz persönlichen Fernseh-
abend das ZDF und nicht ProSieben ein? Warum baut die ABC in den USA ihre Kommunikation rund um Serien wie Desperate Housewives auf, während die BBC und ITV in
Großbritannien den Sender als Marke in den Mittelpunkt stellen? Wie gelingt es spanischen
Sendern, das Internet und auch mobile Endgeräte so gut zu integrieren? Diesen Fragen geht
das vorliegende Buch nach, indem es nach unterschiedlichen Markenführungsstrategien im
internationalen Umfeld sucht, indem es den Blick auf erfolgreiche Konzepte richtet und
ebenso Unschärfen in Markenversprechen und ihrer Umsetzung in Programm- und Kom-
munikationsstrategien aufdeckt.

Im Mittelpunkt des Interesses steht der Markenauftritt verschiedener TV-Marken, von der
Analyse der Markenpersönlichkeit und der Markenversprechen über deren Abgabe mit
kommunikationspolitischen Instrumenten bis hin zur Umsetzung in eine entsprechende
Programmpolitik, dies immer mit Blick auf Rahmenbedingungen und Mitbewerb.

Dazu wurden elf Sender in vier verschiedenen Märkten nach einem einheitlichen Analyseschema betrachtet: Die Netzwerke der ABC, NBC und CBS in den USA; der öffentlich-
rechtliche Sender BBC1 und der private Sender ITV1 in Großbritannien; La1 und Antena 3
in Spanien sowie das ZDF, RTL, ProSieben und Sky in Deutschland. Durch die tiefgehende
Analyse werden nicht nur die Besonderheiten einzelner TV-Marken deutlich, es zeichnen
sich durch einen direkten Vergleich ebenso Muster für die verschiedenen Märkte ab. Überdies lassen sich länderübergreifend Trends und Erfolgsfaktoren feststellen, die sich neben
einer stärkeren crossmedialen Markenführung (Mobile, Internet und TV) auch auf die Rolle
von Eigenproduktionen richten.

Der vorliegende Band entstand im Rahmen eines Seminars zum Thema Case Studies in
Media Marketing im Masterstudium Medienmanagement an der Fachhochschule St. Pölten
und bildet in dieser Form eine transdisziplinäre Sicht auf das Forschungsfeld der Medienmarkenführung ab, indem sie kommunikationswissenschaftliche mit ökonomischen Theori-
en verknüpft. Diese Fallstudien bieten so der geneigten Leserin und dem interessierten
Leser aus Wissenschaft und Praxis einen kritischen Einblick in den Status Quo der TV-
Markenführung in verschiedenen Märkten.

Mein Dank gilt all jenen, die mich immer wieder inspirieren. Heute und mit diesem Buch
danke ich vor allem den Studierenden mit ihrem Wissensdurst, ihrer kritischen Neugier und
offenen Diskussionsbereitschaft. Mit ihnen und durch sie ist dieses Buch entstanden.

Inhalt

TV-Markenführung:
Besonderheiten, Strategien und Instrumente

Kati Förster

1 TV-Markenführung: Ein Problemaufriss

Wie schafft es ProSieben die im Vergleich jüngste Zielgruppe in seinem Wettbewerbsumfeld zu erreichen? Warum sind ProSieben und RTL Lovemarks, während Zuschauer der ARD und dem ZDF ein eher diffuses Markenbild bescheinigen?[1] Welche Rolle spielen hier die Markenidentität, die Markenwerte, das Markenversprechen? Welche Markenführungsstrategien werden von den erfolgreichen TV-Sendern eingesetzt und was können wir lernen, wenn wir „über den Bildschirmrand" in andere Länder, in andere Märkte schauen? Kurz: Was macht TV-Sender zu erfolgreichen Marken?

Die Bedeutung von Medienmarken für Rezipienten ist mittlerweile in der wissenschaftlichen Auseinandersetzung unbestritten. Zu ihren Funktionen auf Seiten des Rezipienten werden etwa die Komplexitäts- und Risikoreduktion als kognitiv entlastende Funktionen oder auch die Identifikation und das Prestige als aktivierende Komponenten gezählt.[2] Neben dieser wirkungsbezogenen Perspektive wurden die Besonderheiten der Medienmarkenführung[3] sowie die grundlegende Übertragbarkeit des Markenkonzeptes aus einer medienökonomischen Sicht[4] umfangreich diskutiert. Zudem haben verschiedene Autoren bereits Aspekte wie etwa die Rolle der Programmpolitik für die Markenführung hervorgehoben[5] und konstatierten ihr hinsichtlich der Glaubwürdigkeit, Kompetenz und Profilierung eine hohe Bedeutung.[6]

Doch stellt man sich die Frage, mit welchen Strategien und Instrumenten es TV-Sendern auch im internationalen Umfeld gelingt, einen hohen Markenwert aufzubauen, fehlt es an systematischen Analysen, die kommunikations- und wirtschaftswissenschaftliche Erkenntnisse gleichermaßen berücksichtigen. Einzelne Elemente werden in bestehenden Analysemodellen häufig ausgeblendet oder zumindest in unterschiedlicher Relevanz behandelt. So analysiert etwa Wolff[7] die Programmpolitik verschiedener TV-Sender vor dem Hintergrund der Markenführung, berücksichtigt aber nicht deren Kommunikationspolitik. Zudem lohnt ein Blick in andere Länder, um etwaige Benchmarks zu erkennen und hinsichtlich ihrer generellen Validität auch in anderen Märkten zu bewerten.

Das Ziel des vorliegenden Beitrags besteht darin, Erfolgsfaktoren für die TV-Markenführung zu identifizieren. Dazu werden zunächst wichtige Elemente dieses Markenführungsprozesses definiert, eingeordnet und operationalisiert. Das so entstehende Analysemodell soll die Grundlage für die folgenden explorativen Fallstudienanalysen bilden. Dies erlaubt nicht nur eine systematische und tiefgehende Untersuchung, darüber hinaus dient es einer besseren Vergleichbarkeit und der Identifikation von internationalen Benchmarks für einzelne Elemente des Markenführungsprozesses.

---

[1] Vgl. dazu Förster/ Grüblbauer 2010: 650
[2] Vgl. etwa Berkler 2008: 126; Siegert 2001: 40
[3] Vgl. dazu Baumgarth 2004: 8ff.
[4] Vgl. Berkler 2008
[5] Vgl. etwa Wolff 2006
[6] Vgl. dazu Heinrich 1999: 506; Paus-Hasebrink et al. 2006: 236f., Holtmann 1999: 348
[7] Vgl. Wolff 2006

2 Strategische TV-Markenführung

Die Grundlage für die vorliegende Analyse bietet die Perspektive der Markenidentität und damit der Identitätsorientierten Markenführung. Dieser Ansatz, der sich derzeit großer Beliebtheit erfreut, ist im Grunde nicht neu. Bereits 1939 nutzte Domizlaff die Analogie zwischen Marken und menschlicher Persönlichkeit, indem er zum Ausdruck brachte, dass jede Marke ein „Gesicht wie ein Mensch hat".[8] Für die TV-Markenführung bedeutet dies, dass Markenführung dann als erfolgreich bezeichnet werden kann, wenn es gelingt, einem TV-Sender dieses klare „Gesicht" zu geben. Doch wie genau kann dieses gestaltet bzw. operationalisiert werden?

In Anlehnung an Kapferer wird die Markenidentität als Aussagenkonzept, das Fremdbild (Markenimage) als Akzeptanzkonzept gesehen. Mit anderen Worten: Die Markenidentität beschreibt letztlich die Soll-Position (Wie möchte ich als Marke gesehen werden?), das Markenimage veranschaulicht die Ist-Position (Wie werde ich tatsächlich gesehen?). Somit bildet die Festlegung der Markenidentität die Basis jeglicher Markenführung, indem sie mit der Definition der Markenwerte, der -philosophie und der einzelnen Dimensionen die grundsätzliche Richtung vorgibt. Inwiefern das intendierte und so entworfene „Gesicht" mit dem tatsächlichen (Image) übereinstimmt, wird im gesamten Markenführungsprozess bestimmt. Die folgenden Ausführungen beziehen sich daher zunächst auf die *strategische* Ebene, reichen also von der Festlegung und Operationalisierung der Markenidentität über die Identifikation einer geeigneten Positionierung im Wettbewerbsumfeld bis hin zur Wahl entsprechender Markenstrategien. Die Übersetzung der intendierten Markenidentität auf der *taktisch-operativen* Ebene erfolgt im TV-Markenmanagement vor allem über programm- und kommunikationspolitische Instrumente (vgl. Kapitel 3 und 4), distributions- und preispolitische Maßnahmen spielen für die TV-Markenführung eine untergeordnete Rolle.[9]

2.1 Elemente und Grundlagen der Identitätsorientierten Markenführung

Für die Erfassung (und damit auch Steuerung) der *Markenidentität* wurden verschiedene Ansätze entwickelt, die für die vorliegende Analyse genutzt werden können. Das Identitätsprisma von Kapferer – der erste Ansatz in diesem Zusammenhang – unterscheidet sechs verschiedene Dimensionen, welche die Bilder des Senders in der Innen- und Außensicht darstellen.[10] Es umfasst dabei in der *Außensicht* das Erscheinungsbild der Marke, die Reflexion durch die Nutzer sowie die Rolle, die eine Marke in zwischenmenschlichen Beziehungen spielt. In der *Innensicht* fokussiert der Autor auf die intern geteilte Markenpersönlichkeit und Kultur sowie das Selbst-Image der Kunden. Insgesamt bleibt Kapferer in seinem Modell eher vage, indem er die Operationalisierung weitgehend ausblendet.

---

[8] Domizlaff 1939: 92
[9] Anm.: Die Einteilung dieser Politiken basiert auf den klassischen Marketing-Mix-Instrumenten (4 Ps) von Kotler: Product, Promotion, Place, Price.
[10] Vgl. Kapferer 2008: 182ff.

Ein etwas konkreterer Ansatz stammt von Aaker und Joachimsthaler, deren Modell aus drei ineinander gebetteten Identitätsringen besteht (Markenessenz, Kern-Identität, erweiterte Markenidentität), die ihrerseits wiederum aus vier unterschiedlichen Perspektiven gespeist werden: Marke als Produkt, Marke als Organisation, Marke als Person, Marke als Symbol.[11] Für das Management der Markenidentität kann an diesen Perspektiven angesetzt werden, d.h. sie können für jede einzelne Marke festgelegt werden. Der Identitätsansatz von Meffert und Burmann geht hier noch weiter, indem die Autoren zusätzlich die Sichtweise von Keller zum Markenimage integrieren und zudem konkrete Kriterien für die einzelnen Dimensionen der Markenidentität vorschlagen (vgl. Abb. 1).[12]

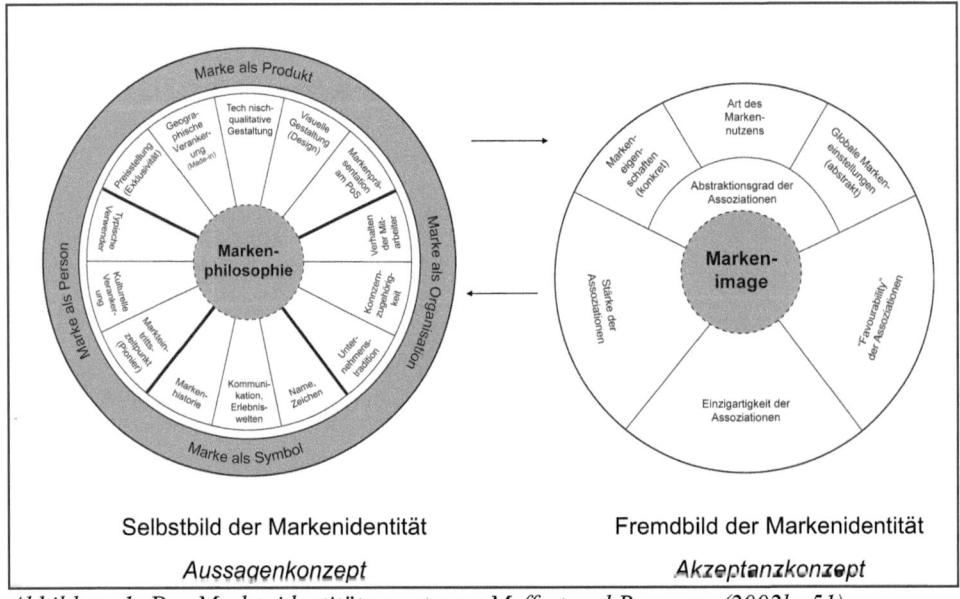

Abbildung 1: Der Markenidentitätsansatz von Meffert und Burmann (2002b: 51)

Für die folgenden Fallstudien wird insbesondere dem Konzept von Meffert und Burmann gefolgt, da es mit seinen Dimensionen und konkreten Kriterien eine systematische Anwendung auf TV-Marken erlaubt und damit die ex post-Vergleichbarkeit erhöht.

---

[11] Vgl. Aaker/ Joachimsthaler 2000: 44
[12] Vgl. Esch et al.

12

2.2 Markenpositionierung, -versprechen und -strategien

Die *Markenpositionierung* beschreibt die relative Position einer Marke im relevanten Markt, so dass in der Markenpositionierung zur rein innenorientierten Sicht der Markenidentität das Wettbewerbsumfeld hinzukommt. Für ihre Deduktion sind im Wesentlichen vier Aspekte zu berücksichtigen: Die Abgrenzung und Charakterisierung der Adressaten als Zielmarkt, die Identifikation der wichtigen Mitbewerber in diesem Segment sowie die Abgrenzung der eigenen Marke hinsichtlich ihrer Points of Parity (PoP) und Points of Difference (PoD) im Wettbewerbsvergleich.

Zur Abgrenzung der *Zielgruppe* werden häufig soziodemografische Kriterien sowie die Sinus-Milieus herangezogen, da letztere ohnedies der TV-Nutzungsmessung zu Grunde liegen. Dabei ist es den Sendern insbesondere wichtig, ihre Zuseherschaft im Segment der werberelevanten Zielgruppe zu erreichen, die in Deutschland zwischen 14 und 49 Jahren, in Österreich zwischen 12 und 49, in den USA zwischen 18 und 49 Jahren liegt. Da TV-Sender im Allgemeinen durch ihre Kostenstruktur eine große kritische Masse erreichen müssen, um profitabel zu sein, ist ersichtlich, dass eine weitere Fragmentierung innerhalb dieser Zielgruppe nur in großen Märkten möglich ist. Mit anderen Worten: Das Potential, sich als TV-Sender durch eine stärkere Zielgruppenfragmentierung abzugrenzen (etwa Ausrichtung auf ein weibliches Publikum), ergibt sich nur in entsprechend großen Märkten. Im Umkehrschluss bedeutet dies, dass in Märkten mit weniger TV-Haushalten um eben dieselbe – werberelevante – Zielgruppe gestritten wird.

Für die zukünftige Entwicklung ist in diesem Zusammenhang allerdings die aktuelle Diskussion über eine Ausweitung und Veränderung der relevanten Zielgruppe hin zu einem Alter von 20 bis 59 Jahren interessant. Dies würde durch die nun gewachsene Zielgruppe dazu führen, dass auch in kleineren Märkten eine stärkere Markendifferenzierung zu erwarten wäre.

Es stellt sich hier zudem die Frage, inwiefern das Medium des klassischen Fernsehens bestimmte Altersgruppen zu erreichen vermag. Der demografische Wandel hat dazu geführt, dass der durchschnittliche RTL-Zuschauer 45 Jahre ist, bei VOX sind die Zuseher im Schnitt 46, bei Sat.1 51 Jahre und bei ARD und ZDF liegt das Durchschnittsalter gar bei 60 Jahren.[13] Jüngere ZuseherInnen können dagegen stärker über Web- und Mobile Angebote angesprochen werden. Für die Markenführung ergeben sich hier unterschiedliche Herausforderungen respektive Fragen:
-   Wie konkret kann/ darf die Zielgruppe abgegrenzt sein (Marktpotential)?
-   Sollen mit den unterschiedlichen Plattformen die gleichen oder unterschiedliche Zielgruppen angesprochen werden, d.h. wird hier eine komplementäre oder eine konkurrierende Strategie verfolgt?

In jedem Fall besteht ein Handlungsbedarf hinsichtlich der Integration zusätzlicher Plattformen, wie etwa Mobile und Internet, um hier den Bedürfnissen eines etwaigen jüngeren Publikums entgegen zu kommen, das offensichtlich nur noch schwer über herkömmliches Fernsehen zu erreichen ist.

---

[13] Vgl. Kormbaki 2010

13

Die Identifikation der relevanten *Mitbewerber* als weiterer Schritt in der Festlegung der Positionierung ist die Voraussetzung dafür, relevante Unterschiede und Gemeinsamkeiten herauszufiltern. Konkurrenten sind jene Akteure, die eine Leistung anbieten, die als substituierbar im Sinne eines generischen Endnutzens von den Konsumenten wahrgenommen werden. Es stellt sich hier allerdings die Frage, von welcher Nutzendefinition ausgegangen wird. Die Unterscheidung in eine totale, vertikale und horizontale Konkurrenz bietet hier erste Anhaltspunkte.[14] Während das Konzept der *totalen* Konkurrenz davon ausgeht, dass letztlich alle am Markt angebotenen Güter/ Leistungen um die am Markt vorhandene Kaufkraft wetteifern, stellen die *vertikale* und *horizontale* Konkurrenz auf die Eignung bestimmter Güter ab, gleiche Bedürfnisse der Nachfrager bedienen zu können. Der Unterschied zwischen den beiden letztgenannten Varianten liegt darin, dass vertikal konkurrierende Güter als physisch-funktionell ungleichartig eingestuft werden, während horizontaler Wettbewerb zwischen Gütern besteht, die sich hinsichtlich ihrer Eigenschaften gleichen. Für die Identifikation des Konkurrenzumfeldes einzelner TV-Sender ließe sich diese Klassifikation wie folgt übertragen: Totale Konkurrenz besteht zwischen allen Medienangeboten, da diese um die zeitlich begrenzte Mediennutzungszeit wetteifern. Dies führte allerdings in der Marktabgrenzung für das Ziel dieser Untersuchung zu weit, da auf Grund der unterschiedlichen Ausgestaltungsmerkmale verschiedenartige Erfolgsfaktoren bestehen könnten. Vertikal konkurrierende Leistungen können beispielsweise zwischen verschiedenen Fernsehsendern gesehen werden, die allerdings verschiedene Inhalte anbieten und so unterschiedliche Kompetenzprofile aufweisen (z.B. Nachrichten- vs. Kultursender). In der folgenden Fallstudienanalyse wird dem Konzept des *horizontalen* Wettbewerbs gefolgt, indem jene Akteure zueinander in Beziehung gesetzt werden, die sich hinsichtlich ihrer Leistungen (im Sinne ihrer Kernkompetenz) gleichen (etwa Vergleich von Vollprogrammen), um hier zu validen Erfolgsfaktoren zu gelangen.

Berücksichtigt man nun die Aktivitäten des Mitbewerbs, so lassen sich bezüglich verschiedener Kriterien Ähnlichkeiten (*Points of Parity*) und Unterschiede (*Points of Difference*) aufdecken. Letztere sind insbesondere für die Definition der Unique Selling Proposition (USP) wichtig. Für ihre Identifikation können sowohl Kriterien des Aussagens (also hinsichtlich der Markenidentität) als auch des Akzeptanzkonzeptes (also in Bezug auf das Markenimage) genutzt werden.

Aus der Markenpositionierung wird das *Markenversprechen* der Sender abgeleitet, das implizit oder im Idealfall explizit von Seiten des Senders abgegeben werden kann. Das Markenversprechen lässt sich dabei unterteilen in das Kernversprechen und die Satellitenversprechen. Ersteres beschreibt den zentralen Wert der Dachmarke. Satellitenversprechen dagegen beinhalten bestimmte Aspekte des Kernversprechens[15] und werden vor allem, aber nicht ausschließlich, über die Submarken umgesetzt. Häufig findet sich das Kernversprechen der Marke bereits im Claim oder auch im Mission Statement des Senders wieder. Fraglich ist dabei allerdings, wie prägnant und different dieses im Vergleich zu den direkten Mitbewerbern ausfällt. So bleibt etwa der deutsche Sender Sat1 mit seinem Versprechen „Color your life" eher vage und austauschbar.

---

[14] Diese Unterteilung geht auf Vershofen zurück und basiert letztlich auf dem Nutzenschema der Nürnberger Schule, die den Gesamtnutzen aufteilt in den Grundnutzen und weitere psychologische Zusatznutzenfaktoren (Geltungsnutzen, Erbauungsnutzen, Schaffensfreude, Zuversicht, Harmonie, Ordnung).
[15] Vgl. Wolff 2006: 114

14

Während die angestrebte Markenpositionierung das Ziel vorgibt, beschreibt die Markenstrategie den Weg zur Erreichung dieser Soll-Position. Eine umfassende und empirisch validierte Taxonomie für *TV-Markenstrategien* liegt bisher nicht vor, vielmehr wird für deren Analyse häufig auf betriebswirtschaftliche Marketingliteratur zurückgegriffen.[16] So wurden Normstrategien – wie etwa Dach-, Einzel-, Familienmarken- oder Internationalisierungsstrategien – bereits umfangreich diskutiert. Für TV-Sender spielt jedoch hauptsächlich ihre Markenarchitektur eine tragende Rolle. Diese besteht für TV-Sender typischerweise aus der *Dachmarke* (Sender) sowie ihren Submarken mit *Genremarken* (z.B. Kochsendungen auf VOX), *Formatmarken* (z.B. Desperate Housewives auf ABC) und *Personenmarken* (z.B. Günther Jauch für RTL).[17] Es stellt sich hier insbesondere die Frage, ob und wie Sender ihre (Sub)Marken in ihrer Strategie in den Vordergrund stellen und darüber hinaus, ob sich hier eventuell Unterschiede in den verschiedenen Märkten zeigen.

Für die Analyse der TV-Markenführung auf der strategischen Ebene werden also die folgenden Aspekte berücksichtigt: Markenidentität, Markenpositionierung (mit Adressaten, Hauptmitbewerbern, Points of Parity, Points of Difference), Markenversprechen sowie Markenstrategie (z.B. Dach- vs. Einzelmarkenstrategie, Markenarchitektur).

Die Umsetzung der strategischen Markenführung erfolgt auf der Instrumentalebene bei TV-Unternehmen über zwei wesentliche Pfade: Die Programmpolitik und die Kommunikationspolitik. Diese werden im Folgenden näher betrachtet und hinsichtlich ihrer Relevanz für die TV-Markenführung diskutiert und operationalisiert.

3 Programmpolitische Instrumente

Die Programmpolitik ist ein Instrument der TV-Markenführung und soll entsprechende Markenassoziationen im Publikum etablieren bzw. aktivieren. Die Gestaltung von Qualität und Inhalten des Programms, der Programmstruktur, der Programmverpackung und des Programmsortiments sind Gegenstand der Produktpolitik eines TV-Senders.[18] Einige Autoren verstehen auch die On-Air-Kommunikation eines Senders als Teil der Programmpolitik[19] und thematisieren damit die Durchlässigkeit der Grenzen zwischen Produkt- und Kommunikationspolitik. On-Air-Kommunikation soll im Rahmen dieser Untersuchung den kommunikationspolitischen Instrumenten zugeordnet werden, da sie eine explizite Kommunikationsabsicht in den Vordergrund stellen. Programmpolitische Instrumente fokussieren im Gegensatz dazu auf die Vermittlung von Inhalten. Als wesentliche Instrumente der Programmpolitik werden im Allgemeinen das Programmprofil, das Programmschema sowie das Programm-Portfolio gesehen.[20]

---

[16] Vgl. zu etwa Siegert 2003: 142ff.
[17] Vgl. Wolff 2006: 44
[18] Vgl. Heinrich 1999: 318f.
[19] Vgl. etwa Karstens/ Schütte 2005; Holtmann 1999: 27
[20] Vgl. Wolff 2006

3.1 Programmprofil

Das Programmprofil bildet die Zusammensetzung des Gesamtprogramms aus einzelnen Kategorien ab.[21] Als Erfolgsfaktor für die Markenführung lässt sich hier vor allem die Exklusivität der Programminhalte als Mittel zur Differenzierung herausfiltern. Der Fokus sollte damit auf profilschärfenden Eigenproduktionen und/ oder exklusiven Ausstrahlungsrechten liegen. Zudem ist es wichtig, dass sich die im Markenversprechen formulierten Eigenschaften in einem entsprechenden Programmprofil wiederfinden.

Dabei stellt sich die Frage, anhand welcher Kriterien ein Programmprofil hinsichtlich der Markenführung bewertet werden kann. Mit anderen Worten: Nach welcher Systematik lassen sich die Elemente eines Programms klassifizieren, vergleichen und bewerten? Einen ersten Anhaltspunkt gibt hier die im deutschsprachigen Raum (D-A-CH) verwendete Klassifikation:

Kategorie	Inhalt
Unterhaltung	Zeitlicher Umfang von fiktionalen und non-fiktionalen Sendungen (einschließlich der fiktionalen und non-fiktionalen Programmangebote für Kinder)
Information und Unterhaltung	Zeitlicher Umfang der in fernsehpublizistischen Sendungen vermittelten Human-Touch- und Sportthemen sowie von Sportsendungen
Information	Zeitlicher Umfang der Berichterstattung innerhalb fernsehpublizistischer Sendungen getrennt für a) politische Publizistik b) Sach- und Lebensweltpublizistik/ Service
Sonstiges Programm	Umfasst Trailer, Programmüberbrückungen und thematisch nicht klassifizierbare Beiträge
Werbung, Teleshopping, Hinweise auf Patronanzsendungen	Anteile von Spotwerbung, Teleshopping sowie Sponsoring (Hinweise auf Patronanzsendungen)

Tabelle 1: Programmbereiche des Programmprofils nach der RTR TV-Programmanalyse Österreich (Quelle: Woelke 2009: 93)

Auf dieser Basis können die folgenden Qualitäten eines Programmprofils bewertet werden:

- *Strukturelle Programmvielfalt*: untersucht die Relation zwischen informierenden, bildenden, beratenden Sendungsformaten auf der einen und unterhaltenden Sendegattungen auf der anderen Seite.[22]
- *Inhaltliche Programmvielfalt:* untersucht die Themenstruktur der fernsehpublizistischen Sendungen. Unterschieden wird hier in die Kategorien: Kontroverse Themen, nicht-politische Sachthemen, Human-Touch-Themen, Lebensweltthemen, Sport, Servicethemen, nicht klassifizierbare Themen.
- *Gesellschaftliche Relevanz*: untersucht die Fernsehpublizistik nach öffentlich und privat relevanten Themen. Erstere umfassen politische Themen (Information und Meinungsbildung) sowie Sachthemen (Information und Bildung); letztere beinhalten Lebenswelt- sowie Human-Touch-Themen.[23]

---

[21] Vgl. Woelke 2008
[22] Vgl. Woelke 2009: 26
[23] Vgl. Weiß 2006: 216

16

Für die Markenführung ist ein unverwechselbares Profil ein wesentliches Ziel in der Programmplanung: „Erst das klare Profil macht den Sender unverwechselbar, gibt dem Programm seinen spezifischen „Look", seine ganz eigene „Ausstrahlung" und damit letztendlich: Kompetenz."[24] Welche inhaltlichen Programmangebote eignen sich aber, um langfristig ein positives Markenimage aufzubauen?

Eine zentrale Rolle spielen hier offensichtlich *Nachrichten*. Sie fördern die Glaubwürdigkeit eines Senders, verleihen Kompetenz und strahlen positiv auf die Akzeptanz des Gesamtprogramms ab.[25] Nachrichten sind ein unverzichtbares charakteristisches Element des Programms, das dem Zuseher Orientierung vermittelt.[26] Überdies eignen sich populäre *Sportereignisse* zur Profilierung eines Senders und wirken sich positiv auf das Image aus.[27] Wolff merkt hierzu allerdings an, dass Zuseher mit der Genrepräferenz Sport aktiv und gezielt nach Sportsendungen suchen, was im Umkehrschluss bedeute, dass diese Genredominanz die Profilierung der Dachmarke erschwere. Für Sportfans sei es nicht wichtig, auf welchem Sender sie Sport sehen.[28]

Für die Fallstudienanalyse wird die Zusammensetzung des Programms untersucht und hinsichtlich der Umsetzung des Markenversprechens überprüft. Dabei steht nicht im Mittelpunkt, eine generell hohe inhaltliche und/ oder strukturelle Vielfalt zu gewährleisten. Vielmehr wird geprüft, inwiefern die Sender ihr Markenversprechen im Programmprofil einlösen (z.B. Vielfalt, Unterhaltung) und ob sie hier Alleinstellungsmerkmale im Vergleich zu ihren Mitbewerbern aufweisen. Überdies kann anhand der Untersuchung festgestellt werden, in welchem Ausmaß Nachrichten, Sport und/ oder exklusiver Content (Eigenproduktionen, Ausstrahlungsrechte) als Differenzierungsmerkmale genutzt werden.

3.2 Programmschema

Während das Programmprofil auf die Zusammenstellung der Inhalte abstellt, übernimmt das Programmschema die Funktion einer *zeitlich-organisatorischen* Zusammensetzung des Materials. Es ist damit eine wesentliche Orientierungshilfe für den Zuseher. Aus Sicht der Marke dient es der Differenzierung von der Konkurrenz, der Etablierung des Programms als Marke, der Reduktion der Informationskosten des Publikums und der Nutzung der Nachfrageträgheit im Rezeptionsfluss (sog. Audience Flow).[29]

Das Programmschema selbst ist die „tabellarische Übersicht aller Sendungen eines Fernsehkanals innerhalb einer typischen ... oder auch speziellen Woche"[30] und „ist im Tages- und Wochenverlauf mittelfristig gleich bleibend – gleiche bzw. ähnliche Programminhalte werden in den gleichen Zeitsegmenten ausgestrahlt"[31].

---

[24] Schöneberger 1999: 38
[25] Vgl. Heinrich 1999: 506
[26] Vgl. Paus-Hasebrink et al. 2005: 236f.
[27] Vgl. Holtmann 1999: 150, 348
[28] Vgl. Wolff 2006: 155
[29] Vgl. Heinrich 1999: 320
[30] Karstens/ Schütte 2005: 129
[31] Holtmann 1999: 31

Im Allgemeinen werden zwei Parameter definiert, die den Erfolg eines Programmschemas bestimmen:[32] Der Zeitaspekt und der Standortaspekt. Der *Zeitaspekt* berücksichtigt Zuschauergewohnheiten, indem das Programmschema ihrem Tagesverlauf angepasst wird. Zusätzlich erfolgt eine Berücksichtigung des Tages-, Wochen- und Jahreszeitenverlaufs. Wesentliches Element hier ist das Dayparting, d.h. unterschiedliche Zeitabschnitte werden mit Sendungen befüllt.[33] Diese verschiedenen Dayparts werden wie folgt unterschieden: Early Morning (07:00-10:00), Daytime (10:00-17:00), Access Prime Time (17:00-20:00), Prime Time (20:00-23:00), Late Night (23:00-00:30) und Over Night (00:30-07:00).[34] Der *Standortaspekt* beschreibt die Abstimmung der Programmangebote untereinander und unter Rücksichtnahme der Konkurrenzprogramme.

Für die Umsetzung dieser Erfolgsfaktoren bedient man sich unterschiedlicher Strategien:
*   Zeitaspekt: Die *vertikale Programmierung* (auch Blocking oder Stacking) berücksichtigt den Tagesverlauf, d.h. innerhalb eines Dayparts werden zielgruppenspezifisch Sendungen der gleichen Sparte bzw. des gleichen Genres gesetzt. Die *horizontale Programmierung* berücksichtigt den Wochenverlauf. So erfolgt etwa mit dem Stripping eine tägliche Ausstrahlung einer Sendung auf dem gleichen Sendeplatz (z.B. Tagesschau um 20:00 im Ersten). Der Vorteil liegt hier in der Etablierung eines gewohnheitsmäßigen TV-Konsums, der die Programmbindung erhöht.[35]
*   Standortaspekt: Verspohl hat bezüglich des Standortaspekts verschiedene Strategien der Programmplanung identifiziert, die unterschiedlichen Prinzipien folgen. *Zuschauerorientierte Strategien* (Lead-In, Lead-Off, Lead-Out) nutzen die Nachfrageträgheit der Zuschauer und halten so den Audience Flow aufrecht. *Sendungsorientierte Strategien* versuchen schwache bzw. neue Sendungen zu stärken und zu etablieren. So wird etwa beim sogenannten Hammocking/ Sandwiching eine schwache/ neue Sendung zwischen zwei starken Formaten platziert; beim Tentpolling werden die schwachen Sendungen jeweils um eine starke Sendung gruppiert. *Konkurrenzorientierte Strategien* lassen sich zunächst in defensive und offensive Strategien unterteilen. Während Avoidance- und Death-Slot-Strategien eher den defensiven Taktiken zuzuordnen sind, weisen Counterprogramming, Blunting und Lagged Programming einen eher offensiven Charakter auf. Kritisch ist hier anzumerken, dass sowohl zuschauer- als auch sendungsorientierte Strategien das gleiche Prinzip verfolgen, indem sie die Nachfrageträgheit der Zuseher nutzen. In der folgenden Abbildung sind die unterschiedlichen Strategien noch einmal in einer Übersicht dargestellt:

---

[32] Vgl. etwa Holtmann 1999: 53; Heinrich 1999: 320
[33] Vgl. Verspohl 2008: 74
[34] Vgl. ebenda: 70ff.
[35] Vgl. ebenda: 80

	zuschauerorientiert	konkurrenzorientiert	sendungsorientiert
Prinzip	nutzt Nachfrageträgheit der Zuschauer, um den Audience-Flow aufrecht zu erhalten	eher ritualisierter TV-Konsum; LOP Theorie: Zuschauer wählt die Sendung, die seinen Bedürfnissen am ehesten entsprechen (wenn schwache Alternativen)	Um schwache bzw. neue Sendungen zu stärken/etablieren
Strategien	**Lead-In-Strategie:** (um Zuseher zu „vererben") [1] stark [2] schwach **Lead-Off-Strategie:** (positiv abstrahlen) [1] stark [2] [3] [4] [...] Innerhalb eines Dayparts **Lead-Out-Strategie** [1] schwach [2] stark	**Avoidance:** □ ←→ △ schwach stark **Death-Slot:** △△□ ←→ △ schwach stark **Counterprogramming:** □ ←→ △ stark stark **Blunting:** □ ←→ △ weniger stark stark Zuschauer aufteilen **Lagged Programming:** □ ←→ △ Späterer Start Unzufriedene Zuseher	**Hammocking/Sandwiching:** [A] [B] [C] stark schwach stark **Tentpolling:** [A] [B] [C] schwach stark schwach positive Ausstrahlung △ Konkurrenz-TV-Sender □ eigene Sendungen

Abbildung 2: Strategien der Programmplanung (Basis: Verspohl 2008: 78-82)

Die Anwendung der verschiedenen Strategien unterstützt den Aufbau und die Etablierung verschiedener Submarken und vice versa. So kann davon ausgegangen werden, dass starke Genremarken die vertikale Programmierung unterstützen, indem sie einzelne Sendeplätze und ganze Programmblöcke markieren (Labeling).[36] Dadurch werden bestimmte Sendeplätze, trotz wechselnder Inhalte, fest im Bewusstsein der Zuschauer verankert,[37] was wiederum die Markenbindung erhöht. Die horizontale Programmierung unterstützt darüber hinaus die Entwicklung serieller Formate zu Formatmarken, die ihrerseits – zumindest leichter – eine Markentreue generieren können als dies bei Sendermarken der Fall ist.[38]

Im Zuge der Fallstudienuntersuchung werden die unterschiedlichen Programmschemata der Sender auf die Anwendung der unterschiedlichen Programmplanungsstrategien und damit auf die Umsetzung der inhärenten Erfolgsfaktoren untersucht.

---

[36] Vgl. Karstens/ Schütte 2005: 172
[37] Vgl. Siegert 2003: 148
[38] Vgl. Wolff 2006: 149f.

3.3 Programmportfolio

Portfolio-Analysen geben Auskunft über die Effizienz und Effektivität einzelner Maßnahmen der Programmplanung. Sie sind damit einerseits Risikomanagement-Instrument, andererseits können strategische (Markenführungs)Ziele überprüft und bewertet werden. Als Analyseinstrumente werden üblicherweise Modelle wie das Lebenszykluskonzept oder auch das Portfolio-Modell der Boston Consulting Group (BCG) herangezogen.[39] Wenngleich diese Ansätze etabliert sind und Aussagen über etwaige Normstrategien (z.B. Innovation, Modifikation, Elimination) zulassen, so weisen sie einige Nachteile auf. Zum einen stellt sich in einer Outside-In-Perspektive die Beurteilung der Kostenentwicklung als notwendige Determinante im BCG-Portfolio schwierig dar. Zum anderen stellt sich die Frage, inwiefern einzelne Formate tatsächlich dem idealtypischen Verlauf eines Lebenszyklus folgen. Selbst in der betriebswirtschaftlichen Literatur geht man heute von stark variierenden Mustern aus. Der Lebenszyklus eines Produktes oder einer Marke ist also nicht eine allgemeine Funktion der Zeit, sondern das Ergebnis eines bestimmten Einsatzes der Marketinginstrumente sowie der jeweils wirksamen Konkurrenz- und Umwelteinflüsse.[40] Insofern bergen allgemeine Empfehlungen, die ohne Berücksichtigung der jeweiligen Rahmenbedingungen gegeben werden, große Irrtumsrisiken.

Für die Beurteilung der Wirtschaftlichkeit einerseits und der Umsetzung der Markenversprechen andererseits, erscheinen die folgenden Kriterien für ein TV-Programmportfolio sinnvoll:

- *Programmerfolg:* Marktanteile einzelner Sendungen.
- *Eigen- vs. Fremdproduktionen:* Da sich Eigenproduktionen besser für eine Differenzierung und Positionierung eignen, gibt eine Zuordnung hier direkte strategische Implikationen vor.
- *Laufzeit:* Hier lassen sich einerseits Verknüpfungen zu den Markenwerten (z.B. innovativ) herstellen, andererseits könnte diese Dimension ebenso für eine Risikosteuerung innerhalb der Programmprofilplanung herangezogen werden.

Für die folgenden Fallstudienanalysen kommen diese Kriterien in unterschiedlicher Kombination zur Anwendung.

---

[39] Vgl. etwa Karstens/ Schütte 2005: 101; Wolff 2006: 87
[40] Vgl. Dhalla/ Yuspeh 1976: 102-110

20

4 Kommunikationspolitische Instrumente für TV-Sender

Die Marken- und Produktpolitik der Fernsehveranstalter muss durch Mittel der Kommunikationspolitik unterstützt werden.[41] Für die Positionierung ist dies insbesondere dann wichtig, wenn Programme als ähnlich beurteilt werden. Dann ist eine Differenzierung vor allem durch eine sogenannte Unique Communication Proposition (UCP) möglich und nötig. Überdies sind die Produkteigenschaften respektive die Qualität der Fernsehprogramme schwierig zu beurteilen.[42] Eine klare kommunikative Position einer TV-Marke erleichtert dem Zuseher so die Orientierung. Auch Siegert weist der Kommunikationspolitik eine elementare Rolle zu, „weil sie die symbolischen und emotionalen Bezüge [zur Marke] vermitteln kann".[43] Diese von der Autorin als selbstbezügliche Kommunikation bezeichnete Funktion stellt zugleich auf die ureigene Kompetenz von Medienorganisationen ab, nämlich die „Herstellung von Kontakten zu Aufmerksamkeitsgemeinschaften, für ihr eigenes Angebot und für eigene Belange."[44]

Auf der instrumentellen Ebene lassen sich innerhalb der Kommunikationspolitik für TV-Marken Maßnahmen der On-Air- und jene der Off-Air-Kommunikation unterscheiden. Diese Instrumente lassen sich verschiedenen strategischen Perspektiven zuordnen: Für eine *akquisitive* Strategie mit dem Ziel neue ZuseherInnen zu gewinnen, werden vor allem Off-Air-Maßnahmen verwendet. On-Air-Kommunikationsinstrumente spielen hingegen für eine *retentive* Strategie eine größere Rolle, also die Bindung bereits bestehender Zuschauer und die Bestätigung ihrer Programmauswahl.[45] Die Zuordnung der On-Air-Stimuli auf Kommunikations- oder Programmebene ist dabei umstritten.[46] Auf Grund der eindeutig primären Kommunikationsfunktion dieser Instrumente werden sie hier der Kommunikationspolitik zugeordnet. Im Vordergrund stehen weniger das Angebot und der Inhalt eines Senders als vielmehr die explizite Abgabe eines Leistungsversprechens.

Das Corporate Design, das Logo, Claims und die Hausfarben nehmen eine übergeordnete Rolle sowohl für On- als auch für Off-Air-Instrumente im Rahmen einer formal integrierten Kommunikation ein.[47] Sie werden daher unter dem Aspekt des *Corporate Design* extra untersucht. Im Zuge der Analyse der *On-Air-Kommunikation* der Sender wird auf Station IDs, Werbetrenner, Programm- und Imagetrailer sowie Set- und Studiodesigns fokussiert. *Off-Air-Instrumente* beinhalten vor allem klassische Mediawerbung, die Nutzung interaktiver Medien und Cross-Promotion über verschiedene Kanäle.[48]

---

[41] Vgl. Heinrich 1999: 515
[42] Vgl. ebenda
[43] Siegert 2003: 165
[44] Ebenda: 178
[45] Vgl. Eick 2007: 138
[46] Vgl. etwa Wolff 2006: 139; Heinrich 199: 318f.
[47] Anm.: Dies steht im Gegensatz zur vorherrschenden Zuordnung dieser Instrumente, die im Allgemeinen den On-Air-Kommunikationsinstrumenten zugeordnet werden (vgl. dazu etwa Park 2004: 74ff, 127ff; Karstens/Schütte 2005: 231; Siegert 2003: S. 129ff; Koppelmann 2001: 380 ff.; Holtmann 1999: 335; Linxweiler 2004: S. 280 ff.)
[48] Vgl. dazu Siegert 2003: 179

4.1 Corporate Design

Das Corporate Design kann als Teilaspekt der von Unternehmen verwendeten Identitätszeichen gesehen werden, die von Birkigt und Stadler in Symbolismus, Verhalten und Kommunikation unterteilt werden.[49] In der Perspektive des Symbolismus umfasst es alle visuell-stilistischen Ausdrucksformen eines Unternehmens respektive eines Senders, vor allem bezüglich der eingesetzten Schriften, Symbole und Farben. Das Corporate Design zielt damit als Variante der Bildkommunikation[50] auf die Erzeugung eines konsistenten und damit einprägsamen Unternehmensbildes beim Rezipienten ab.

Für die Umsetzung und Analyse des Corporate Design eines TV-Senders sind insbesondere das Logo des Senders, Hausfarben sowie Claims und Sounds (Audio-Elemente) von Relevanz. *Logos* sollen als komprimierte bildliche Darstellung der unternehmerischen Idee eine Identifikations-, Informations- und Anmutungsleistung erfüllen.[51] On-Air befindet sich das Logo als so genannte „Fliege" oder „Corner-Bug" während des redaktionellen Programms in der linken oder rechten oberen Bildschirmecke. Holtmann geht davon aus, dass durch die parallele Aufnahme das Publikum bestimmte Serien oder Sendungen mit dem Logo verbindet und geht sogar so weit, „dass untypische Sendungen oder Qualitäten einen kontraproduktiven Effekt auf die Senderpositionierung haben."[52] Es muss angesichts der tendenziell geringen Involviertheit des Publikums allerdings die Stärke eines solchen Effektes in Frage gestellt werden. Neben dem Symbolcharakter einzelner Farben und verwendeter Schriftarten in Logos tragen sprachliche Zusätze zu einer gleichzeitigen Positionierung bei (z.B. „Mein RTL"). Im Hinblick auf die Prägnanz und die Identifikationsfunktion ist überdies die Unterscheidbarkeit zu anderen Sender-Logos zu berücksichtigen.

Hausfarben unterstützen die Wiedererkennung und Profilierung und tragen überdies zur emotionalen Konditionierung der Marke bei.[53] Auch hier kommt der Symbolcharakter einzelner Farben zum Tragen. *Claims* verbalisieren das Kernversprechen der Marke.[54] Sie sollten für die On-Air-Kommunikation ebenso verwendet werden wie in der Off-Air-Kommunikation. *Sounds bzw. Audio-Elemente* sorgen als Senderjingles oder typische Erkennungsmelodien für eine schnellere Identifikation und eine höhere Erinnerungswirkung.[55] Zudem trägt der Visual Transfer Effekt dazu bei, dass allein durch die Perzeption akustischer Elemente die Reaktivierung von Bildern oder Key Visuals angeregt wird.[56]

Im Zuge der Analyse des Corporate Designs werden also solche Instrumente untersucht, die kanalübergreifend und damit On-Air *und* Off-Air eingesetzt werden können. Andere Maßnahmen, wie etwa das Studio-Design oder auch Set-Designs, kommen fast ausschließlich On-Air zum Tragen, so dass diese an entsprechender Stelle einer Analyse unterzogen werden.

---

[49] Vgl. Birkigt/ Stadler 1990
[50] Vgl. Kramer 1992: 160
[51] Vgl. Koppelmann 2001: 380ff.
[52] Holtmann 1999: 328
[53] Vgl. Park 2004: 74f.
[54] Vgl. Linxweiler 2004: 280ff
[55] Vgl. Park 2004: 76f.
[56] Vgl. Gleich 2003: 514

4.2 On-Air-Kommunikation

Die On-Air-Kommunikation soll den Zuseher auf das Programmangebot aufmerksam machen, sie ist Werbemedium in eigener Sache, nicht nur für einzelne Sendungen, sondern auch für den Sender selbst.[57] Als Programmverbindung dient sie dazu, den Audience Flow zwischen einzelnen Sendungen oder Sendungsblöcken aufrecht zu erhalten. On-Air-Kommunikation beeinflusst dabei das Programmangebot und das Programmschema gleichermaßen: „Zum einen sind günstige Sendeplätze für On-Air-Promotion freizuhalten, zum anderen sind bei der Besetzung der Sendeplätze solche Sendungen vorzuziehen, die sich gut promoten lassen und so zur Förderung des Programmimages beitragen."[58]

Die wichtigsten Instrumente der On-Air-Kommunikation sind Station IDs, Imagetrailer, klassische Programmtrailer sowie redaktionelle Verweise in Sendungen.[59] *Station IDs* und Werbetrenner sind kurze Spots, die vor allem der Sendererkennung dienen. Werbetrenner sind gesetzlich vorgeschrieben; sie trennen redaktionelle von werblichen Inhalten. *Imagetrailer* sind eine längere Version von Station IDs, dienen aber noch stärker der Markenkommunikation, indem hier die Kernkompetenzen des Senders, seine Stärken und seine Programmausrichtung in den Mittelpunkt gestellt werden können. Klassische *Programmtrailer* sollen in erster Linie den Erfolg einer Sendung positiv beeinflussen, deren Auswahl und der verwendete Kommunikationsstil lassen jedoch auch Aussagen über die Schwerpunkte und die Priorisierung einzelner Programmgenres zu. Damit nehmen Trailer über die Fokussierung auf Personen-, Format- oder gar Genremarken (z.B. Serienmontag im ORF) eine wesentliche Funktion für die Markenführung des Senders ein. In der Gestaltung von *Studio- oder Setdesigns* finden sich häufig die Hausfarben wieder und tragen so zu einer stärkeren Verankerung des Markenbildes bei. Überdies kann es zentrale Markenwerte vermitteln (z.B. moderne, innovative Ausstattung eines Nachrichtenstudios) und so sowohl informative als auch emotionale Komponenten der Marke vermitteln. *Redaktionelle Verweise* sind ein klassisches Instrument der On-Air-Kommunikation. Hier wird verbal (etwa durch den Moderator) oder durch grafische Einblendungen auf nachfolgende Sendungen verwiesen. Auch hier liegt der Schwerpunkt auf der Aufrechterhaltung des Audience Flow, die Vermittlung spezifischer Markenwerte rückt hier eher in den Hintergrund.

In die Analyse der On-Air-Kommunikation werden im Folgenden Station IDs, eventuell bestehende Imagetrailer, (sendungsspezifische oder sendungsübergreifende) Trailer sowie Set- und Studiodesigns hinsichtlich ihrer Eignung zur Identifikation, Positionierung sowie zur Vermittlung des Markenversprechens untersucht.

---

[57] Vgl. Karstens/ Schütte 2005: 232
[58] Holtmann 1999: 32
[59] Vgl. Park 2004: 127ff.

4.3 Off-Air-Kommunikation

Instrumente und Aktivitäten der Off-Air-Kommunikation dienen vor allem einer akquisiti-ven Strategie,[60] also der Gewinnung neuer Zuschauer. Unter dem Aspekt der Markenfüh-rung übernehmen auch sie die Aufgabe, die zentralen Markenwerte zu vermitteln, Submar-ken und Dachmarke aufzubauen und zu führen, so dass das zentrale Erfolgskriterium letzt-lich in der Erhöhung des Gesamtmarkenwertes liegt.[61]

Für die Einteilung von Kommunikationsinstrumenten gibt es zahlreiche Ansätze,[62] die mit unterschiedlichen Kriterien Klassifizierungen herbeiführen, die mehr oder weniger trennscharf sind und überdies zumeist Werbeträger und Werbemittel miteinander vermi-schen. Die in der Praxis noch immer gängige Einteilung in Above- und Below-the-Line Instrumente ist nicht mehr zeitgemäß, variiert doch allein die Zuordnung von Online-Instrumenten zwischen den Autoren erheblich.[63] Die Unterscheidung nach einer fiktiven Wahrnehmungsgrenze scheint hier nicht Ziel führend,[64] ist diese doch ihrerseits von indivi-duellen Prädispositionen geprägt. Ebenso weist die Kategorisierung in Individual- versus Massenkommunikation einige Schwächen auf. Vielmehr scheint eine Beziehung zwischen dem Interaktivitätsgrad von Kommunikationsinstrumenten mit der Markenbeziehung in der Weise zu bestehen, dass stärker dialogorientierte Medien eine stärkere Markenbeziehung ermöglichen.[65] Allerdings kommt es hier weniger auf den Werbeträger selbst an, als viel-mehr auf dessen Ausgestaltung.

Interaktive Instrumente nehmen darüber hinaus eine besondere Stellung in der Kom-munikationspolitik von TV-Sendern ein, bieten sie doch gerade für audiovisuellen Content die geeignete Plattform. Daher wird der Fokus der folgenden Fallstudienanalyse auch auf eben diesen Instrumenten liegen, ohne jedoch die klassischen Werbeträger auszublenden. Eine Unterteilung, die gerade im Zuge der Entwicklung von Social Media Eingang in die strategische Medienarbeit gefunden hat, ist jene in *Paid*, *Owned* und *Earned* Media. Diese Unterteilung bietet heute die Grundlage für die Planung vieler Markenkampagnen (vgl. Tab. 2).

Das Ziel der vorliegenden Untersuchung liegt dabei in der explorativen Erhebung ak-tueller Trends in der kommunikationspolitischen Perspektive der TV-Markenführung und damit stärker in der Eruierung als Bewertung von Erfolgsfaktoren. Für die Analyse der Off-Air-Instrumente wird also einerseits auf die Auswahl der Kommunikationsträger geachtet und andererseits deren Gestaltung (Stil, Tonalität, Wortwahl, formale Elemente)[66] analy-siert und in Bezug zur intendierten Markenpositionierung gesetzt.

---

[60] Vgl. Eick 2007: 138
[61] Vgl. dazu Förster/ Grüblbauer 2010
[62] Anm.: Nach ihrer Adressierbarkeit lassen sich Kommunikationsinstrumente etwa in direkte vs. indirekte, nach ihrer Richtung in interne vs. externe oder nach ihrer Rückkopplungsmöglichkeit in Ein-Weg- vs. Zwei-Weg-Kommunikation einteilen.
[63] Anm.: So ordnet etwa Bruhn (2003, 2009) Online den Above-the-Line Instrumenten zu; dagegen zählen Schweiger/ Schrattenecker (2005), Esch (2008), Meffert et al. (2008) und Schwarz (2008) die Internet-Kommunikation zu den Below-the-Line Instrumenten.
[64] Vgl. Gelbrich et al. 2008: 178
[65] Vgl. Siegert 2003: 72
[66] Vgl. Kotler et al. 2007: 713ff.

Kategorie	Owned Media	Paid Media	Earned Media
Definition	Kanal, den eine Marke steuert	Marke kauft Medienbelegung	Kunden werden zum Kommunikationskanal
Beispiele	- Web Site - Mobile Site - Blog - Twitter Account	- Display Ads - Paid Search - Sponsorships	- Word of Mouth - Buzz - Viral Marketing
Bedeutung	Langfristiger Aufbau von Beziehungen mit bestehenden und potentiellen Kunden	„Katalysator", der Owned Media unterstützt und Earned Media kreiert	„Listen and Respond": Ergebnis gut durchdachter und ausgeführter Kommunikation über Owned und Paid Media
Vorteile	- Kontrolle - Kosteneffizienz - Langlebigkeit - Vielseitigkeit - Nischenpublikum	- Kontrolle - Kurzfristig verfügbar - Reichweite	- Höchste Glaubwürdigkeit - Schlüsselrolle für Reichweiten - Transparenz
Nachteile	- Geringes Vertrauen in Unternehmen als Absender - Benötigt Zeit, um große Reichweite aufzubauen	- Geringe Glaubwürdigkeit - Sinkender Response - Streuverluste	- Keine Kontrolle - Kann negative Kommentare enthalten - Reichweite - Schwierige Messung

Tabelle 2: Unterscheidung Paid, Owned und Earned Media (Basis: Forrester Research 2010)

5 TV-Markenführung: Ein Bezugsmodell

Die diskutierten Strategien und Instrumente der TV-Markenführung sollen nun in einem Analysemodell zusammengeführt werden, an Hand dessen die folgenden Fragestellungen für die unterschiedlichen Fallstudien beantwortet werden sollen:
- Wie gehen die Unternehmen auf der strategischen Ebene mit ihrer Marke um, d.h. wie bestimmen sie ihre Markenidentität, worin liegen ihre Markenversprechen und worin unterscheiden sie sich hier gegenüber ihren Mitbewerbern?
- Wie werden Submarken in die Sender-Markenführung integriert, mit anderen Worten: Welche Personen-, Format- und/ oder Genremarken werden fokussiert und inwiefern transportieren diese das explizierte Markenversprechen?
- Welche Besonderheiten zeigen sich im Programmprofil, Programmschema und Programmprofil, wie zeigt sich hier das Markenversprechen und worin unterscheiden sie sich hierin von ihren Mitbewerbern?
- Welche Instrumente werden im Rahmen der Kommunikationspolitik (On-Air und Off-Air) verwendet und wie sind diese ausgestaltet?

Es stellt sich in diesem Zusammenhang zudem die Frage, welchen Einfluss unterschiedliche Marktgegebenheiten auf die Markenführung nehmen. Daher werden im Zuge der Fallstudienanalysen die Umfeldbedingungen im Hinblick auf rechtliche Besonderheiten, technologische Bedingungen und Entwicklungen, Angebots- sowie Nachfragebedingungen genauer betrachtet.

Abbildung 3 führt die bisher diskutierten Elemente der TV-Markenführung zusammen. Das Analyseschema dient als Grundlage für alle Fallstudien und macht diese somit untereinander vergleichbar. Es werden in den einzelnen Beiträgen jedenfalls alle Aspekte angesprochen, jedoch können und sollen sich unterschiedliche Schwerpunkte der Markenführung herauskristallisieren. Überdies verwenden die AutorInnen unterschiedliche Analyseinstrumente, die der Beantwortung der Fragestellung dienen.

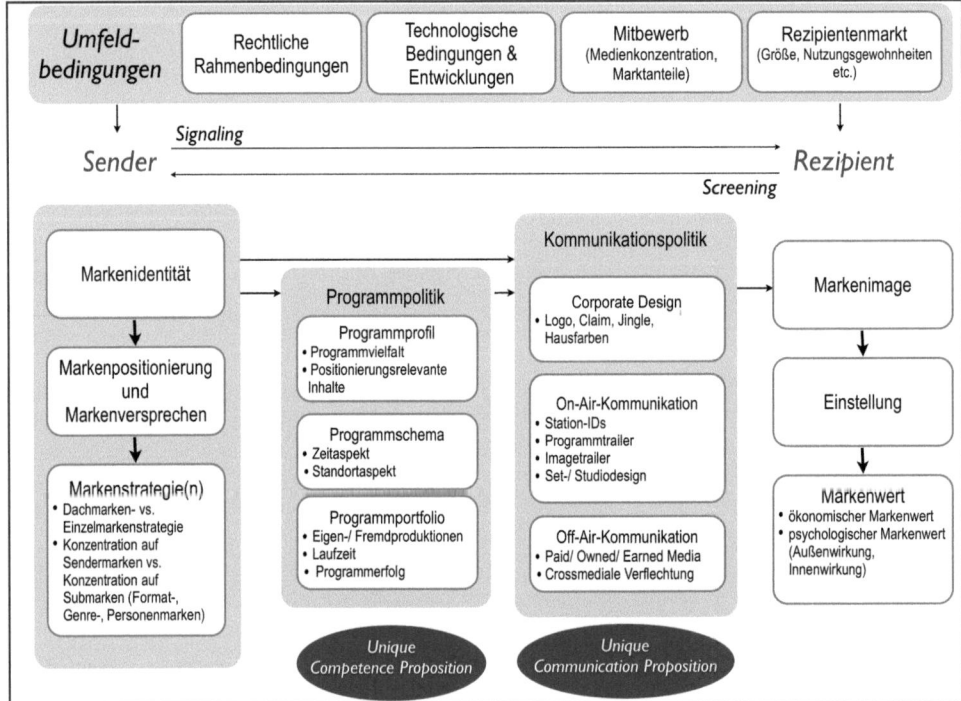

Abbildung 3: TV-Markenmanagement – Bezugsmodell (grau hinterlegte Felder sind Bestandteil der Analyse)

6   Auswahl der Märkte und Sender

Für die Fallstudien wurden ad hoc vier Märkte ausgewählt: Der amerikanische, der britische, der spanische und der deutsche Markt. Zum einen sind hier die TV-Märkte saturiert und in ihrer Anbieter-Struktur relativ stabil, was eine langfristige Markenführung begünstigt. Zum anderen sind die ausgewählten Märkte hinsichtlich ihrer technologischen Bedingungen, ihres Medienangebots sowie in Bezug auf das generelle Rezipientenverhalten (z.B. Mediennutzungszeit) vergleichbar, so dass hier valide Erfolgsfaktoren abgeleitet werden können. Neben ihren Gemeinsamkeiten weisen die vier ausgewählten Märkte allerdings interessante Spezifika auf:

Der *amerikanische* Markt zeichnet sich einerseits durch seine Größe und andererseits durch die Dominanz der privaten Networks aus. Überdies zeigen sich hier strukturelle Besonderheiten, wie etwa die hohe Bedeutung der Affiliate Stationen, die zum Teil eigenproduzierte Inhalte, aber hauptsächlich das Programm der Networks ausstrahlen. Fraglich ist, inwiefern diese Besonderheiten Einfluss auf die Markenführung nehmen, d.h. ob etwa die Größe des Marktes eine stärkere Zielgruppenorientierung mit einem klaren Markenverständnis und -versprechen zulässt.

Der *britische* Markt ist insbesondere durch seinen hohen Digitalisierungsgrad gekennzeichnet; so verfügen bereits 92% der Bevölkerung über digitales Fernsehen. Damit kann der britische TV-Markt aus dieser Perspektive als „Fenster in die Zukunft" gesehen werden. Überdies sind hier Pay-TV-Anbieter äußerst erfolgreich: BskyB und Virgin Media erreichen einen Marktanteil von 6,8 bzw. 2,7%.[67] Nicht zuletzt steht die öffentlich-rechtliche und auch international erfolgreiche Marke BBC den privaten Anbietern wie etwa ITV oder auch FIVE gegenüber. Interessant wird also insbesondere, ob und wie diese Ausgangsbedingungen die Markenführung der TV-Sender beeinflussen.

Der *spanische* TV-Markt ist aus mehreren Gründen für die Analyse der Markenführung spannend: Zum einen zeichnet er sich durch die für südliche Länder typischen zwei Prime Times aus; zum anderen haben spanische TV-Sender ihre Markenführung bereits seit Längerem crossmedial ausgerichtet und fokussieren auf die Integration verschiedener Plattformen (Mobile, Internet, TV). Antena 3, ein privater TV-Sender im spanischen Markt, hat dies gar unter den Namen *Strategie 3.0* gestellt. Es stellt sich in dem Zusammenhang die Frage, inwiefern diese Entwicklung der Tatsache geschuldet ist, dass in Spanien europaweit die meisten Werbeminuten pro Stunde gesendet werden. Jedenfalls lohnt ein Blick in diesen Markt und auf die Markenführung der TV-Sender, um hier etwaige Trends oder Benchmarks erkennen zu können.

Der *deutsche* Markt zeichnet sich insbesondere durch den hier vorherrschenden hohen Wettbewerbsdruck aus: Hier buhlen starke öffentlich-rechtliche Sender (ARD und ZDF vereinen allein 25% Marktanteil auf sich) vor allem mit zwei großen privaten Medienunternehmen – der Mediengruppe RTL Deutschland und der ProSiebenSat1 Media AG – um die Gunst der ZuseherInnen. Zusätzlich versucht Sky als Pay-TV-Sender in diesem ohnehin bereits gesättigten und vielfältigen Markt Fuß zu fassen. Wie also gelingt es TV-Sendern sich in diesem kompetitiven Umfeld zu positionieren, ihre Markenwerte über Kommunikations- und Programmpolitik umzusetzen und letzten Endes ihre „Lücke" zu finden?

---

[67] Vgl. BARB 2010

Für die Untersuchung der TV-Markenführung im amerikanischen Markt stellen *Peter Bandion, Uschi Buchinger, Theresa Gral* und *Kati Förster* die drei wichtigsten Networks NBC, CBS sowie ABC jeweils direkt anhand der einzelnen Analyseschritte gegenüber und filtern so wesentliche Gemeinsamkeiten und Unterschiede auf den verschiedenen Ebenen heraus.

Im britischen Markt wird zunächst von *Andrew Swann* und *Kati Förster* die BBC1 als öffentlich-rechtlicher Sender und als weltweit etablierte Medienmarke analysiert. Im Mittelpunkt steht hier vor allem die Analyse der Programmpolitik. Demgegenüber folgt die Untersuchung des Privatsenders ITV1 von *Sebastian Mark* den Grundzügen des Modells von Wolff[68] und fokussiert so auf die Aktionsebene mit der Betrachtung der Markenarchitektur, den Markenadressaten, der Positionierung und dem Markenversprechen.

Der spanische Markt wird von *Bernhard Sonntag* mit dem öffentlich-rechtlichen Sender TVE La 1 und *Stefanie Scheucher* mit dem innovativen Privatsender Antena 3 untersucht. Der Schwerpunkt liegt hier in der Diskussion der crossmedialen Verflechtung der unterschiedlichen Plattformen TV, Mobile und Internet.

Für die Betrachtung des deutschen Marktes wurden mit dem ZDF ein öffentlich-rechtlicher Sender, mit RTL und ProSieben zwei erfolgreiche Privatsender und Sky als Pay-TV-Anbieter analysiert. In der Untersuchung des ZDF werden von *Christina Hirsch* und *Kati Förster* die wesentlichen Erfolgsfaktoren sowohl auf der Ebene der strategischen als auch jener der operativen Markenführung identifiziert. *Krista Aumüller* und *Elisabeth Hofstätter* zeigen in ihren Analysen von RTL und ProSieben die unterschiedlichen Positionierungen dieser beiden Sender auf und heben so die Bedeutung einer stringenten Markenführung und einer entsprechenden „Komposition" der Kommunikationsinstrumente in einem hoch kompetitiven Markt hervor. Die Analyse des Pay-TV-Senders Sky von *Thomas Fröhlich* nimmt eine Sonderstellung ein. Dies liegt nicht nur in der Diversität des Geschäftsmodells begründet, sondern auch in der Anwendung der Analyseinstrumente auf Programmpolitikebene.

Im abschließenden Artikel werden die wesentlichen Erkenntnisse in Form von Kernthesen zusammengeführt.

Die vorliegende Analyse bietet dem interessierten Leser nicht nur Antworten hinsichtlich von Erfolgsfaktoren der TV-Markenführung im internationalen Umfeld, sie dient darüber hinaus der Entwicklung eines Forschungsgebietes, das mit seinen kommunikations- und wirtschaftswissenschaftlichen Wurzeln erst in einer transdisziplinären Perspektive in „HD und 3D" sichtbar wird.

---

[68] Vgl. Wolff 2006: 38

Literaturverzeichnis

Aaker, D.A./ Joachimsthaler, E. (2000): Brand Leadership, New York.

BARB (2010): Annual % Shares of Viewing (Individuals) 1981-2009, online unter: http://www.barb.co.uk/facts/annualShareofViewing?_s=4, abgerufen am15.08.2010.

Baumgarth, C. (2004): Besonderheiten der Markenpolitik im Mediensektor, in: Baumgarth, C. (Hrsg.): Erfolgreiche Führung von Medienmarken. Strategien für Positionierung, Markentransfers und Branding, Wiesbaden, S. 3-14.

Berkler, S. (2008): Medien als Marken? Wirkungen von Medienmarken aus medienökonomischer Perspektive, Konstanz.

Birkigt, K./ Stadler, M.M. (1990): Corporate Identity, 2. Aufl., München.

Bruhn, M. (2003): Integrierte Unternehmens- und Markenkommunikation – Strategische Planung und operative Umsetzung, 3. Aufl., Stuttgart.

Bruhn, M. (2009): Kommunikationspolitik – Systematischer Einsastz der Kommunikation von Unternehmen, 5. aktualisierte Auflage, München.

Dhalla, N.K./ Yuspeh, S. (1976): Forget the Product Life Cycle Concept!, in: Harvard Business Review, Vol. 54 (1976), S. 102-110.

Domizlaff, H. (1939): Die Gewinnung des öffentlichen Vertrauens: Ein Lehrbuch der Markentechnik, Hamburg, Berlin.

Eick, D. (2007): Programmplanung. Die Strategie deutscher TV-Sender. Konstanz.

Esch, F.R./ Langner, T./ Rempel, J.E. (2005): Ansätze zur Erfassung und Entwicklung der Markenidentität, in: Esch, F.R. (Hrsg.): Moderne Markenführung. Grundlagen – Innovative Ansätze-Praktische Umsetzungen, 4. Aufl., Wiesbaden, S. 103-130.

Esch, F.R. (2008): Strategie und Technik der Markenführung, 5. aktualisierte Aufl., München.

Forrester Research (2010): Defining Earned, Owned and Paid Media, online unter: http://blogs.forrester.com/interactive_marketing/2009/12/defining-earned-owned-and-paid-media.html, abgerufen am 23.11.2010.

Förster, K./ Grüblbauer, J. (2010): Markeninternationalisierung von TV-Sendern: Empirische Untersuchung des Markenwerts deutscher Sender in Österreich, in: Koschnick, W.J. (Hrsg.): FOCUS-Jahrbuch 2010. Schwerpunkt: Der Stand der Werbewirkungsforschung, München, S. 631-658.

Gelbrich, K./ Wünschmann, S./ Müller, S. (2008): Erfolgsfaktoren des Marketing, München.

Gleich, U. (2003): Crossmedia – Schlüssel zum Erfolg?, in: Media Perspektiven, 11/2003, S. 510-516.

Heinrich, J. (1999): Medienökonomie. Band 2: Hörfunk und Fernsehen. Wiesbaden.

Holtmann, K. (1999): Programmplanung im werbefinanzierten Fernsehen: Eine Analyse unter besonderer Berücksichtigung des US-amerikanischen Free-TV. Köln.

Kapferer, J.-N. (2008): The New Strategic Brand Management. Creating and sustaining brand equity long term, London, Philadelphia.

Karstens, E./ Schütte, J. (2005): Praxishandbuch Fernsehen: Wie TV-Sender arbeiten. Wiesbaden.

Koppelmann, U. (2001): Produktmarketing. Entscheidungsgrundlagen für Produktmanager. Berlin.

Kormbaki, M. (2010): Die „werberelevante Zielgruppe der 14- bis 49-Jährigen", online unter: http://www.haz.de/Nachrichten/Medien/Uebersicht/Die-werberelevante-Zielgruppe-der-14-bis-49-Jaehrigen, abgerufen am 18.11.2010.

Kotler, P./ Keller, K.L./ Bliemel, F. (2007): Marketing-Management. Strategien für wertschaffendes Handeln, 12. aktualisierte Aufl., München u.a.

Kramer, S. (1992): Corporate Design, in: Diller, H. (Hrsg.): Vahlens Großes Marketing Lexikon, München, S. 160.

Linxweiler, R. (2004): Marken-Design. Marken entwickeln, Markenstrategien erfolgreich umsetzen. Wiesbaden.

Meffert, H./ Burmann, C. (2002a): Wandel in der identitätsorientierten Markenführung – Vom instrumentellen zum identitätsorientierten Markenverständnis, in: Meffert, H./ Burmann, C./ Koers, M (Hrsg.): Markenmanagement – Grundfragen der identitätsorientierten Markenführung, Wiesbaden, S. 17-33.

Meffert, H./ Burmann, C. (2002b): Theoretisches Konzept der identitätsorientierten Markenführung, in: Meffert, H./ Burmann, C./ Koers, M (Hrsg.): Markenmanagement – Grundfragen der identitätsorientierten Markenführung, Wiesbaden,S. 35-72.

Meffert, H./ Burmann, C./ Kirchgeorg, M. (2008): Marketing- Grundlagen marktorientierter Unternehmensführung, 10. Aufl., Wiesbaden.

Park, J.-Y. (2004): Programm-Promotion im Fernsehen. Konstanz.

Paus-Hasebrink, I./ Woelke, J./ Bichler, M./ Pluschkowitz, A. (2006): Einführung in die Audiovisuelle Kommunikation. Oldenbourg.

Quotenmeter (2010): Fernsehjahres-Marktanteile, online unter: http://www.quotenmeter.de/cms/?p1=c&p2=28&p3=, abgerufen am 17.11.2010.

Schöneberger, M. (1999): Wer kein Profil hat, wird nicht überleben. In: Paukens, H./ Schümchen, A. (Hrsg.): Programmplanung: Konzepte und Strategien der Programmierung im deutschen Fernsehen. München, S. 36-45.

Schwarz, T. (2008): Erfolgreiches Online-Marketing - Schritt für Schritt zum Ziel, München.

Schweiger, G./ Schrattencker, G. (2005): Werbung, 6. bearbeitete Aufl., Stuttgart.

Siegert, G. (2003): Medien Marken Management. Relevanz, Spezifika und Implikationen einer medienökonomischen Profilierungsstrategie, 2. Aufl., München.

Stumpf, M. (2005): Erfolgskontrolle der Integrierten Kommunikation. Messung des Entwicklungsstandes integrierter Kommunikationsarbeit in Unternehmen, Wiesbaden.

Verspohl, L. (2008): Die strategische TV-Programmplanung und das Bild des Zuschauers: Eine Analyse anhand der Sender NBC, RTL und das erste. Saarbrücken.

Weiß, H.-J. (2006): Konzeption, Methode und Basisdaten der ALM-Studie 2007/ 2008. In: ALM (Hrsg.): Fernsehen in Deutschland 2005. Programmforschung und Programmdiskurs, Berlin, S. 213-228.

Woelke, J. (2008): TV Programmanalyse. Fernsehvollprogramme in Österreich 2007. Schriftenreihe der Rundfunk und Telekom RegulierungsGmbH, Band 1/2008. Wien.

Woelke, J. (2010): TV Programmanalyse. Fernsehvollprogramme in Österreich 2009. Schriftenreihe der Rundfunk und Telekom RegulierungsGmbH, Band 2/2010. Wien.

Wolff, P.-E. (2006): TV Markenmanagement. Strategische und operative Markenführung. Magdeburg.

I. Formatmarken im Fokus: TV-Markenführung in den USA

Peter Bandion, Uschi Buchinger, Theresa Gral, Kati Förster

1 Besonderheiten des US-amerikanischen Fernsehmarktes

1.1 Geschichtliche Entwicklung der Massenmedien in den USA

Der Medienmarkt in den USA begann sich im 17. Jahrhundert mit der Zeitung zu entwickeln. Die erste Zeitungsausgabe kam am 25. September 1690 auf den Markt, wurde aber von Großbritannien als bedrohlich empfunden und verboten. Nach dem Unabhängigkeitskrieg (1775-1783) wurde die freie Presse in der "Bill of Rights" verankert, den ersten zehn Zusatzartikeln der US-Verfassung. Diese ebnete den Weg für die Medienentwicklung in den USA.[1]

Anfang des 19. Jahrhunderts setzte mit dem technologischen Fortschritt auch die Entwicklung der modernen Medien durch erste regelmäßige Radiosendungen 1919/1920 ein. Nach dem zweiten Weltkrieg entwickelte sich das Fernsehen zum populärsten Medium in den Vereinigten Staaten. Die drei größten privaten Sendeanstalten – *NBC*, *CBS* und *ABC* – hielten von den 1950er Jahren bis in die 1970er Jahre etwa 90% des Marktanteil am frei empfangbaren Fernsehen. Heute werden sie zusammen mit dem Sender *FOX* als *Networks* (Netzwerksender) bezeichnet. Die FCC, Federal Communications Commission, definiert diese Bezeichnung als *"any person, entity, or corporation which offers an interconnected program service on a regular basis for 15 or more hours per week to at least 25 affiliated television licensees in 10 or more states; and /or any person, entity or corporation controlling, controlled by, or under common control with such person, entity or corporation. In effect, this provision applies to the ABC, CBS, FOX, and NBC Television Networks."*[2] Die rasche Verbreitung des zu bezahlenden Kabelfernsehens in den 1980er Jahren brach jedoch die Vormachtstellung der "Big Three/ Four".

Neben den privaten Fernsehsendern existiert in den USA auch öffentliches Fernsehen. Dieses wurde 1967 unter dem Namen *Public Broadcasting Service* gegründet und ist seither ein fester Bestandteil des Angebots, allerdings mit sehr geringer Reichweite (2 bis 3%). PBS ist ein öffentlicher Rundfunksender, welcher finanziell von Universitäten, Stiftungen und privaten Spendern getragen wird. 1986 kam zu den bereits existierenden drei Netzwerken *FOX* hinzu.[3] Im Jahre 2009 sah ein amerikanischer Bürger durchschnittlich ca. 8 Stunden täglich fern; in jedem Haushalt finden sich zwei bis drei Fernsehgeräte.[4]

---

[1] Vgl. USA Embassy 2010
[2] FCC 2010a
[3] Vgl. USA Embassy 2010
[4] Vgl. US Census Bureau 2010a

1.2 Rechtliche Rahmenbedingungen

Die Basis für alle rechtlichen Rahmenbedingungen für den amerikanischen Medienmarkt wurde bereits durch das 1st Amendement in der Verfassung verankert: *"Congress shall make no law respecting an establishment of religion, or prohibiting the free exercise thereof; or abridging the freedom of speech, or of the press; or the right of the people peaceably to assemble, and to petition the Government for a redress of grievances."*[5]

Als Regulierungsbehörde fungiert die FCC in den USA. Sie besteht aus fünf Beauftragten, die vom Präsident bestimmt und vom Senat bestätigt werden. Sie werden für fünf Jahre bestellt und nur drei Beauftragte dürfen denselben parteipolitischen Hintergrund haben. Gegründet wurde die FCC auf Basis des Communication Act von 1934. Zu ihren Aufgaben gehören sowohl ökonomische als auch inhaltliche Regulierungen, z.B.: die Regelung der Kommunikationswege Rundfunk, Kabel und Satellit und die Vergabe von Lizenzen, die Zulassung von Kommunikationsgeräten sowie Sanktionen bei Verwendung von Schimpfwörtern.[6]

Für die Regulierung des TV-Marktes in den USA sind folgende Gesetze relevant:
*   Federal Communications Act 1934: konzipierte u.a. die FCC[7]
*   Freedom of Information Act 1966: regelt die Transparenz und den Zugang zu Federal Agency Aufzeichungen[8]
*   Consensus Agreement 1972: Lizenz für Kabelnetzbetreiber
*   Cable Act 1984: bestimmt den Datenschutz für Kabelnetzkonsumenten, Wettbewerbsschutz[9]
*   Telecommunication Act 1996: regelt Konzentration und Fusionen im Medienbereich[10]

Die FCC vergibt die Lizenzen für die TV-Kanäle für einen Zeitraum von acht Jahren. Sie gehören der Öffentlichkeit und sollen in ihrem Interesse vergeben werden.[11]

In Bezug auf Unternehmenszusammenschlüsse gibt es seitens der FCC strikte Vorgaben. Besonders erwähnenswert hier ist der „Dual Networks Ban", der den vier großen Networks einen Zusammenschluss untersagt. Weiters gibt es verschiedene Regelungen, welche Cross-Ownerships zwischen Tageszeitungen, Broadcastern und Radiostationen kontrollieren (z.B. Newspaper/Broadcast Cross-Ownership Rule, Local Television Ownership Limit, National Television Ownership Limit, Radio/Television Cross-Ownership Limit).[12]

---

[5] America.gov 2010
[6] Vgl. FCC 2010b
[7] Vgl. FCC 2010c
[8] Vgl. Justice.gov 2010
[9] Vgl. FCC 2010d
[10] Vgl. United States Access Board 2010
[11] Vgl. National Television and Information Administration 2010
[12] Vgl. FCC 2010e

1.3 Technologische Rahmenbedingungen und Mediennutzung

98.2% der amerikanischen Bevölkerung besitzen einen Fernseher, somit kann von einer Vollversorgung gesprochen werden. Im Jahre 2010 besitzt der durchschnittliche amerikanische Haushalt 2,93 Fernsehapparate, während es im Vorjahr „nur" 2,86 Apparate pro Haushalt waren. Laut Nielsen ist dies der höchste Anstieg im Jahresvergleich seit 2006. Es lässt sich zudem feststellen, dass der Trend zu einer höheren Anzahl an Fernsehapparaten als Bewohner pro Haus anhält. Im Detail: Im Jahr 2010 besitzen 55% der U.S.-Haushalte drei oder mehr Fernsehapparate, 28% besitzen zwei Fernseher und 17 Prozent einen Fernsehapparat. 34% der Haushalte besitzen einen DVR (Digital Video Recorder), während 46% der Haushalte ein HD-Signal empfangen können.[13]

Wie in der nachfolgenden Tabelle ersichtlich, ist das Fernsehen bezogen auf die Nutzungszeit, das bedeutendste Medium in den USA. Im Zeitverlauf von 2005 bis 2008 bzw. prognostiziert bis 2012, ist erkennbar, dass das Fernsehen auch durch das Auftreten neuer Medien nicht an Bedeutung verloren hat, sondern die Nutzung sogar leicht angestiegen ist. Während die Broadcast-Netzwerke (*ABC, CBS, NBC, FOX*) an Nutzungszeiten verlieren, gewinnen die Kabelnetzbetreiber.

Mediennutzung pro Person pro Jahr in Stunden*	2006	2007	2008	2009 pro.	2010 pro.	2011 pro.	2012 pro.
Gesamtnutzung:	**3,499**	**3,496**	**3,493**	**3,493**	**3,509**	**3,502**	**3,515**
Fernsehen gesamt	1,612	1,613	1,603	1,606	1,607	1,602	1,597
Kabel-Netzwerke	*962*	*973*	*964*	*964*	*964*	*958*	*952*
Broadcast	*650*	*639*	*639*	*642*	*643*	*644*	*644*
Radio	791	782	777	758	751	735	729
Tonträger	187	177	173	177	184	192	200
Internet	182	189	193	195	197	197	197
Zeitungen	178	171	164	159	155	152	150
Videospiele	76	85	101	116	125	131	142
Magazine	125	125	126	124	124	122	123
Bücher	118	117	117	117	117	117	115
Home Video	62	61	60	59	59	60	59
Mobiltelefon Medien**	12	15	19	24	29	32	36
Kino	12	12	12	12	12	12	12
andere Medien***	144	149	148	146	149	150	155

Tabelle 1: USA –Mediennutzung; Eigene Darstellung nach: U.S. Census Bureau (2010)

*Die Gesamtmediennutzung berücksichtigt nicht die Mediennutzung während der Arbeitszeit. Die Simultannutzung von Medien ist berücksichtigt und wird doppelt gerechnet.
**Mobiltelefon Medien berücksichtigen öffentliche und private mobile Fernsehsender, Video-on-Demand Angebote, sowie interaktive mobile Kanäle.
***Unter andere Medien werden Out of Home Medienangebote (z.B. Plakate etc.), In-flight Entertainment und gelbe Seiten zusammengefasst.

---

[13] Vgl. Trost 2010

Daraus lassen sich die folgenden Trends ableiten:

- Ein starker Anstieg in der Nutzung ist für Internet und Videospiele zu erkennen.
- Ein leichter Nutzungsanstieg lässt sich für Fernsehen beobachten.
- Tonträger, Homevideos, Magazine, Bücher und Kino weisen eine weitgehend konstante Nutzung auf.
- Ein leichter Rückgang in der Nutzung ist beim Radio, ein starker für Zeitungen zu erkennen.

1.4 Besitzverhältnisse und Finanzierungsstruktur

Vor allem in den letzten Jahren hat in den USA eine Verdichtung des Medienmarktes durch Zusammenschlüsse und Übernahmen stattgefunden. Die Besitzverhältnisse der US-amerikanischen Medien lassen sich daher auf wenige große Medienkonglomerate zurückführen.[14] Die fünf bedeutendsten Player sind dabei Time Warner, Disney, Murdochs News Corporation, General Electric/*NBC* und *CBS* Corporation.[15] Die drei frei empfangbaren Networks *ABC*, *CBS* und *NBC* sind fest in diese Konglomerate integriert.[16]

ABC Television Network gehört zu 100% der Walt Disney Company und ist im amerikanischen TV- und Radiomarkt tätig. Der Netzwerk-Sender besitzt selbst zehn TV-Stationen und mehr als 70 Radiostationen sowie (gemeinsam mit Disneys ABC Cable) mehrere Kabelkanäle. Die Produktion der eigenen Shows erfolgt durch Touchstone Television und Buena Vista Television, auch Miramax ist ein Teil der Disney Corporation.[17]

NBC Universal gehört zur General Electric Company und entstand im Mai 2004 durch den Zusammenschluss von *NBC* und Vivendi Universal Entertainment. Heute liegen die Besitzanteile zu 20% bei Vivendi und zu 80% bei General Electric. *NBC* besitzt und arbeitet über *NBC* Television Network und die *NBC* Universal Television Stations Group, die 14 Sendestationen umfasst. Zudem gibt es mehr als 230 angeschlossene lokale Stationen. Das Unternehmen besitzt u.a. eine Gruppe an Nachrichten- und Unterhaltungsnetzwerken, TV-Produktionsbetrieben, die Universal Pictures, Motion Picture Company und Universal Themenparks. 1996 gründeten *NBC* und die Microsoft Corporation MSNBC einen Kabel-Nachrichten-Kanal. Damit einhergehend entstand das Online News Service MSNBC.com. 2001 übernahm das Unternehmen das spanischsprachige Netzwerk Telemundo; 2008 zusammen mit den zwei privaten Equity-Unternehmen Bain Capital und Blackstone Group dann die Rundfunkstation The Weather Channel.[18]

---

[14] Vgl. Ettl-Huber 2008: 50 zit. nach Baggdikian 2004
[15] Vgl. Hovestädt 2010
[16] Vgl. Stein/Evans 2009: 44
[17] Vgl. Mediaowners 2010a: 1
[18] Vgl. Mediaowners 2010b: 1

Die *CBS Corporation* sowie das 2005 abgespaltene Schwesterunternehmen Viacom gehören dem Medienmogul Sumner Redstone.[19] *CBS* Television Network operiert über 200 affiliierte, darunter 28 eigene, sogenannte Owned-and-Operated Stationen. Daneben gibt es weitere Stationen im *The CW-Network*, das nach *FOX* zum Teil als fünftes amerikanisches Netzwerk bezeichnet wird und welches *CBS* zusammen mit Warner Bros., einer Division von Time Warner Inc., besitzt. Weiters umfasst das Unternehmen unter anderem das Pay-TV-Netzwerk Showtime, den Verlag Simon und Schuster sowie Radio und Outdoorwerbung. Zu Viacom gehören unter anderem MTV, Comedy Central und Nickelodeon.[20]

Die *Networks* finanzieren sich in erster Linie über Werbeeinnahmen. Ein wesentliches Element ist dabei *Barter Syndication*, d.h. die Übertragung der Ausstrahlungsrechte der Programme an die affiliierten Stationen. Barter Syndication ist ein Vertrag, der zwischen Programmproduzenten bzw. -besitzern (sog. Syndicators) und den Rundfunksendern geschlossen wird. Werden Sendungen, Serien etc. produziert, gibt es stets einen gewissen Anteil an Werbezeit, der innerhalb des Programms belegt werden kann. Mithilfe dieser Verträge wird geregelt, wer diese Zeiten verkaufen darf (Syndicator, Rundfunksender oder beide).[21] *Kabelfernsehsender* finanzieren sich zum Teil aus den Gebühren, welche die Anbieter entrichten, um den Sender (z.B. Discovery Channel oder MTV) in das Paket aufnehmen zu dürfen. Daneben gibt es auch in diesem Bereich eine Finanzierung durch den Verkauf von Werbezeiten. Premium Kabelservices finanzieren sich hauptsächlich durch die Einnahmen aus Kundenentgelten, die direkt an sie entrichtet werden. Hierbei zahlen Kunden eine monatliche Pauschale für den Kabelanschluss. Dafür wird das Programm (z.B. bei HBO) allerdings nicht durch Werbung unterbrochen.[22] *PBS* finanziert sich durch staatliche Förderungen und Subventionen, Stiftungen und Spenden von Großunternehmen oder privaten Gönnern.[23]

1.5 Besonderheiten im Programmvertrieb

Neben den drei großen Sendeanstalten entwickelten sich auf einer zweiten Organisationsebene lokale Stationen, die heute auf Grund von Zusammenschlüssen und Übernahmen funktional und zum Teil durch Eigentumsverhältnisse mit ersteren verbunden sind.[24] Diese Stationen zählen entweder zu den *Owned-and-Operated* Stationen oder zu den *Network Affiliates*. Erstere sind im Besitz des Netzwerk-Senders und strahlen deren Programm – unterbrochen von lokalen Programmen (Nachrichten, Sport) – aus. Vor allem in den großen TV-Märkten des Landes besitzen die Networks eigene Stationen. *Network Affiliates* sind nicht im Besitz des Netzwerksenders. Oft sind es Medienhäuser, die Gruppen solcher Affiliate Stationen besitzen, z.B. Ganett mit 23 Stationen oder Clear Channel mit über 36 Stationen. Affiliates gibt es in allen 210 TV-Märkten des Landes.

---

[19] Vgl. State of the Media 2009b
[20] Vgl. Mediaowners 2010c,d
[21] Vgl. Jones 1999: 301ff.
[22] Vgl. Magder 2009: 160
[23] Vgl. Stein/Evans 2009: 45
[24] Vgl. Hans Bredow Institut 2006: 1217

Über Verträge wird geregelt, wann welche Sendungen von den Affiliates ausgestrahlt werden dürfen/müssen.[25] D.h., neben den in Eigenregie zusammengestellten Programmen mit lokalen Nachrichten, (nicht immer lokal produzierten) Inhalten und ggf. Werbeeinschaltungen, übernehmen auch sie von den Netzwerken produzierte Sendungen. In den letzten Jahren hat sich allerdings, abgesehen von der Primetime, der Anteil am Netzwerkprogramm zu Gunsten eigener Inhalte verringert.[26]

Da der Anteil an Eigenproduktionen der Affiliates (oder auch der Independents) jedoch eher gering ist, werden auch für die „freien Sendezeiten", in denen kein Programm der Networks eingespielt wird, überwiegend Sendungen eingekauft. In jedem der über 210 Einzelmärkte werden Programme von Produktionsbetrieben demnach separat angeboten und verkauft. Syndikatoren, also Rechteinhaber an Sendungen, schließen Verträge mit den Sendern selbst ab. Ein wichtiger Wert hierbei ist die *Clearance,* ein Prozentsatz, welcher angibt, in wie vielen Märkten ein Syndication-Programm distribuiert wird.[27]

2 Strategische TV-Markenführung

Im Folgenden werden die einzelnen Networks kurz vorgestellt, in Bezug auf ihre Markenführung im Detail beleuchtet und in Relation zueinander gestellt. Dies umfasst die Analyse der Markenidentität (auf Basis von Meffert/ Burmann),[28] die Kern- und Satellitenversprechen, die Markenpositionierung sowie die Personen-, Genre- und Formatmarken.

2.1 NBC – National Broadcasting Company

NBC ist das älteste US-amerikanische Hörfunk- und Fernsehnetzwerk und wurde 1926 gegründet.[29] 2004 schloss sich das Unternehmen mit Universal zusammen. Der Fusionspartner Vivendi hält heute eine Minderheitsbeteiligung von 20% am gemeinsamen Konzern. Die verbleibenden 80% gehören dem *NBC*-Mutterkonzern General Electric.[30] Im Herbst 2009 kaufte das Kabelunternehmen Comcast die Mehrheit an *NBC*, allerdings wird diese Übernahme derzeit von der amerikanischen Kartell- und Medienaufsichtsbehörde geprüft.[31] Neben der Entwicklung, Produktion und Vermarktung von medialen Unterhaltungs- und Informationsformaten betreibt *NBC* Universal vier Themenparks, das Hollywood-Studio Universal, das *NBC* TV Network, diverse Kabel- und Spartenfernsehsender wie Bravo, C*NBC*, die Universal TV- und Filmproduktionen sowie die Sendgruppe Telemundo und das Nachrichtenportal MS*NBC*.[32]

---

[25] Vgl. Stein/Evans 2009: 44
[26] Vgl. Karstens/Schütte 2010: 112
[27] Vgl. Karsten/Schütte 2010: 116
[28] Vgl. Meffert/ Burmann 2002: 49
[29] Vgl. Clark/ Burkhard 2010
[30] Vgl. *NBC* 2010a
[31] Vgl. Clark/ Burkhard 2010: 2f
[32] Vgl. *NBC* 2010b

2.1.1   Logo und Markenidentität

Die nachfolgende Abbildung gibt einen Überblick über die wichtigsten Meilensteine des *NBC* Network Logos. Wie die Grafik zeigt, wurde das Logo mehrmals verändert und adaptiert. Dabei wurden der Buchstabe N, der Schriftzug *NBC* und der *NBC*-Pfau immer wieder eingesetzt.[33] Zumeist wurden zeitgleich mit den Logos auch die Claims und Jingles erneuert. Der erste offizielle Claim lautete: „This is *NBC*, the National Broadcasting Company". Weitere Slogans der Marke waren: "First seen in living color" (1956), "*NBC*, Proud as a Peacock" (1979), "Our Pride is Showing" (1981), "Come Home to *NBC*" (1986).[34]

Das erste NBC- Network Logo	Das erste NBC TV Logo	Der Pfau	Das abstrakte „N"
1926-1942	1942-1954	1956-1961	1975-1979
Das stolze „N"	Standard NBC-ID	Standard NBC-ID	Standard NBC-ID
1979-1986	1987	1990	Seit 2003

Abbildung 1: Historische Entwicklung des NBC – Logos; Basis: o. A. 2010b

Der sechsfarbige (rosa, orange, gelb, grün, blau, lila) *NBC* Pfau wurde erstmals 1956 als Logo verwendet. Anfangs wurde das Logo immer mit schwarzem Hintergrund verwendet, um die neuen Möglichkeiten des gerade am Anfang stehenden Farbfernsehens zu demonstrieren, daher auch der passende Claim: „First seen in living color".[35] Der aktuell verwendete Pfau hat die Farben behalten, aber einige seiner Federn verloren. Diese repräsentieren heute die Vielfalt des Senders sowie die einzelnen Abteilungen von *NBC* (News, Sport, Entertainment, Television Stations, Television Network, and Operations & Technical Services).[36] Der letzte Relaunch der Marke *NBC* erfolgte im Oktober 2009. Seither setzt das Unternehmen nach eigenen Angaben zunehmend auf ein vielfältiges, nationales und lokales Programm und im Speziellen auf eigenproduzierte Realityformate.[37] Die angesprochene Vielseitigkeit bezieht sich dabei nicht nur auf das Programm und die verschiedenen Übertragungskanäle, sondern betrifft alle Bereiche des Unternehmens. Die Marke *NBC* präsentiert sich eng verknüpft mit der Dachmarke *NBC*-Universal.[38]

---

[33] Vgl. o. A. 2010a
[34] Vgl. NBC 2010c
[35] Vgl. Clark 2010
[36] Vgl. Anderson 2010
[37] Vgl. Böhm 2010
[38] Vgl. *NBC* 2010c

Überträgt man nun das Modell von Meffert und Burmann auf die Markenidentität der *NBC*, so lassen sich folgende Kernbereiche herausarbeiten:

- *NBC als Produkt:* TV-Netzwerk frei empfangbar in über 98% der Haushalte; verschiedene Genres (News, Entertainment, Sport und Lokales); verschiedene Contentübertragungswege, vor allem aber TV
- *NBC als Person:* „typischer" Amerikaner mit langer Tradition (Gründung von *NBC* im Jahr 1926); vielfältig, weltoffen, jung, aber traditionsbewusst, kritisch[39]
- *NBC als Symbol: NBC*-Pfau; Claim: „More Colorful"
- *NBC als Organisation:* Geschäftsfelder von *NBC*-Universal; lokale und regionale Zweigsender; flache Hierarchien und Teamarbeit; viele Projektgruppen; hoher Verwaltungsaufwand, daher Dezentralisation

2.1.2 Markenversprechen

Aus der Darstellung des Unternehmens auf seiner Homepage und den Presseaussendungen lassen sich das Kernversprechen und die umgebenden Satellitenversprechen der Marke ableiten (vgl. Tab.2). So meint etwa Jeff Zucker, *NBC* Universal's President & CEO: "*The company is committed to increase diversity both on the air and behind the scenes. NBC Universal gives motivated employees the resources and opportunities to develop and succeed.*"[40]. Diversity (Vielfältigkeit) ist also das *Kernversprechen* der Marke NBC. Diese Positionierung ist zwar nicht sehr präzise, doch genau wie alle anderen TV-Netzwerke möchte das Unternehmen möglichst eine große Zielgruppe erreichen, um wettbewerbsfähig zu bleiben. Die Vielfältigkeit der Marke wird zusätzlich in den Satellitenversprechen betont; sie beziehen sich auf das Programm, die Mitarbeiter sowie die Verbreitungswege und Geschäftsfelder.

Kernversprechen	*Satellitenversprechen*	*Umsetzung über ..*
Diversity	.. in der Programmgestaltung	Genremarken Personenmarken Formatmarken
	.. in Geschäftsfeldern und Verbreitungswegen	Network Programming Programmproduktion Local Television Kabel & Radio Digital Media Vergnügungsparks
	.. in Personalpolitik (multikulturell, jung)	Vor der Kamera Hinter der Kamera

Tabelle 2: NBC: Kern- und Satellitenversprechen; Basis: NBC-Universal 2010

---

[39] Anm.: Ableitung anhand des Programmprofils
[40] *NBC* – Universal 2010b

NBC verspricht abwechslungsreiches, unterhaltsames und informatives Programm. Dieser Markenwert wird durch die einzelnen Genre-, Format- und Personenmarken verstärkt. Vielfalt findet sich darüber hinaus in den verschiedenen Tätigkeitsfeldern und Empfangsmöglichkeiten von *NBC*-Content. Ein weiteres Satellitenversprechen bezieht sich auf die Mitarbeiter vor und hinter der Kamera; auch hier zählen Vielfältigkeit und Kreativität.

2.1.3   *Submarken und Markenpositionierung*

Genremarken: NBC ist vor allem für seine hohe Qualität der Nachrichten bekannt sowie für eigenproduzierte Entertainmentformate. Bei den Nachrichten bleibt *NBC* ungeschlagen; der Sender steht hier fast immer an erster Stelle der Quotenrankings, wenngleich der Abstand zur Konkurrenz kleiner wird. [41]

Formatmarken: Bei den Formatmarken setzt *NBC* vor allem auf Reality Shows, Serien, Quiz- und Talkshows. Vor allem bei den Reality Formaten ist *NBC* derzeit sehr erfolgreich.[42] *America's Got Talent,* eine Talentcastingshow, und *The Biggest Loser,* eine Fernsehshow, die sich um Diätprobleme übergewichtiger Menschen dreht, erreichen hohe Positionierungen in den Nielsen Ratings.[43]

Personenmarken: Zwei der wichtigsten Personen, die *NBC* repräsentieren, sind Jay Leno und Jimmy Fallon. *Jay Leno,* Komiker und Moderator, ist bereits seit vielen Jahren im Unternehmen und hat seine eigene Show: „Tonight Show with Jay Leno". *Jimmy Fallon,* Schauspieler, Komiker, und Moderator, präsentiert seit 2009 die Late Night Show auf *NBC* und hat bereits in zahlreichen Filmen und Shows mitgewirkt.[44]

NBC positioniert sich als vielfältiges, junges, dynamisches, abwechslungsreiches, jedoch traditionsbewusstes TV-Netzwerk. Die *NBC*-Nachrichten sind ein wichtiger Bestandteil der Marke. Sie stehen für die Qualität und Glaubwürdigkeit des Senders. Im Unterhaltungsbereich setzt *NBC* derzeit verstärkt auf Reality Formate und reduziert weiter Serien. Im Sport positioniert sich *NBC* vor allem mit den Olympischen Spielen, dem Superbowl und Fußball. Die beiden Personenmarken Jay Leno und Jimmy Fallon sind eng mit der Marke *NBC* verbunden und festigen die Positionierung des Senders.

2.2   CBS – Columbia Broadcasting System

Die *CBS* Corporation ist ein börsennotiertes Medienkonglomerat, das heute mehr als 200 TV-Stationen und Affiliates umfasst. Es erreicht damit technisch nahezu alle Haushalte in den USA. Das Primetime-Angebot wird laut Eigenangaben von mehr als 100 Millionen Personen wöchentlich genutzt (2009/2010).[45]

---

[41] Vgl. Gebhardt 2010
[42] Ebenda
[43] Vgl. Riedner 2010
[44] Vgl. *NBC* 2010b
[45] Vgl. *CBS* Corporation 2010a

Neben TV umfasst das Leistungsspektrum des Unternehmens die Segmente Radio, Outdoor Werbung, interaktive Medien, den Verlag Simon & Schuster Publishing sowie das Platten-label *CBS* Records.[46]

2.2.1 Logo und Markenidentität

Das ursprüngliche CBS-Logo wurde erstmals am 17. Oktober 1951 präsentiert. In einer Pressemeldung von CBS wird das Zeichen als eine Wort-Bild-Marke, bestehend aus einem augenförmigen Symbol und den Worten *CBS Television Network* vor einem Quellwolken-Hintergrund beschrieben. Das Zeichen war hauptsächlich für die On-Air-Verwendung ge-dacht. Für CBS's Präsidenten Frank Stanton war das Auge bald ein geeignetes Emblem für Vorhänge, Kameras, Gebäude, Schmuck usw. Dazu soll er zu seinem Graphiker gesagt haben: *"Just when you're beginning to be bored with what you've done is when it's begin-ning to be noticed by your audience."*[47] Wie in Abbildung 2 zu sehen ist, veränderte sich die Erscheinung des Logos mit der Zeit, in den Grundzügen blieben die Elemente aber erhalten.

Das erste CBS- Logo	Das erste CBS Farb-logo	CBS Logo der 60'er	Das Auge steht wieder im Zentrum
1951	1950	1966	1970
Standard CBS-ID	*Standard CBS-ID*	*Standard CBS-ID*	*Standard CBS-ID*
1976	1980	1990	2003

Abbildung 2: Entwicklung des CBS Logos ab 1951; Quelle: Artam 2010

Abbildung 3: CBS-Logo

Das heutige Logo gliedert sich in diese Reihe ein. Die Farbe des „Auges", sowie des Akronyms variieren, meist ist es allerdings helle (mehrheitlich weiße) Schrift auf dunklen Hintergrund. Aktu-ell sind das Auge und rechts daneben der Schriftzug Weiß-Chrom in modernem, schlichtem Stil, an der Unterseite leicht gespiegelt. Der aktuelle Slogan lautet: „Only *CBS*"; oft verwendet wird aber auch: „America's Most Watched Network".[48]

---

[46] Vgl. State of the Media 2010b
[47] *CBS*.com 2010a
[48] Vgl. PediaView o.J.

Die Markenidentität von *CBS* lässt sich wie folgt darstellen:

- *CBS als Produkt:* gegründet 1928 von William Paley durch den Kauf von 16 unabhängigen Radiostationen; verschiedene Programme (News, Entertainment, Sport, etc.); weitere Bereiche: Vergnügungsparks, Verlag, Out-of-Home Medien.
- *CBS als Person:* männlich, amerikanisch, 25-40 Jahre; braucht Action und Adrenalin, technikaffin (Computerspiele, Krimi, Action); gehört zum „coolen" Mainstream (*„America's Most Watched Network"*); starkes lokales Interesse (Sport, News).
- *CBS als Symbol:* CBS-Auge seit 1951; aktueller Slogan: „Only *CBS*" oder „America's most Watched Network"
- *CBS als Organisation:* heute mehr als 200 TV-Stationen und Affiliates; erreicht technisch alle Haushalte in den USA.

CBS baut auf den Fähigkeiten und Leistungen seiner Mitarbeiter auf. Laut eigenen Angaben soll ein Arbeitsklima geschaffen werden, das die Community reflektiert, dem das Unternehmen dient und das es wertschätzt. Neue Talente sollen angezogen und gehalten werden – in einer Kultur, die Vielfalt an Ideen und Perspektiven begrüßt und Wachstum sowie bereichernde Performance unterstützt.[49]

2.1.2 Markenversprechen

Das Markenversprechen des Unternehmens lässt sich auf der *CBS* Corporation Website finden: „CBS Corporation, and its divisions are committed to building an environment that values **diversity** throughout the corporation and in its business practices."[50] Diversity steht für Vielfalt, Unterschiedlichkeit, Verschiedenheit oder auch Diversität.[51] Spezifiziert wird das Markenversprechen durch den beschreibenden Zusatz:

> „Recognizing the power and influence a media company carries through its various business units, including Network Programming, Network News, Local Television and Radio Stations, Cable and Publishing, CBS has been on the forefront of making diversity a reality through a wide array of initiatives targeted to talent in front of and behind the camera as well as outreach to diverse vendors and professional service suppliers. Our goal is to impact the industry."[52]

Daraus lassen sich das *Kernversprechen* und die *Satellitenversprechen* ableiten:

Kernversprechen	Satellitenversprechen	Umsetzung über ..
Vielfalt, Diversität	…Contentlieferanten	… unterschiedliche Anbieter … Zulieferer von professionellen Services
	… in den verschiedenen Sparten des Unternehmens	Network Programming, Nachrichten, Lokales TV, Radiostationen, Kabelfernsehen und Verlagswesen
	…Talentsuche	Vor und hinter der Kamera

Tabelle 3: Kern- und Satellitenversprechen von CBS (Basis: CBS Corporation 2010c)

---

[49] Vgl. *CBS* Corporation 2010b
[50] *CBS* Corporation 2010c
[51] Vgl. Dict.cc 2010
[52] *CBS* Corporation 2010c

Vielfalt ist also auf den ersten Blick allein durch die unterschiedlichen Tätigkeitsfelder des Unternehmens, wie etwa die TV-, Filmproduktion und -Finanzierung, Radio, Plakat, Verlagswesen, Magazine gegeben. Im Bereich des Fernsehens soll die Heterogenität durch das, um das Markenversprechen aufgebaute *Diversity Institute* sichergestellt werden. Das Institut hat die Aufgabe, den Programmteilnehmern den Zugang zum Entscheidungsprozess vor und hinter der Kamera zu ermöglichen. Es ist also auf den Bereich Talentsuche (target to talent) spezialisiert. Bildungsprogramme und Workshops für kreative und innovative Talente sollen *CBS* einerseits als Arbeitgeber und Inspirationsort, andererseits als Programmanbieter interessant machen. Fünf verschiedene Programme, wie das Writers Mentoring Programm, Directing Initiative, Actors Career Workshop, Writers Career Workshop und Talent Showcases werden angeboten, um die Fähigkeiten von zukünftigen Darstellern, Regisseuren, Autoren, etc. auszubilden.[53] Die Vielfalt, die man durch die Inputs neuer, kreativer Mitarbeiter sicherzustellen versucht, sollte sich anschließend in allen Teilbereichen widerspiegeln.

2.2.3   Submarken und Markenpositionierung

Genremarken: Wie später, unter dem Punkt Programmpolitik noch genauer analysiert wird, setzt *CBS* vor allem auf Serien und Sitcoms. Zwar sind auch die Nachrichten ein wichtiger Programmpunkt (wie z.B. das Nachrichtenformat 60 Minutes),[54] allerdings bleibt der Sender in diesem Bereich seit Jahren hinter seinen Konkurrenten zurück.[55] Neben Serien finden sich auch häufig Sitcoms (z.B. *Two and a Half Men* und *The Big Bang Theory*) oder Specials (Verleihungen von Awards) im Programm wieder.

Formatmarken: Bei *CBS* lassen sich alle produzierten Serien der Saison 2009/2010 in das Genre Kriminalserien einordnen. Oft handelt es sich um einzelne (Detektiv)Charaktere (vgl. *The Mentalist, Medium*) oder um ein Team von Kriminologen (vgl. *CSI, NCIS, Flashpoint*).[56] In jedem Fall kann man hieraus den wesentlichen Schwerpunkt des Senders ableiten – Action, Spannung und Verbrechen.

Personenmarken: Der Sender setzt einerseits auf die Arbeit mit bereits bekannten Schauspielern (z.B. Charlie Sheen, William Shatner, Tom Selleck), andererseits unterstützt er eigene Talente (z.B. Late Show with David Letterman, *CBS* Evening News With Katie Couric), die dann auch für Trailer oder im Rahmen der Kommunikationspolitik eingesetzt werden.[57]

CBS kann aufgrund seines Fokus' auf Kriminal- und Actionserien mit viel Spannungsgehalt als ein eher männlicher, jüngerer Sender bezeichnet werden. Auch der Sportbereich ist auf ein breites Publikum ausgerichtet und überträgt dementsprechend beliebte Sportarten (z.B. Football, Basketball).

---

[53] Vgl. *CBS* Corporation 2010d
[54] Vgl. The Internet Movie Database 2010b
[55] Vgl. State of the Media 2009b
[56] Vgl. Dunn in: Fulton et al. 2005: 134
[57] Vgl. Youtube 2010e

2.3 ABC – American Broadcasting Company

Das *ABC* Network ist ein Teil der Walt Disney Media Networks. Neben dem Bereich Medien ist Disney auch in Film, Internet, Themenparks, Verlagswesen, Computerspielen, Musik, Musicals und mobilem Entertainment tätig. Die Disney-*ABC* Television Gruppe umfasst das *ABC* Television Network, den Disney Channel, den *ABC* Family Sender und SOAP.net. Hier befinden sich sowohl frei empfangbare Network Sender als auch gebührenpflichtige Kabelsender in Besitz desselben Unternehmens. Das gut in einen multinationalen Konzern eingebettete Network kann selbst wiederum in die *ABC* Entertainment, *ABC* News und *ABC* Daytime unterteilt werden.[58]

Das *ABC* Network wurde 1943 von Edward J. Noble gekauft, es entstand aus dem *NBC* Blue Network, welches aufgrund von Wettbewerbsrestriktionen kein Teil von *NBC* bleiben durfte. 1948 übertrug *ABC* zum ersten Mal eine TV Sendung.[59] Sein Hauptsitz ist in New York, die Vorsitzende der Disney-*ABC* Television Gruppe ist Anne Sweeney.

Die American Broadcasting Company ist weltweit der größte, derzeit existierende Medien- und Unterhaltungskonzern. Neben Film und TV ist das Unternehmen in allen damit verbundenen Bereichen tätig, wie z.B. Merchandising der eigenen Filme und Musicals oder thematisch an die Film und Serienproduktionen angepasste Themenpark. Die Media Networks stellen dabei die umsatzstärkste Sparte dar.[60]

2.3.1 Logo und Markenidentität

Sowohl das Logo als auch der Slogan von *ABC* wurden seit Beginn seiner Existenz regelmäßig verändert und an neue Stile oder Gegebenheiten angepasst.

Das erste ABC- Logo	Einführung des runden Logos	Das erste ABC-Kreislogo	Das erste ABC Farblogo
1946	1953	1962	1966
Standard ABC-ID	Standard ABC-ID	Standard ABC-ID	Standard ABC-ID
1978	1986	1993	Seit 2004

Abbildung 4: Entwicklung des Logo ABC (Quelle: Fortunecity 2010)

---

[58] Vgl. Disney 2010
[59] Vgl. The Museum of Broadcast Communications 2010
[60] Vgl. Institut für Medien- und Kommunikationspolitik 2010

Die Basis für das heutige Logo entstand 1962 als der Grafiker Paul Rand das damalige *ABC* Logo kreierte. Dabei orientierte er sich am Stil der deutschen Bauhaus Schule aus den 1920er Jahren. Er benutzte damals schon den schlichten runden Kreis und die mittlerweile für *ABC* typisch schlichte Schriftart. Mit dem Beginn des Farbfernsehens entschied sich *ABC* 1963 auch sein Logo den neuen Gegebenheiten anzupassen und setzte es in Farbe. Das A wurde in rot, das B in blau und das C in grün dargestellt, um so den Rezipienten zu signalisieren, dass *ABC* nun auch Sendungen in Farbe ausstrahlt. In den 1970er Jahren entschied sich *ABC* für ein blaues Logo mit weißer Schrift, die Farben wurden allerdings vom Inneren des Kreises in die Umrandung verlegt. Nach einer weiteren Farbänderung in den 80er Jahren kehrte man in den 90ern und 00ern wieder zurück zum klassischen dunkelblauschwarz und weiß. Zusammenfassend ist also zu sagen, dass die Grundzüge des Logos zum größten Teil bis heute beibehalten wurden, lediglich die Farben und die Schriftarten veränderten sich geringfügig. Das ursprüngliche 2-dimensionale schwarz-weiße Logo wird heute noch für Print-Werbung benutzt.

Der zurzeit benutzte Slogan lautet: "Your favourite shows live here". *ABC* verändert die Slogans relativ häufig, etwa alle ein bis zwei Jahre. Es wird versucht, sie an den Programmschwerpunkt anzupassen. Es ist allerdings zu erwähnen, dass *ABC* auch zwei Slogans parallel verwendet. Seit 2005 wird der Sender immer wieder mit „Only on *ABC*" oder „Start here" beworben. Zusätzlich gibt es jährlich einen Slogan, welcher sich an aktuellen Entwicklungen im Programm orientiert. Der derzeitige Slogan „Your favourite shows live here" bezieht sich auf die populären Serien wie Grey's Anatomy, Desperate Housewifes und Dancing Stars.[61]

Auch hier soll zur Analyse der Markenidentität wieder das Modell nach Meffert und Burmann herangezogen werden:

- *ABC als Produkt:* emotionale Drama-Serien; leichte Unterhaltung, Reality Shows; News; geografische Verankerung in den USA; frei empfangbar in über 98% der Haushalte in den USA; digitale Übertragung; auch auf mobilen Endgeräten empfangbar.[62]
- *ABC als Person:* traditionsreiche Marke (seit 1943); typische Zielgruppe zwischen 15 und 45 Jahren, eher weiblich
- *ABC als Symbol:* weiß-blauer Kreis mit der Inschrift *ABC*, der aktuelle Slogan lautet „Your favourite shows live here"
- *ABC als Organisation:* Teil der Disney Corporation; eingebettet in den größten Medien- und Unterhaltungskonzern der Welt. In Besitz zahlreicher lokaler und regionaler Zweigsender (Affiliates), die den Content von *ABC* gemischt mit lokalem Content distribuieren; außerdem: CSR-Programm, welches „A Better Community" heißt und Menschen dazu animiert, wohltätigen Organisationen beizutreten und sich für Umwelt und bedürftige Menschen einzusetzen.

Im Gegensatz zu *CBS* und *NBC* hat *ABC* kein öffentlich zugängliches, ausformuliertes Mission Statement. Damit sind Kern- und Sattelitenversprechen nicht explizit formuliert.

---

[61] Vgl. Wikia 2010
[62] Vgl. Flowtv 2007

Genremarken: Die auf *ABC* stark vertretenen Genres sind in erster Linie Serien. Alle Formatmarken des Senders kommen aus den Bereichen Reality-Shows und Drama. Der Erfolg der Genremarken wird auch durch die Nielsen Ratings bestätigt. Neben Serien strahlt *ABC* auch Nachrichten aus. Diese sind zwar anteilsmäßig nicht vergleichbar mit den Serien, jedoch sind sie v.a. aufgrund der Moderatorin Diane Sawyer sehr beliebt.

Formatmarken: Die erfolgreichsten Formate im Jahr 2009 auf *ABC* stammen aus den Bereichen Reality-Shows und Serien.[63] In ersterem erfreuen sich vor allem die Sendungen *Dancing with the Stars* und *The Bachelorette* großer Beliebtheit. Sie werden als Cash Cows eingesetzt und immer wieder durch neue Staffeln wiederbelebt. Im Bereich der Drama- und Arztserien werden die Serien *Desperate Housewifes, Greys Anatomy, Samantha Who?* und *Private Practice* ausgestrahlt. Sie werden durch Fortsetzungen und Spinn Offs weitergeführt. Ein bekanntes Beispiel dafür ist die Serie *Private Practice*, die als Spinn Off von *Grey's Anatomy* produziert wurde.[64]

Personenmarken: ABC hat zwei starke Personenmarken, diese sind Jimmy Kimmel und Diane Sawyer. Die *Jimmy Kimmel Show* ist eine Late Night Show. Die Idee sowie die Produktion und die Moderation stammen von Jimmy Kimmel selbst. Er lädt in seine Shows jeweils zwei Talkgäste ein, mit denen er sich unterhält und die er auch gerne humorvoll auf ihre Schwächen aufmerksam macht oder in Wetten und Spiele verwickelt.[65] Seit der Erstausstrahlung 2003 steigert sich Kimmel stetig in seinen Zuseherzahlen, vor allem in den letzten beiden Jahren und im Bereich der jungen Erwachsenen und Erwachsenen zwischen 18 und 49. Laut Nielsen Ratings übersteigt Kimmel immer wieder die Zuseherzahlen der Late Night Shows anderer Networks.[66] Diane Sawyer ist die Nachrichtensprecherin der *World Night News*. Sie ersetzte 2009 Charles Gibbson und es gelang ihr, die Zuschauerzahlen zu steigern.[67] Die *ABC* News befinden sich gemessen an den Zuschauerzahlen 2009 auf Platz 2 verglichen mit den anderen Networks.[68]

ABC positioniert sich als jugendlicher, eher weiblicher Sender, der einen starken Fokus auf Dramen und Reality-Shows legt. Die Beliebtheit der *ABC* Nachrichten wird stark durch die Moderatorin Diane Sawyer geprägt. Im Sportbereich hat *ABC* diesen Sommer die Fußball-WM übertragen; ansonsten fokussiert sie auf Randsportarten. Die Positionierung kann daher folgendermaßen formuliert werden: *ABC bietet Drama und Romantikserien zur leichten Unterhaltung.*

---

[63] Vgl. Zap2it 2010
[64] Vgl. Televisionblog 2010a
[65] Vgl. *ABC*.com 2010b
[66] Vgl. The Futon Critic 2009a, 2010b
[67] Vgl. Huffingtonpost 2010
[68] Vgl. State of the Media 2010

2.4 Strategische Markenführung der drei Netzwerke im Vergleich

Alle drei *Logos* verwenden eine weiße Schrift mit dunklem Hintergrund. Lediglich *NBC* bringt durch seinen bunten Pfau Farbe ins Logo. Alle drei Logos wurden in den 1960ern kreiert und seit damals nur mehr geringfügig adaptiert. Die *Slogans* wurden seither regelmäßig erneuert, wie dieser Auszug zeigt:[69]

Jahr	ABC	CBS	NBC
1970	Let's get together	We put it all together	America watch us first
1975	Welcome to a bright new world	Catch the brightest stars	You're gonna like it a lot
1983	The special feeling	We've got the touch	Be there
1992	It must be *ABC*	The look of America is *CBS*	*NBC* is only one
1997	TV is good	Welcome home to *CBS*	I love *NBC*
2000	Definitely *ABC*	It's all here	In the heart of America
2005	Only on *ABC*	Everybody's watching *CBS*	-
2010	Your favourite shows live here	Only *CBS*	More colourful

Tabelle 4: Auszug Slogans der drei Networks (Quelle: fact-index o.J.a; FortuneCity o.J.; PediaView o.J.; fact-index o.J.b)

Wie die Übersicht zeigt, differenzieren sich die *Slogans* der verschiedenen Networks nur geringfügig. Der Slogan: „Only on..." wurde bereits von allen drei Marken genutzt. Auch der Slogan mit Bezug auf Farbfernsehen wurde bereits von allen drei Netzwerken aufgegriffen. Daraus kann geschlossen werden, dass sich die Networks mit Hilfe ihrer Slogans nicht eindeutig voneinander abgrenzen.

Besonders interessant sind die *Markenversprechen* der einzelnen Networks. *ABC* gibt von offizieller Seite keines vor. Die beiden Networks *CBS* und *NBC* haben dasselbe Markenversprechen, nämlich „diversity", welches sie auch im Mission Statement verankert haben. Ein wichtiger Aspekt für beide ist die Anziehung von kreativen, multikulturellen Mitarbeitern. Weiters versprechen alle drei Networks ein unterhaltsames und vielfältiges Programm und preisen ihre unterschiedlichen Übertragungswege an.

Bezüglich der Markenpositionierung legt *ABC* den Fokus auf Drama und Romantikserien und positioniert sich damit als eher weiblicher Unterhaltungssender. *CBS* gilt als junger, eher männlicher Sender. Er ist sowohl auf Sport als auch auf Unterhaltung im Kriminal und Actionbereich ausgerichtet. *NBC* ist im Bereich Serien nicht sehr stark vertreten, hat dafür aber einen starken Fokus auf Nachrichten und Reality Formaten. *NBC* positioniert sich als junger, liberaler, doch traditionsbewusster Sender.

---

[69] Detaillierter finden sich die Claims in Kapitel 4, Kommunikationspolitik

48

3 Besonderheiten der Programmpolitik

In diesem Kapitel soll das Programm der Fernsehsender mit Bezug auf das Markenversprechen analysiert werden. Dabei werden Programprofil, -schema und -strategie jedes Senders einzeln sowie im Kontext zueinander beschrieben.

3.1 Programmprofil

Alle drei Network-Sender richten sich mit ihrem Programm an ein heterogenes und möglichst breites Publikum, um die Werbezeiten, die primäre Finanzierungsquelle der Sender, hochpreisig verkaufen zu können. Das impliziert, dass die Programminhalte den „Massengeschmack" des US-amerikanischen Fernsehmarktes treffen sollen.

Die Frage, an welchen Vorlieben sich die Sender ausrichten sollten, lässt sich durch den Blick auf die Rating-Services von Agenturen wie A.C. Nielsen erklären. In diesen Ratings werden die 20 beliebtesten Sendungen pro Woche, die Anzahl der Zuseher in Millionen und die durchschnittliche Zuseheranzahl abgebildet. In den beiden Kalenderwochen 22 und 26 im Jahr 2010 ist *CBS* mit gesamt 20 Sendungen in der Wertung vertreten und hat damit einen Anteil von 50%. *ABC* hat gesamt neun Platzierungen (22%), *NBC* sechs (15%) und *FOX* fünf (13%).[70] Präzisere Daten liefert die Sicht auf einzelne Wochen, woraus man die zuschauerstärksten Sendungen, den Sendungsnamen, die Zuseheranzahl in Millionen, die durchschnittliche Zuseheranzahl und das ausstrahlende Network herauslesen kann. Tabelle 5 stellt das Nielsen-Rating der KW 26 von 2010 dar.

Die zuseherstärksten Sendungen waren Ausstrahlungen von *America's Got Talent* (*NBC)* mit 12,9 bzw. 10,2 Mio. Zusehern. Im Saisondurchschnitt schneiden *NCIS* (durchschnittlich 17,8 Mio.) und *The Mentalist* mit 15,4 Mio. Zusehern von *CBS* allerdings besser ab. *ABC* befindet sich im Mittelfeld der Rankings und teilt sich mit *NCIS* (*CBS)* Platz drei. Mit dem zweitbesten Ranking *Wipeout* belegt *ABC* aber nur Platz sechs. Allgemein ist anzumerken, dass *CBS* überdurchschnittlich häufig in den Ratings vorkommt, indem es zehn von 20 möglichen Plätzen belegt. *ABC* und *NBC* liegen, bezogen auf die Häufigkeit der Rankings, mit je vier mal gleich auf, *NBC* belegt aber mit *America's got Talent* Platz eins und zwei.

---

[70] Vgl. Durango 2010a, b

Platz	Sendungsbezeichnung	Zuschauer (in Mio.)	Saison-durchschnitt	Network
1.	America's Got Talent, Wed.	12,9	12,6	NBC
2.	America's Got Talent, Tue.	10,2	12,5	NBC
3.	NCIS	9,8	17,8	CBS
3.	The Bachelorette	9,8	9,3	ABC
5.	Two and a Half Men	8,8	14,2	CBS
6.	Wipeout	8,7	8,9	ABC
7.	NCIS: Los Angeles	8,3	14,9	CBS
8.	The Mentalist	8,2	15,4	CBS
9.	Wipeout	8,2	9,4	ABC
10.	The Big Band Theory	8,1	13,8	CBS
11.	America's Got Talent, Wed.	7,3	-	NBC
12.	CSI: Miami (repeat)	7,0	12,2	CBS
13.	Macy's Fireworks	6,7	-	NBC
14.	CSI: Miami (repeat)	6,8	14,5	CBS
14.	Rookie Blue	6,8	7,5	ABC
16.	Boston Pops Fireworks	6,7	-	CBS
17.	Hell's Kitchen	6,4	7,1	FOX
18.	The Mentalist	6,3	-	CBS
19.	Criminal Minds	6,2	13,1	CBS
19.	Lie to Me	6,2	7,8	FOX

Tabelle 5: Network Top 20 – Nielsen Ratings der KW 26 2010; Basis: Durango 2010a

Die Nielsen Ratings sind aus mehreren Gründen wichtig: Sie werden als Rechtfertigung für Werbezeitenpreise und nicht zuletzt für die Planung von Programmen und Neuproduktionen herangezogen.[71] Ungewöhnliche, innovative Formate sind oftmals unsicher und daher (zu) riskant für Investitionen. Um diese Unsicherheiten bei der Produktion neuer Serien zu vermeiden, werden stattdessen erfolgreiche Formate dupliziert. Dies erfolgt entweder durch Wiederholungen (Re-Runs), Imitationen einer Sendung eines anderen Kanals oder Networks, oder durch sogenannte ‚Spin Offs', eine Anlehnung an bereits bekannte Formate. Häufig werden hier auch Personen aus erfolgreichen Formaten genutzt und in der Spin Off Serie als Hauptrolle besetzt (vgl. *Grey's Anatomy,* hier übernimmt die Figur Dr. Addison Forbes-Montogomery gespielt von Kate Walsh in der Spin Off Serie *Private Practice* die Hauptrolle).[72] In einem direkten Vergleich werden nun die Programmprofile der drei Networks gegenübergestellt.

---

[71] Vgl. Bielby/ Harrington 2008: 15
[72] Vgl. Osgerby/ Gough-Yates 2001: 14

	CBS	NBC	ABC
Award-Shows	Tony Awards Emmy Awards Grammy Awards		
Comedy/Sitcoms	Two and a Half Men How I Met Your Mother The Big Bang Theory Rules of Engagement	Last call with Carson Daly Last Comedy Stand up	
Game Shows	Let's make a Deal The Price is Right		
Kinderserien	Busytown Mysteries Doodlebops Rockin' Road Show Sabrina, the Animated Series	Turbo Dogs Shelldon 3-2-1 Penguins Babar Willa's Wild Life	Hannah Montana That's so Raven Suite Life of Zack and Cody
Late Night	The Late Late Show with Craig Ferguson The Late Show with David Letterman	Late Night with Jimmy Fallon Friday Night Lights Tonight Show with Jay Leno Saturday Night Live	Jimmy Kimmel Live
Magazine		Community Movies and Specials	
News	*CBS* Evening News The Early Show *CBS* Morning News 60 Minutes 48 Hours	*CBS* Evening News The Early Show *CBS* Morning News 60 Minutes 48 Hours	World News with Diane Sawyer *ABC* World News Saturday Morning Show Nightline
Reality-Shows	Big Brother Survivor The Amazing Race Undercover Boss	America's got Talent Biggest Looser Minute to Win it Miss USA Miss Universe	Frauentausch The Bachelorette America's Funniest Homemovies
Serien	CSI-Serien (CSI, CSI: NY, CSI Miami) Navy CIS/ NCIS: LA Medium Good Wife Criminal Minds The Mentalist	Law & Order Days of our Lifes 100 Questions Parks and Recreation 30 Rocks The Office	Grey's Anatomy Cougar Town True Beauty She's the man Private Practice General Hospital One Life to Live
Sport	NFL Football Major League Baseball Golf	NFL Football Golf Tennis-Wimbeldon Poker after Dark	Fußball WM 2010 Nascar Auto Racing Bowling

Tabelle 6: Auszug aus den TV Sendungen 2009/2010; Eigene Darstellung nach: CBS.com 2010b,e; NBC 2010d; ABC.com 2010a; TV Guide 2010[73]

---

[73] Anm.: Die Zuteilung zu den einzelnen Genres basiert auf den Eigenangaben der Sender, zu finden auf den jeweiligen Websites.

Allein die Anzahl der Programme innerhalb der einzelnen Kategorien lässt einen Fokus der Sender erahnen, wobei allerdings alle drei Netzwerke einen großen Anteil an Serien, Reality Shows und Sport haben. Bei letzterem gibt es Überschneidungen, wenn mehrere Sender Rechte an der Übertragung haben, wie das z.B. bei der National Football League (NFL) der Fall ist.[74]

CBS' Serien lassen sich durchgehend in das Genre Action, Spannung oder Verbrechen einordnen. Daran kann man erkennen, dass *CBS* vermehrt die oben genannten Methoden einsetzt, immer wieder dieselben (beliebten) Formate zu kopieren. Dieses Vorgehen der starken Anlehnung an ähnliche Serien wird durch gute Rankingplätze in den Nielsen-Ratings bestätigt (Tab. 5). *CBS* hat als einziger Sender Game- und Award Shows in seinem Programm ausgewiesen.[75]

Bei *NBC* liegt der Programmfokus auf Nachrichten, Entertainment (Serien, Sitcom/Comedy) und Sport.[76] Auch die vielen Sportübertragungen sind Großereignisse und wirken sich positiv auf das Image des Senders aus. Cash Cow ist allerdings die Reality Show *America's got Talent*, die im oben gezeigten Ranking (Tab. 5) die Plätze 1 und 2 belegt. Als einziger der drei Network-Sender strahlt *NBC* Magazine aus.[77]

Auch im Programm von *ABC* ist vor allem der Anteil an Serien hoch. Inhaltlich fokussiert sich der Sender auf Emotionen und Romantik, oft verpackt in Arzt- und Krankenhausserien, welches die gewählte Zielgruppe anspricht und das Image des Senders stärkt. *ABC* sendet auch Reality Shows wie z.B. *The Bachelorette*, die im Nielsen-Rating mit dem 3. Platz die beste *ABC*-Sendung darstellt (Tab. 5). Sport ist *mit Nascar Auto Racing* und der *Fußball WM* Übertragung nicht sehr ausgeprägt, was im Sinne der Zielgruppe sein dürfte.

3.2 Programmschema

Für die Analyse des Programmschemas wird beispielhaft ein Wochentag herangezogen, um an Hand dessen das Programm der Sender miteinander vergleichen zu können. Vor der Analyse soll allerdings nochmals erwähnt werden, dass sowohl *CBS*, *ABC* als auch *NBC* über Affiliate bzw. Owned-and-Operated Stationen arbeiten, die neben den Network-Programmen auch eigene Sendungen und Programme ausstrahlen. Eine Analyse der Programme einer Woche hat ergeben, dass der Anteil der eigenen, lokalen Inhalte (Local Programming) und der des Network-Programms für alle drei Netzwerke bei ca. 50% liegt, sowohl während der Woche als auch am Wochenende. Aus der Analyse müssen daher die lokalen Inhalte exkludiert werden. Tabelle 7 zeigt eine Gegenüberstellung der Programminhalte der drei Network-Sender.

---

[74] Vgl. Deitsch 2010
[75] Vgl. *CBS.com* 2010b
[76] Vgl. Heinrich 1999: 506
[77] Vgl. *NBC* 2010d

Day-parts	Zeit	CBS		NBC		ABC	
		Genre	Sendung	Genre	Sendung	Genre	Sendung
Late Night	00:00	C	Late Show With David Letterman	C	Tonight Show with Jay Leno	C	Jimmy Kimmel Live
Overnight	00:30		Late Late Show With Craig Ferguson		Late Night with Jimmy Fallon		Local Programming
	01:00						
	01:30		Local Programming		Last Call with Carson Daly		
	02:00			SP	Poker after Dark	L	
	02:30						
	03:00			C	Late Night with Jimmy Fallon		
	03:30						
	04:00	L		L	Local Programming		
	04:30			N	Early Today		
	05:00				Local Programming		
	05:30			L			
	06:00						
	06:30						
Early Morning	07:00	MS	Early Show	N	Today	MS	Good Morning America
	07:30						
	08:00						
	08:30						
	09:00	L	Local Programming			L	Local Programming
	09:30						
Day Time	10:00						
	10:30						
	11:00	GS	Price Is Right	L	Local Programming	S	The View
	11:30						
	12:00	L	Local Programming			L	Local Programming
	12:30	S/ SO	Young and the Restless				
	13:00			S	Days of our Lives		All my children
	13:30		Bold and the Beautiful				
	14:00		As the World Turns		Local Programming	S	One Life to Live
	14:30						
	15:00	GS	Let's Make a Deal				General Hospital
	15:30						
	16:00	L	Local Programming	L		L	Local Programming
	16:30						
Access Prime Time	17:00	L				L	
	17:30						
	18:00						
	18:30	N	CBS Evening News With Katie Couric	N	NBC Nightly News with Brian Williams	N	World News with Diane Saywer
	19:00	L	Local Programming	L	Local Programming	L	Local Programming
	19:30						

...

Day-parts	Zeit	CBS		NBC		ABC	
		Genre	Sendung	Genre	Sendung	Genre	Sendung
Prime Time	20:00	C	How I Met Your Mother	RS	America's got Talent	S	The Middle
	20:30		Rules of Engagement				The Middle
	21:00	S	Criminal Minds		America's got Talent		Modern Family
	21:30						Cougar Town
	22:00		CSI: NY	S	Law & Order	C	Jimmy Kimmel Live
	22:30						
Late Night	23:00	L	Local Programming	L	Local Programming	L	Local Programming
	23:30	C	Late Show With David Letterman	C	Tonight Show with Jay Leno	N	Nightline

Tabelle 7: Gegenüberstellung der Programminhalte; Mittwoch, 23.6.2010; Basis: TV-Guide 2010 (Comedy (**C**), Local Programming (**L**), Sport (**SP**), Reality Shows (**RS**), Serien/ Seifenopern (**S/SO**), Nachrichten (**N**), Morning Show (**MS**), Game Show (**GS**))

Tabelle 7 zeigt zwar lediglich einen Ausschnitt, generell lässt sich aber sehen, dass alle drei Sender sowohl an einer vertikalen als auch an einer starken horizontalen Programmierung orientiert sind. Der Aufbau ist starr an einem Zeitschema aufgebaut und demnach sehr strukturiert und hilft dem Zuseher bei der Orientierung im Programm.

- *Vertikale Programmierung:* Tagesabläufe folgen immer derselben Programmstruktur; z.B. täglich 7:00 Uhr auf *ABC*: *Good Morning America*
- *Horizontale Programmierung:* Programm im Verlauf der Woche; z.B. jeden Samstag ab 10:00 Uhr *NBC*: Kinderserien
- *Sonderfall Theming:* LOL Monday auf *CBS* markiert einen gesamten Programmblock des Tages; gleichzeitig auch im Wochenverlauf konstant; Markenversprechen: „*Watch the best of CBS Monday night comedies.*"[78]

Wie Tabelle 7 zeigt, startet die Access Prime Time (ab 17.00 Uhr), auf allen Sendern mit lokal eingespielten Programmen, die um 18:00 Uhr von halbstündigen Nachrichten unterbrochen werden (*CBS Evening News with Katie Couric, NBC Nightly News with Brian Williams, ABC World News with Diane Saywer*).

Die Prime Time (20:00-22:30 Uhr) beginnt mit Comedy gefolgt von Serien auf *CBS*; Serien, gefolgt von Comedy auf *ABC* und mit Reality Shows (Doppelfolge *America's got Talent*) auf *NBC*. Um 23:00 Uhr startet die Late Night auf den drei Sendern für eine halbe Stunde mit lokalem Programm. Während *NBC* und *CBS* anschließend Late Night Shows senden, strahlt *ABC* das Nachrichtenformat *Nightline* aus und darauf folgend erst *Jimmy Kimmel Live*. Die Overnight zeichnet sich durch lokales Programm aus, nur *NBC* setzt auf News, Comedy und Sport. Der Tag beginnt um 07:00 Uhr mit Morning Shows (*CBS, ABC*) und Nachrichten (*NBC*). Im Tagesverlauf sind dann Serien, Soaps, Game Shows und Lokales zu finden. An den anderen Wochentagen sieht das Programm bis zur Prime Time gleich aus, mit Ausnahme Montag, wo im Overnight-Programm Lokales oder Nachrichten statt Comedy gesendet wird.

---

[78] Vgl. *CBS*.com 2010c

In der Prime Time setzt *NBC* jeden Tag einen anderen Themenschwerpunkt, der sich allerdings wöchentlich wiederholt. Der Sender überträgt immer montags um 20:00 Uhr *Last Comedy Stand up* und *Person unknown*. Jeden Dienstag werden wiederum Reality Shows übertragen wie beispielsweise *America's got Talent* und *The Biggest Loser*. Mittwochs beginnt die Prime Time mit Reality Shows und endet mit Serien. Donnerstags wechseln sich Comedy und Serien im 30 Minuten Takt in der Prime Time ab. Freitags gehört die Primetime den Nachrichten und Samstag und Sonntag dem Sport. Auch die anderen beiden Sender variieren das Hauptabendprogramm, bleiben dabei aber immer in den Genres Series, Reality Series oder Comedy. Auch ihr Programmablauf wiederholt sich wöchentlich.

Am Samstag werden auf allen Sendern Kindersendungen ausgestrahlt (Early Morning bis Daytime; bei *ABC* vier, *NBC* und *CBS* nur drei Stunden). Nachmittags und zum Teil bis ins Hauptabendprogramm macht das Sportprogramm am Wochenende den größten Unterschied zum Wochenprogramm aus. *CBS'* Samstagabend steht unter dem Zeichen Crime/Mystery und Serien. Sonntags überträgt der Sender zum Teil auch Award Shows wie die Tony oder Emmy Awards. *ABC* überträgt auch am Wochenende in der Primetime Serien und Reality Shows.

3.3 Programmstrategie und Ausblick

CBS' Programmvorschau für die Saison 2010/11 unterstreicht die bisherige Linie des laut Eigenangaben „meistgesehenen Network-Senders" der USA.[79] Drei neue Serien werden On-Air gehen: *Blue Bloods, The Defenders* und *Hawaii Five-0*. Auch diese spielen wieder in den Bereichen Polizei/Krimi bzw. Recht. Daneben kommen zwei Comedy Sitcoms hinzu: *Mike and Molly* und *$#*! My Dad Says.*[80]

Während nur wenige Sendungen in der kommenden Saison abgesetzt werden, gibt es bezüglich der Sendezeiten einige Änderungen. Am Donnerstag, einem der heißest umkämpften Tagen der Woche, wählt *CBS* eine defensive, konkurrenzorientierte Strategie durch das Ersetzen von *Survivor* durch die zuschauerstarke Sendung *The Big Bang Theory*. Um die darauf folgende neue Sitcom *$#*! My Dad Says.* zu etablieren, wird ihr die starke Sendung *CSI* folgen. *CBS* setzt hier also auf Hammocking/ Sandwiching.

Eine weitere Änderung trifft die LOL Mondays auf *CBS*, die auf der sendereigenen Website mit dem Zusatz: *„ Watch the best of CBS Monday night comedies."* promotet wird. Es ist anzunehmen, dass das Akronym LOL aus dem Chat-Bereich kommt und für *„Laughing out loudly"* steht.[81] Der Montag stand also bisher im Zeichen von Komödien mit vier Sitcoms in Folge. Auch das neue Programm 2010/11 wird wenig ändern, abgesehen von zwei Sitcoms (vgl. Tab. 8). Hier setzt *CBS* auf eine Lead-Off-Strategie, d.h. auf die positive Abstrahlung von einer starken Sendung (*Two and a Half Men*) auf die nachfolgenden Sendungen (die beiden Neuheiten *Mike & Molly* und *Hawaii Five-O*).[82]

---

[79] Vgl. Serjeant 2010
[80] Vgl. *CBS*.com 2010b
[81] Vgl. TechTarget 2010
[82] Vgl. Vane/ Gross 1994: 170ff; Verspohl 2008: 78ff

		21. Juni 2010	Saison 2010/ 2011
20:00	(Comedy)	How I Met Your Mother	How I Met Your Mother
20:30	Series	Rules of Engagement	Rules of Engagement
21:00		Two and a Half Men	Two and a Half Men
21:30		The Big Bang Theory	Mike and Molly
22:00		CSI: Miami	Hawaii Five-O
22:30			
23:00	Local	Local Programming	Local Programming

Tabelle 8: Programmänderungen Monday Night CBS Saison 2010/2011; Eigene Darstellung nach CBS.com 2010f; Saba 2010

CBS verfolgt eine eher *sendungsorientierte Programmstrategie* und versucht durch die Anpassung der Sendungsabläufe die Zuschauerzahlen positiv zu beeinflussen. Durch die generell sehr geringfügigen Änderungen wird sich das Programm nicht stark vom bisherigen unterscheiden. Der Fokus liegt derzeit und künftig auf Kriminal- und Polizeiserien. Daneben setzt der Sender auch weiterhin auf Sitcoms und Reality-TV Shows (z.B. *Big Brother*), die trotz langer Laufzeit immer noch beliebt sind und Rankingplätze in den Nielsen Ratings verzeichnen.

Auch *NBC* hat bereits seine Programmvorschau für die Saison 2010/11 veröffentlicht. Bei der Analyse wird schnell deutlich, dass die bisherige Programmstrategie beibehalten wird. Auch weiterhin werden die Genres Entertainment, News, Sport sowie Lokales das Programm dominieren. Es ist zu erkennen, dass fast alle Neuerungen im Programm Reality Shows, Spieleshows und Talkshowformate sind, wie beispielsweise *Perfect Couples, The Marriage Ref, Americas next great Restaurant* und *School Pride*.[83] Diese Formate produziert *NBC* bereits äußerst erfolgreich und hofft, damit weitere Cash Cows ins Programm aufnehmen zu können.[84] Auch die Sportrechte für wichtige Übertragungen in der Zukunft hat sich *NBC* wieder gesichert; unter anderem die Übertragungsrechte der nächsten Olympischen Spiele, den Superbowl und American Football.[85] Neben dem Großteil des Programmbudgets für die Sportübertragungen wird der Rest in Reality-, Spiele- und Talkshows investiert, denn diese haben niedrigere Produktionskosten als Serien. Dennoch ist es dem TV-Netzwerk noch immer nicht gelungen, im Jahresranking seinen vierten Platz hinter *CBS*, *ABC* und *FOX* zu verlassen.[86]

ABC nimmt mit Herbst 2010, der neuen „Fall Season", auch Änderungen am Programm vor. In der kommenden Saison werden zehn neue Sendungen präsentiert, wobei sechs aus dem Bereich Comedy, drei aus dem Bereich Drama und eine Sendung aus dem Bereich Reality Shows stammen. Neben kleineren Änderungen im Programm wird vor allem die Prime Time während der Woche stark umstrukturiert: Der Montag bleibt mit der erfolgreichen Reality Show *Dancing with the Stars* im Hauptabendprogramm gleich. Dienstags wird das Programm rund um eine weitere Folge von *Dancing with the Stars* neu strukturiert. Die neue Drama Serie *My Generation* wird in der Prime Time davor platziert. Danach findet sich *Detroit 1-8-7,* die neue Drama Serie im Stil einer Dokumentation.

---

[83] Vgl. *NBC* 2010d
[84] Vgl. Gebhardt 2010
[85] Vgl. Schuler 2010
[86] Vgl. Serjeant 2010

Hier arbeitet *ABC* stark mit der Sandwiching Strategie und setzt die neuen, erfolgverspre-
chenden Formate um eine bereits etablierte und erfolgreiche, aber schon von neuen Staffeln
verlängerte Sendung. Am Mittwoch wird die neue Romantikkomödie *Better Together* in die
Primetime um 20:30 gesetzt. Um 22:00, nach der beliebten Serie *Cougar Town,* wird die
neue Serie *The Whole Truth* gezeigt. Für den Donnerstag verfolgt *ABC* mit seiner Programmstrategie ein Lead In, indem vor die erfolgreichen Serien *Grey's Anatomy* und *Private Practice* die neue Sendung *My Generation* gesetzt wird. Der Freitag wird vollkommen
neu gestaltet; *Wife Swap* wird von dem neuen Realityformat *Secret Milionaire* und *Body of
Proof* abgelöst. Letztere Sendung ist vergleichbar mit der Kriminal-Ärzteserie *Dr. House*[87]
und fällt damit etwas aus dem üblichen Format des Senders.

ABC setzt damit weiter stark auf die bisher belegten Genres wie Drama, Comedy und
Romantik. Auffällig ist aber, dass das Programm viele Änderungen aufzeigt und zehn neue
Serien für das Jahr geplant sind, wobei hier die neuen Staffeln bestehender Serien (z.B.
Grey's Anatomy, Private Practice) nicht eingerechnet wurden. Auch ist ein leichter Trend
zu Gerichts- und Kriminaldramen festzustellen.

3.4 Fazit Programmpolitik

Außer Frage steht, dass die Sender miteinander in einem Konkurrenzverhältnis um die
Gunst der Zuseher stehen und sich durch das Programm profilieren müssen. Während das
Genre Serien allerdings für *ABC* und *CBS* das wichtigste ist, setzt *NBC* vor allem auf Nachrichten und Reality Shows. Dank der Spezialisierung (*CBS* setzt auf Action, Abenteuer,
Spannung; *ABC* auf Romantik und Drama) ist hier allerdings eher von einer zuschauerori-
entierten, statt einer konkurrenzorientierten Programmplanung zu sprechen. Anders ist es
allerdings im Late Night-Programm, in dem alle drei Sender ähnliche Shows senden, oder
bei der Morning Show, die bei *CBS* und auch bei *ABC* gleichzeitig um 07:00 Uhr beginnt.
Am Wochenende ist vor allem das Sportprogramm ausschlaggebend für den Zuschauer-
fluss. Durch die großen lokalen Sendeblöcke ist es allerdings schwer, das Programmschema
detaillierter zu beschreiben.

Ob sich die Markenversprechen im TV-Programm wieder finden lassen, lässt sich ebenfalls nur bedingt eruieren, da cirka die Hälfte der Sendezeit den affiliierten Stationen zur
freien Gestaltung überlassen und daher mit *Local Programming* gekennzeichnet ist.

Für das Programmangebot von *CBS* ist allerdings zu sagen, dass man auf Grund des star-
ren Programmschemas nicht von Diversität sprechen kann. Viele Formate sind nicht vertreten, darunter z.B. Talent- und Castingshows, Dokumentationen, Spielfilme, etc. Der Nachrichtenanteil, der nicht in das *Local Programming* hineinfließt, ist relativ gering und liegt
während der Woche bei nur 4%, am Wochenende bei 18% der Sendezeit. Sportbeiträge
sind lediglich auf das Wochenende beschränkt. Bei den Serien bewegt man sich nur in
einem Genre, innerhalb dessen Grenzen ähnliche Formate entstehen. Zieht man also nur
diesen Teil der Programmgestaltung heran, erfüllt der Sender sein Markenversprechen
nicht.

---

[87] Vgl. Dietz 2010

Bei *NBC* lässt sich in Hinblick auf das Programm erkennen, dass das Unternehmen bemüht ist, sein Markenversprechen der Vielfalt zu erfüllen. Der Sendeplan ist abwechslungsreich. Kritisch muss angemerkt werden, dass der Anteil an Reality Shows, Talkshows und Quizshows stark zugenommen hat. Nichtsdestotrotz ist der Nachrichtenanteil bei *NBC* höher als bei den anderen TV-Netzwerken, mit durchschnittlich 23% der Sendezeit. Es kann daher davon ausgegangen werden, dass die Nachrichten eine wichtige Säule des Markenwerts von *NBC* sind. Auch in den Bereichen Sport und Entertainment ist *NBC* erfolgreich.

Bei genauem Betrachten der Programmneuerungen wird schnell ersichtlich, dass *ABC* weiter auf Drama- und Arztserien setzt. Bestehende erfolgreiche Sendungen bleiben im Programm und werden durch neue Staffeln unterstützt. Re-Runs und Serien wie *Lost* und *Scrubs,* die sich bereits seit 2001 immer wieder im Programm des Networks befinden, werden abgesetzt.[88] Betrachtet man die neuen Sendungen, die *ABC* ins Programm aufnimmt, ist eindeutig zu erkennen, dass sie mit *Better Togethe*r (einer Romantikkomödie) oder *Off the Map* (einer Ärzteserie)[89] ihre bisherige Strategie weiter verfolgen. Unter den neuen Shows befinden sich zum größten Teil Romantikkomödien, Dramen und Realityshows. Der Newsanteil und die Sportsendungen werden nicht verändert, wobei im Bereich Sport auf saisonale Ereignisse eingegangen wird. Es wird weiter auf ein jüngeres, weibliches Publikum gesetzt und bestmöglich mit einem geeigneten Programm von den anderen Networks abgegrenzt.

4 Kommunikationspolitik

Im Fokus des folgenden Kapitels steht die Analyse der Kommunikationspolitik der einzelnen Sender sowie ihr Bezug zu den definierten Markenwerten. Dazu wird sowohl die On-Air- (Trailer und Station IDs) als auch Off-Air-Kommunikation betrachtet. Bei letzterer erfolgt eine Konzentration auf den Online-Bereich, insbesondere auf die Social Media Präsenz der Sender (Facebook, Twitter) sowie deren Homepages.

Einleitend wird zunächst ein kurzer Überblick über die Design-Strukturen und die generelle Fokussierung der Unternehmenskommunikation der drei Sender gegeben:

NBC baut seine gesamte Unternehmenskommunikation um den Pfau auf, welcher bereits eine sehr lange Tradition und daher auch eine hohe Markenbekanntheit hat. Die aktuelle Kampagne von 2010 hat große Ähnlichkeit mit der ursprünglichen aus dem Jahre 1956. Der *NBC*-Pfau ist im Mittelpunkt des Logos und es wird wieder auf die neuen Möglichkeiten des Fernsehens, heute HD-TV hingewiesen.[90] Der Slogan „More Colorful" soll dabei insbesondere durch die vielfältige Programmpolitik umgesetzt werden.[91]

---

[88] Vgl. The Internet Movie Database 2010a
[89] Vgl. Movieweb 2010
[90] Vgl. Clark 2010: 2f
[91] Vgl. Schneider 2010

Die innerbetriebliche Abstimmung der Kommunikationsaktivitäten von *CBS* lässt sich aus dem Nachruf auf den jahrelangen Chefdesigner von *CBS*, Lou Dorfsman († 2008) erahnen: *„[He] designed every aspect of the Columbia Broadcasting Company's advertising and corporate identity, including the set of Walter Cronkite's newsroom and the typographically elegant sign system for CBS's New York headquarters, known as Black Rock [...]* "[92] Erkennen lässt sich die Stringenz der Kommunikationspolitik auch durch die Beibehaltung der Grundzüge des Logos seit 59 Jahren. Dabei ist das *Auge* nicht nur Logo, sondern auch Sinnbild und unterscheidet den Sender klar von seinen Hauptkonkurrenten.

Das Logo von *ABC* wurde seit den 1960'ern ebenfalls beibehalten und nur farblich oder stilistisch adaptiert. Der Wiedererkennungswert wird so gesteigert und der Sender vermittelt den Sehern so eine Konstanz. Die Slogans von *ABC* wandelten sich von *It must be ABC* (1992) über *TV is good* (1997), *Definitely ABC* (2000), *Only on ABC* (2005) bis zum aktuellen *Your favorite shows live here*. Die Slogans werden in der gesamten Kommunikation des Senders eingesetzt, sowohl On Air als auch Off Air.

4.1 Station IDs im Vergleich

Bei Station IDs handelt es sich um sehr kurze Spots (3 bis 10 Sekunden), welche das Logo des TV-Senders zusammen mit anderen audiovisuellen Elementen enthalten und die Wiedererkennung der Marke fördern sollen.[93] Diese Definition ist insofern unscharf, als dass in den USA für Station IDs strengere, behördliche Regelungen gelten. Sender müssen ihre Identifikation jede Stunde, und zwar so früh wie möglich nach Beginn der Stunde, in einer Programmpause senden und sind dabei verpflichtet, den Sendernamen sowie den Staat anzugeben, der in der Lizenzierung vermerkt ist.[94] Bei Station IDs werden also nur die allgemeinen Richtlinien vom Sender vorgegeben, die Adaptierungen werden von den einzelnen Affiliates vorgenommen.

Bei der diesjährigen, sechs Sekunden langen Station ID von *NBC* ist wieder der Pfau zentraler Bestandteil. Bereits zu Beginn erscheint er im Bildmittelpunkt, wo er bis zur fünften Sekunde des Spots bleibt. In der letzten Sekunde wird das Pfau-Logo nach links verschoben und der aktuelle Claim: „More Colorful" darunter eingeblendet. Die Farbe des Hintergrundbildes variiert jede Sekunde in der Reihenfolge der Pfaufedernfarbe in gelb, orange, rot, lila, blau und grün. Eine sachliche Frauenstimme sagt: *„The following programs are brought to you in living color on NBC*". Zusätzlich ist im Hintergrund die derzeitige Erkennungsmelodie von *NBC* zu hören.[95]

Bei einer aktuellen *CBS*-Station IDs erscheint das Logo im Zentrum vor einem schwarzen Hintergrund. Farblich ist es ein Mix aus weiß, silber, grün und blau. Eine Männerstimme sagt: *„Amerikas Most Watched network. Only CBS.*", ein poppiges Instrumental-Intro ist im Hintergrund zu hören – fade out. Weitere Station IDs des Senders sind ähnlich.[96]

---

[92] Heller 2008
[93] Vgl. Goulekas 2001: 483
[94] Vgl. FCC 2008g
[95] Vgl. Youtube 2010r
[96] Vgl. Youtube 2010l

Auch *ABC* verwendet mehrere Station IDs (Abb.5):

| Station ID | Angepasste Station ID | Station ID on Demand | Station ID High Definition |

Abbildung 5: ABC-Station IDs (Basis: Youtube 2010a,b,c,d)

Der Hintergrund ist weiß, das *ABC Logo* kommt von rechts oben schwunghaft ins Bild, dreht sich und platziert sich dann in der Mitte des Bildschirms. Beim Drehen spritzt Wasser rund um den Kreis. Musikalisch ist die ID mit vier Tönen und einem Geräusch untermalt, welches das Zischen des Wassers repräsentieren soll, als ob ein schneller Pfeil hindurch schießt. In der Station ID von 2009 sagt eine Männerstimme „*ABC Start Here*". Bei der ID von 2010 ist dies nicht der Fall, hier reduziert sich die Station ID nur auf das Bild.[97] Zusätzlich zur allgemeinen ID gibt es auch noch unzählige Variationen (vgl. Abb. 5): Wird ein Film in HD präsentiert oder *ABC* on demand benutzt, gibt es dafür eigene IDs. Sie unterscheiden sich von der Haupt-ID lediglich durch den Zusatz. Die *ABC* Affiliates passen die ID zudem an den vollständigen Sendernamen an. Der sonstige Aufbau und auch die Musik bleiben gleich.

Die Station IDs der Sender sind vergleichbar; sie bestehen aus dem eingeblendeten Logo, sind mit einer kurzen, prägnanten Melodie unterlegt, am Ende wird der Slogan erwähnt. Selbst im Farbspektrum ähneln sich die Station IDs von *CBS* und *ABC* stark.

4.2 Trailer im Vergleich

Trailer sind Ankündigungen von Programmen, Personen und anderen Sendereigenschaften, welche meist zwischen den einzelnen Sendungen und nach der Werbepause übertragen werden. Sie haben eine Länge von ca. 1 bis 1:50 Minuten.[98] Die drei Sender verwenden sowohl sendungsspezifische als auch sendungsübergreifende Trailer. Letztere stellen einen Ausschnitt des Programmprofils dar und arbeiten vor allem mit Stimmungen, Farben und Musik. Sie sollen dem Zuseher ein Bild vom Sender und seinen Leistungen vermitteln. Aus diesem Grund wird diese Art von Trailern auch als aussagekräftiger für die Markenführung empfunden, als reine sendungsbeschreibende oder -ankündigende Trailer. *NBC* verwendete 2009/ 2010 den folgenden *Trailer:*

---

[97] Vgl. Youtube 2010a
[98] Vgl. Donald/ Spann 2000: 250

a) *NBC Promotion 2009-2010 Saisonankündigung:* [99]

Aufmachung	- Innerhalb der ersten sechs Sekunden Station ID - Danach Wechsel des Hintergrundbildes zwischen einzelnen Federnfarben des Pfaus mit jeder neuen Formatvorstellung - Vorstellung kurzer Ausschnitte von *NBC* Programmen und einzelner, zugehöriger Slogans - Zwischen Programmvorstellungen Einblendung des *NBC*-Logos mit dem Claim „*More Colorful*" - Am Ende Sichtbarkeit des leicht nach links versetzten Logos, Claims vor blauem Himmel
Dauer	0:50 Minuten
Logo	*NBC*-Pfau zu Beginn und während des Spots immer wieder im Bildmittelpunkt. Am Ende leicht nach links versetzt inkl. Claim.
Musik	moderne, futuristische Melodie im Hintergrund
Farben	Farben der Pfaufedern
Text verbal	Keiner
Text visuell	Titel der neuen Programme; Sendetag und Sendezeit; Beschreibende Slogans zu den einzelnen Sendungen; Hauptclaim "*More Colorful*"
Atmosphäre	Bunt, jung, dynamisch, modern, künstlerisch, hip, futuristisch

Tabelle 9: Analyse NBC-Trailer

Während die Claims von *CBS* zum Teil häufig variieren, findet sich der Slogan „*America's Most Watched Network*" auch heute noch in den Station IDs und den Trailern des Senders.

---

[99] Vgl. Youtube 2010j

b) CBS Promotion 2009-2010 Saison-Ankündigung: [100]

Aufmachung	- Kamera zoomt auf einen großen TV-Bildschirm, im Hintergrund ist eine Stadt im Dunkeln zu sehen. - Auf dem Bildschirm Mix mit Ausschnitten von *CBS'* Serien, Sendungen, Nachrichten, Programmen, Sport, usw. - Am Ende Zoom der Kamera aus dem TV-Gerät, Zuseher befindet sich in modernem Wohnzimmer vor Fernsehgerät. - Wohnzimmer verschwindet hinter der Fassade eines modernen Hochhauses inmitten von weiteren Hochhäusern. - Kamerafahrt über Gebäude, Siedlung mit erleuchteten Fenstern in der sonst völligen Dunkelheit.
Dauer	1:40 Minuten
Logo	*CBS*-Auge konstant am rechten unteren Bildschirmrand in Glas-Optik, z.T. zwischen den Sendungsausschnitten als „Trenner".
Musik	Black Eyed Peas: 'I Gotta Feeling' im Hintergrund
Farben	Beginn und Ende: gold, gelb, rot vor schwarzem Hintergrund; ansonsten je nach Sendung
Text verbal	Sätze/ Dialoge direkt aus den Serien; kurze, prägnante Sportkommentare, Reden von Politikern, lachendes Publikum in Abstimmung mit Musik
Text visuell	Bei 1:28 Minuten: *America's most watched network – only CBS*
Atmosphäre	cool, jugendlich, hip, lockere Stimmung

Tabelle 10: Analyse CBS-Trailer

Der *CBS Trailer* ist emotionsbasiert. Das Logo wird konsequent eingesetzt, Bild und Ton/ Musik sind gut aufeinander abgestimmt.

Der inhaltliche Fokus bei den sendungsübergreifenden Trailern von *ABC* liegt in der Saison 2009/2010 auf dem Serienhaus, in dem beliebte Stars „wohnen". Zu diesem Haupttrailer gibt es mehrere Variationen: Stars aus bekannten *ABC* Serien leben in einem Haus. Die Charaktere der unterschiedlichen *ABC* Serien treffen aufeinander, wobei jeder seine typischen Eigenschaften und wieder erkennbare Elemente seines Formats repräsentiert. [101]

---

[100] Vgl. Youtube 2010m
[101] Vgl. About.com 2010

c) ABC Promotion 2009-2010 Saison-Ankündigung: [102]

Aufmachung	- Kamera zeigt eine typisch amerikanische Wohnsiedlung mit frisch gemähten Vorgärten, gepflegten weißen zweistöckigen Häusern mit amerikanischen Briefkästen. - Briefkästen tragen jeweils die Namen und das Corporate Design der einzelnen *ABC* Serien - Einblendung der Haustür mit *ABC* Logo - Im Haus Darstellung verschiedener Szenen mit typischen Seriencharakteren - Am Ende Einblendung *ABC* Logo und Claim
Dauer	1:00
Logo	Einblendung am Anfang (auf der Haustür) und am Ende; zusätzlich während des ganzen Trailers unten rechts
Musik	„Top of the world" von Tim Myers; fröhlich, munter
Farben	Helle, frühlingshafte Farben
Text verbal	Charaktere unterhalten sich miteinander, verwenden typische Phrasen wie sie auch in ihren Serien vorkommen würden.
Text visuell	*ABC* Claim („Your favourite shows live here") am Ende
Atmosphäre	Humorvoll und familiär; vermittelt Eindruck, Teil dieser Gemeinschaft zu sein; typisch amerikanisch gehaltene Umgebung erzeugt Nähe zum Zuseher, da *ABC* Serienhaus sich überall in den USA, also in jeder Nachbarschaft, befinden könnte

Tabelle 11: Analyse ABC-Trailer

Der Trailer von *ABC* arbeitet mit positiven Emotionen und Fröhlichkeit. Er spiegelt die stereotypen glücklichen Amerikaner in schönen Häusern und mit guten Freunden wider. Außerdem fokussiert er stark auf sehr erfolgreiche Sendungen im Programm.

Alle drei Networks arbeiten mit sendungsübergreifenden Trailern und versuchen, einen Überblick über das Angebot zu geben. Darüber hinaus verwenden alle drei Trailer das Senderlogo, die Art der Präsentation variiert jedoch. Während *NBC* zu Beginn des Trailers das Logo in Form der Station ID zeigt und es dann später dazwischen einblendet, beschränkt sich *CBS* auf die Präsentation zum Ende des Trailers. *ABC* wiederum hat sich dazu entschlossen, das Logo in die Trailer-Geschichte einzubetten, indem es die Eingangstür des „*ABC* Hauses" ziert.

NBC stellt in seinem Trailer die einzelnen Formate so vor, dass sie das Markenversprechen „Diversity" mit der Programmpolitik verknüpfen. Der gesamte Trailer ist im Sinne der Corporate Identity gestaltet; der Pfau als Visualisierung des Markenversprechens ist dabei elementarer Bestandteil. Die einzelnen Szenen sind in den Farben der Pfauenfedern hinterlegt und der Claim „More Colorful" wird immer wieder eingeblendet. Die moderne, junge und dynamische Tonalität des Trailers soll die Persönlichkeit der Marke betonen.

---

[102] Vgl. Youtube 2010o

63

CBS reiht ebenfalls Ausschnitte einzelner Sendungen aneinander, so dass auch hier das Markenversprechen der Diversität über die Facetten der Programmpolitik dargestellt wird. *CBS* versucht mit dem Trailer, eine gelassene Stimmung zu übermitteln, verbreitet aber gleichzeitig auch Aufregung und Spannung. Der Bereich der Action- und Krimiserien wird hervorgehoben, was die Positionierung in diesem Bereich unterstreicht. Der Sender übermittelt dadurch einen kühlen, männlichen Eindruck, nicht zuletzt auch durch die Wahl der eher dunklen Farben.

ABC hat in seinem Trailer eine etwas andere Strategie im Vergleich zu den beiden anderen Networks gewählt. Der Trailer erzählt eine Geschichte mit den Stars der einzelnen Serien. Sowohl das Logo als auch die Sendungen sind in die Geschichte integriert. Passend zum „Star House" wurde auch der Slogan gewählt: „Your favourite shows live here". Im Trailer kommen hauptsächlich helle, warme Pastellfarben vor und die Musik ist fröhlich und beschwingt. Der Trailer versucht durch seine Aufmachung die junge, hauptsächlich weibliche Zielgruppe anzusprechen und ist mit seiner Tonalität stark an die Serien des Senders angelehnt. Als Zuschauer könnte sogar der Eindruck entstehen, der Trailer sei eine neue Serie von *ABC*, quasi das Beste von allen.

4.3 Off-Air-Kommunikation mit besonderem Fokus auf Social Media

NBC ist im Social Media Bereich auf Facebook und Twitter vertreten. Vor allem Trailer und Teaser für einzelne Serien werden hier angekündigt. Auch Verweise auf den eigenen Youtube Channel von *NBC* sind hier zu finden, wo einzelne Serien mittels Webstream angesehen werden können.

Facebook: Das offizielle *NBC*-Profil hat 32.738 Fans. Auf der Pinnwand werden aktuelle Informationen zu Serien, Shows und Castings veröffentlicht, welche oft kommentiert und diskutiert werden. Direkt im Profil werden auch Webstreams mit aktuellem *NBC* Content ausgestrahlt. Unter Fotos werden Ausschnitte von Shows ausgestellt. Es gibt zudem eine eigene Kategorie *NBC*-Shows im Profil, über welche die Facebookseiten der einzelnen Programme abgerufen werden können. Beispielsweise haben die *NBC Nightly News with Brian Williams* 15.058 und *NBA on NBC* 56.316 Fans. Darüber hinaus gibt es auch Facebook-Profile für die einzelnen geographischen Senderäume von *NBC* (z.B. *NBC*-New York, *NBC*-Chicago). *NBC* verweist auf der Profilstartseite direkt auf ihr Twitterprofil.

Twitter wird von *NBC* für kurze Ankündigungen genutzt. *NBC* sowie die einzelnen Programme und lokalen Stationen haben eigene Twitter-Accounts. Diese sind im Sinne einer integrierten Kommunikation einheitlich gestaltet, untereinander verlinkt und größtenteils gut frequentiert. *NBC's* Twitteraccount: 46 Following, 41.940 Followers, 1.086 Tweets.[103]

Bei CBS setzt sich im *Off-Air-Bereich* der Trend zur Fokussierung auf einzelne Sendungen fort, d.h. das Unternehmen setzt auch hier nur wenige Maßnahmen zur Bewerbung des eigenen Networks. Nichtsdestotrotz wurden zum Start der *Only CBS* Kampagne 2009 nationale Werbemaßnahmen On Air, Online, On Radio und Outdoor geschalten.

---

[103] Vgl. Twitter 2010c

Während man in diesem Bereich natürlich auf die eigenen *CBS* Corporation Plattformen zurückgreifen kann (*CBS* Radio Stationen, *CBS* Outdoor, *CBS* Interactive sites wie z.B. CNET.com, BNET.com und *CBS*Sports.com), hat das Unternehmen im Printmedien-Bereich Werbung in der New York Times und der USA Today geschalten.[104] Ein halbes Jahr später erregte das Unternehmen allerdings durch eine andere Maßnahme große mediale Aufmerksamkeit; und zwar durch die erste Video-Anzeige in einem Print-Magazin. Zusammen mit Pepsi Cola Max entstand in der Entertainment Weekly diese moderne Form der Printanzeige. Inhalt war die Programmankündigung der neuen TV Saison durch einige Testimonials aus den Serien (*How I Met Your Mother, The Big Bang Theory*).[105]

Auch im Social Media Bereich (Facebook, Twitter, etc.) ist *CBS* mit eigenen Profilen vertreten und nutzt diese Plattformen für die direkte Kommunikation mit seinem Publikum. Vor allem Ankündigungen und Teaser für einzelne Episoden werden hier gepostet.[106] Die offizielle CSI Facebook-Fanpage hat 1.403.530 Fans. Neben dieser Site gibt es auch einige CSI-Seiten, die von Usern selbst erstellt wurden (z.B. existiert die Gruppe *Beziehungsstatus: Charlie Harper* aus *Two and a Half Men* und die Facebook-Applikationen *Welcher Two and a Half Men*-Charakter bist du?) oder auch Facebook pages/Gruppen/Profile von den Charakteren selbst, wie z.B. Dr. Gilbert ‚Gil' Grissom gespielt von William L. Petersen.[107] Auf Twitter erfolgen fast ausschließlich Ankündigungen (Season Final, Season Openings), Verlinkungen zur Homepage; 29 Following , 6.100 Followers, 147 Tweets.[108]

Anders als bei *NBC* wird der Social Media-Bereich viel intensiver für die Förderung der einzelnen Sendungen genutzt. So hat etwa jede *CBS*-Sendung auf der CBS-Homepage eine eigene Subpage mit einem ähnlichen inhaltlichen Aufbau (z.B. Home, Video, Episodes, Cast).[109] An Hand der Sendung *CSI* wird diese Fokussierung auf Formatmarken besonders deutlich: Neben der eigenen Website gibt es CSI Spiele für den PC, für die Spielekonsolen Xbox, Nintendo DS, Nintendo Wii und für Mobiltelefone. Texter und Autoren der Seriendrehbücher sind an der Erstellung der Spiele beteiligt.[110] Die *CSI Experience* ist eine interaktive Ausstellung, auf der die Besucher einen Kriminalfall lösen müssen, indem sie Beweisstücke von Tatorten zusammen tragen und identifizieren. Dazu sind in den Ausstellungsräumen verschiedene Stationen errichtet, die der Lösung des Falles dienen. Die Ausstellung tourt seit 2009 durch die USA, Irland, Korea, Singapur, Finnland, Wien uvm. Die permanente Ausstellung befindet sich im MGM Grant Hotel & Casino in Las Vegas.[111] Nicht zuletzt finden sich auf der *CBS*-Homepage CSI-Fanartikel.

---

[104] Vgl. *CBS* Press Express 2009
[105] Vgl. McCarthy 2009; Youtube 2010e
[106] Vgl. Facebook 2010b; Twitter 2010b
[107] Vgl. Facebook 2010c,d
[108] Vgl. Twitter 2010a
[109] Vgl. *CBS*.com 2010d
[110] Vgl. Gamespot 2010
[111] Vgl. Vienna.at 2009; CSITheexperience.org 2008

Die *ABC* Homepage ist farblich in schwarz gehalten, das Logo ist klar sichtbar links oben platziert. Auf der Site können sowohl Informationen über die Sendungen und Stars eingeholt als auch einzelne Serien angesehen werden. Weiters fungiert sie als Fernsehprogramm und ist mit Facebook, Twitter und Myspace verknüpft.[112] Der Sender selbst hat keine eigene Facebook-, Myspace- oder Twitter-Präsenz, es existiert aber eine *ABC* Facebook Applikation, welche auf die Homepage verlinkt.[113] Diese hat 21.333 Fans. Es gibt zudem Gruppen für die jeweiligen Sendungen, die aber nicht alle vom Unternehmen gegründet, sondern von Fans ins Leben gerufen wurden, was die Site wiederum für *ABC* schwerer kontrollierbar macht.

4.4 Fazit Kommunikationspolitik

Die Kommunikationsanalyse zeigt, dass alle drei Networks ihre Logos und Slogans sehr konsequent verwenden. Weiters wird auch die Markenpositionierung in der On Air- und Off Air-Kommunikation transportiert und Markenwerte integriert.

Alle drei Networks verwenden für ihre On-Air-Kommunikation Trailer und Station IDs. Bei den Trailern ist zu erkennen, dass sie sich gut eignen, um die Markenwerte und die Positionierung zu kommunizieren. Der *NBC*-Trailer kann als modern und futuristisch beschrieben werden, was sich wiederum mit dem Programmschwerpunkt des Senders deckt. *CBS* dagegen wurde mit jugendlich und hip, aber auch spannungsgeladen beschrieben. *ABC* hält sich bei seinen Trailern an den aktuellen Slogan „*Your favorite shows live here*" und transportiert eine lustige, lockere Stimmung mit weichen Farben und fröhlicher Musik. Off Air sind alle drei Networks in den Social Media Plattformen Facebook, Twitter und Myspace vertreten, der Fokus liegt hier zum Teil stärker auf der Vermarktung einzelner Sendungen (Submarken) als des ganzen Senders, jedoch arbeiten die Networks mit beiden Varianten.

Zusammenfassend ist zu sagen, dass alle drei Networks vergleichbare Kommunikationsinstrumente und -maßnahmen nutzen. Es wird sowohl Off-Air- als auch On-Air-Promotion betrieben, innovative und neuartige Werbung (etwa über Ambient Media) wurde aber von den AutorInnen nicht entdeckt.

5 Fazit

Die drei TV-Netzwerke *ABC*, *CBS* und *NBC* haben dieselbe Hauptzielgruppe, dementsprechend hoch ist die Konkurrenz zwischen ihnen. Die einzelnen Marken unterscheiden sich aus der Distanz betrachtet nicht wesentlich voneinander, dies ist gut an den ähnlichen Logos und Claims erkennbar. *CBS* und *NBC* positionieren sich beide durch den Markenkernwert Vielfalt, *ABC* durch Entertainment und Gemeinschaft.

---

[112] Vgl. *ABC*.com 2010c
[113] Vgl. Facebook 2010a

In der Programmpolitik fokussieren die drei Marken jedoch auf unterschiedliche Schwerpunkte, wenngleich diese immer noch auf den Genres Serien, Reality Shows und Comedy liegen. *NBC* hat daneben noch einen starken Nachrichtenanteil. An Hand von Ratings ist erkennbar, dass diese Programmauswahl durch hohe Zuschauerzahlen gewürdigt wird. Da die Networks werbefinanziert sind, bedarf es einer solchen Anpassung an die Wünsche des Publikums. Erfolgreiche Formate werden oft kopiert.

In der Kommunikationspolitik konzentrieren sich alle drei Unternehmen auf die Führung ihrer Formatmarken (insbesondere Serien). Einzelne Sendungen werden oft stärker promotet als die Sendermarke. Da diese Programme jedoch ohnedies direkt der Sendermarke zugeordnet werden, tragen sie so zu einer stärkeren Differenzierung bei. Die Alleinstellungsmerkmale der Sendermarken werden insbesondere durch starke eigenproduzierte Programmmarken gefördert.

Sowohl im On-Air- als auch im Off-Air-Bereich suchen die Unternehmen den Bezug zum Publikum, allerdings lassen sich hier innovative und kreative Kommunikationsaktivitäten vermissen.

Literaturverzeichnis

ABC.com, (2010a): Home; online unter: http://abc.go.com/, abgerufen am 22.07.2010

ABC.com, (2010b): Jimmy Kimmel Show; online unter: http://abc.go.com/watch/jimmy- kimmel-live/SH559060/VD5570376/jimmy-kimmel-live-game-night-66?cid=fullepisodeacces, abgerufen am 24. 06. 2010

ABC.com, (2010c): Home; online unter: http://abc.go.com/, abgerufen am 15.7.2010

About.com, (2010): *ABC*'s hilarious promo sparks curiosity; online unter: http://tvdramas.about.com/b/2009/06/05/abcs-hilarious-promo-sparks-curiosity.htm, abgerufen am 4.7. 2010

America.gov, (2010): Constitution; online unter: http://www.america.gov/constitution.html; abgerufen am 22.7.2010

Anderson, C. (2010): National Broadcasting Company; online unter: http://www.museum.tv /eotvsection.php?entrycode=nationalbroa; abgerufen am 1. 7. 2010

Artam, (2010): Evolution of logos of Famous Brands; online unter: http://artatm.com/2010/04/evolution-of-logos-of-famous-brands/ abgerufen am 15. 5.2010

Bielby, D.D./Harrington C.L. (2008): Global TV: Exporting television and culture in the world market, New York University

Böhm, D. (2010): Neupositionierung der Marke durch neue Eigenproduktionen und neue visuelle Identität; online unter: http://www.nbc-universal.de/nbc/Presse-Pressemeldungen-*NBC*_UNIVERSAL-- 105,pressID__494,showDetail__1.htm; abgerufen am 2. 6. 2010

CBS Corporation, (2010a): Our Portfolio; online unter: http://www.cbscorporation.com/portfolio.php? division=93; abgerufen am 09.07.2010

CBS Corporation, (2010b): Careers; online unter https://sjobs.brassring.com/ 1033/ASP/TG/cim_home.asp? partnerid=25084&siteid=5129 abgerufen am 10.7.2010

CBS Corporation, (2010c): Diversity; online unter: http://diversity.cbscorporation.com/, abgerufen am 7.6. 2010

CBS Corporation, (2010d): Diversity – Institute; online unter: http://diversity.cbscorporation.com/ page.php?id=16 abgerufen am 10.7.2010

CBS Press Express, (2009) : Pressemeldung ; online unter : http://www.cbspressexpress.com/ div.php/cbs_network/release?id=21677 abgerufen am : 23.7.2010

CBS.com, (2010a) : CBS at 75; online unter: http://www.cbs.com/specials/cbs_75/eye.shtml; abgerufen am 22.06.2010

CBS.com, (2010b): Home; online unter: http://www.cbs.com/ abgerufen am 14.Juli 2010

CBS.com, (2010c) : LOL Mondays ; online unter : http://www.cbs.com /collections/lol_mondays/ abgerufen am 17.07.2010

CBS.com, (2010d): CSI: Crime Scene Investigation; online unter: http://www.cbs.com/primetime/csi/ abgerufen am : 24.7.2010

CBS.com, (2010e): CBS Sports; online unter: http://www.cbs.com/sports/ abgerufen am 14. 7.2010

CBS.com, (2010f): CBS Primetime TV Schedule; online unter: http://www.cbs.com/info/schedule/ index.php abgerufen am 14.7.2010

Clark, M. (2010): The Colorful Story Behind a Broadcasting Icon; online unter: http://www.big13.net/ NBC%20Peacock/NBCPeacock3.htm; abgerufen am 1.7.2010

Clark, T./Burkhard, K. (2010): NBC Universal Mediendatenbank; online unter; http://www.mediadb.eu/ datenbanken/us-medienkonzerne/nbc-universal-inc.html; abgerufen am 1.6.2010

CSITheexperience.org, (2008) : CSI : The Experience ; online unter : http://www.csitheexperience.org/ abgerufen am 24.7.2010

Deitsch, R. (2010): 2010 NFL Broadcasting Guide ; online unter : http://sportsillustrated.cnn.com/ 2010/writers/richard_deitsch/09/07/nflbroadcasting.guide/index.html; abgerufen am 30.9.2010

Dict.cc, (2010) : online unter : http://www.dict.cc/?s=diversity; abgerufen am 10.7.2010

Dietz, J. (2010) : Upfronts : ABC announces 2010-11 Primetime Schedule, online unter : http://features.metacritic.com/features/2010/upfronts-abc-announces-2010-11-primetime-schedule/, abgerufen am 4.10.2010

Disney, (2010): About ABC; online unter: http://www.disneyabctv.com/web/index.aspx, abgerufen am 7.7.2010

Donald, R./Spann, T. (2000): Fundamentals of Television Production, Iowa

Durango, (2010a): Nielsen Ratings: Week 28th of June – 4th of July; online unter: http://durangotv.blogspot.com/2010/07/nielsen-ratings-top-20-for-june-28-july.html, abgerufen am 8. Juli 2010

Durango, (2010b): Nielsen Ratings: Week 31st of May – 6th of June: online unter: http://durangotv. blogspot.com/2010/06/nielsen-ratings-top-20-for-may-31-june.html, abgerufen am 8. Juli 2010

Ettl-Huber, (2008): Konzentration von Einflusspotenzialen in Medien Netzwerken; Berlin/Wien

Facebook, (2010a): ABC Application; online unter: http://www.facebook.com /#!/apps/application.php?id=137585909851&ref=ts, abgerufen am 22.8.2010

Facebook, (2010b) :CBS ; online unter : http://www.facebook.com/CBS?ref=search, abgerufen am 24.7.2010

Facebook, (2010c): CSI: Crime Scene Investigation; online unter: http://www.facebook.com/ CBS?ref=search#!/ CSICrimeSceneInvestigation?ref=ts abgerufen am 24.7.2010

Facebook, (2010d): Gilbert A Grissom; online unter: http://www.facebook.com/pages/Gilbert-A-Grissom/22750933381?ref=search abgerufen am 24.7.2010

Fact-Index, (2010a): ABC Slogans; online unter: http://www.fact-index.com/l/li/list_of_abc_slogans.html, abgerufen am 12.11.2010

Fact-Index, (2010b): NBC Slogans; online unter: http://www.fact-index.com/l/li/list_of_nbc_slogans.html, abgerufen am 12.11.2010

FCC, (2010a): Massmedia orders; online unter: http://www.fcc.gov/Bureaus/Mass_Media/ Orders/1996/fcc96091.txt, abgerufen am 21.7.2010

FCC, (2010b): About us; online unter: http://www.fcc.gov/aboutus.html, abgerufen am 22.7.2010

FCC, (2010c): Report; online unter: http://www.fcc.gov/Reports/1934new.pdf, abgerufen am 22.7.2010

FCC, (2010d): Facts; online unter: http://www.fcc.gov/mb/facts/csgen.html, abgerufen am 25.7.2010

FCC, (2010e): Media Ownership; online unter: http://www.fcc.gov/ownership/rules.html, abgerufen am 27.7.2010

FCC, (2008g): Other Broadcast Content Regulation; online unter: http://www.fcc.gov/ mb/audio/decdoc/public_and_broadcasting.html#_Toc202587550 abgerufen am: 22.7.2010

Flowtv (2007): Green, Josuha: What does an American Television network look like; online unter: http://flowtv.org/2007/11/what-does-an-american-television-network-look-like/ abgerufen am 10.7.2010

Fortunecity (2010): The Evolution of ABC; online unter: http://members.fortunecity.com/tvNetworks//abc/, abgerufen am 24.7.2010

Fortunecity, (o.J.): The Evolution of CBS; online unter: http://members.fortunecity.com/tvNetworks//cbs/; abgerufen am 01.10.2010

Fulton, H./Huisman, R./Murphet, J./Dunn, A. (2005): Narrative and media; Cambridge University Press, Port Melbourne

Gamespot, (2010) : New CSI game is in the works ; online unter : http://www.gamespot.com/pc/ adventure/csicrimesceneinvestigation/news.html?sid=6072317&om_act=convert&om_clk=newsfeatures&tag=n ewsfeatures%3Btitle%3B2 abgerufen am 23.7.2010

Gebhardt, T. (2010): Talente bringen NBC wieder an die Spitze; online unter: http://www.quotenmeter.de/cms/?p1=n&p2=43087&p3=; abgerufen am 20. Juni 2010

Goulekas, K.E. (2001) : Visual Effects in a Digital World : A comprehensive glossary of over 7,000 visual effects terms, Orlando

HANS-BREDOW-INSTITUT (2006): Internationales Handbuch Medien 2005/2006. Baden-Baden.

Heinrich, J. (1999): Medienökonomie, 2. Band: Hörfunk und Fernsehen; 1. Auflage; Wiesbaden; Westdeutscher Verlag

Heller, S. (2008) : Lou Dorfsman, Design Chie fat CBS, Dies at 90 ; online unter : http://www.nytimes.com/2008/10/26/nyregion/26dorfsman.html abgerufen am 18.7.2010

Hovestädt, D. (2010): Die Macht der Konzerne; online unter: http://www.bpb.de/themen/61ZEPD,0,Die_Macht_der_Konzerne:.html; abgerufen am 14.62010

Huffingtonpost, (2010): Shea, Danny, Diane Sawyer gives rating bumps to "World News" in debut; online unter: http://www.huffingtonpost.com/2009/12/23/diane-sawyer-gives-rating_n_402452.html, abgerufen am 24.6.2010

Institut für Medien- und Kommunikationspolitik, (2010) : Mediendatenbank, Walt Disney ; online unter : http://www.mediadb.eu/datenbanken/internationale-medienkonzerne/walt-disney-corp.html, abgerufen am 4.10.2010

Jones, J.P. (1999): The Advertising Business: Operations, Creativity, Media Planning Integrated Communications; Thousand Oaks, California

Justice.gov, (2010): Freedom of Information Act; online unter: http://www.justice.gov/ oip/foia_updates/Vol_XVII_4/page2.htm, abgerufen am 22.7.2010

Karstens, E./Schütte, J. (2010): Praxishandbuch Fernsehen: Wie TV-Sender arbeiten; 2., aktualisierte Auflage, VS Verlag für Sozialwissenschaften Wiesbaden

Magder, T. (2009): Television 2.0: The Business of American Television in Transition; in: Murray, Susan/Ouellette, Laurie (2009): Reality TV: remaking television culture; New York, London

McCarthy, C. (2009) :CBS to run video ad in magazine this fall ; online unter : http://news.cnet.com/8301-1023_3-10313064-93.html abgerufen am 23.7.2010

Mediaowners, (2010a): ABC Television network profile and media properties; online unter: http://www.mediaowners.com/company/abctv.html; abgerufen am 21.08.2010

Mediaowners, (2010b) :NBC Universal profile and media properties; online unter: http://www.mediaowners.com/company/nbcuniversal.html; abgerufen am 21.08.2010

Mediaowners, (2010c) :CBS Corporation profile and media properties; online unter: http://www.mediaowners.com/company/cbscorporation.html; abgerufen am 21.08.2010

Mediaowners, (2010d) : Viacom Inc. Profile and media properties; online unter http://www.mediaowners.com/company/viacom.html ; abgerufen am 21.08.2010

Meffert, H./ Burmann, Ch. (Hrsg.) (2002) : Markenmanagement; 1. Auflage; Wiesbaden; Gabler Verlag

Movieweb, (2010); ABC announces Primetime 2009/2010; online unter: http://www.movieweb.com/news/NENhcURRX0tKRT, abgerufen am 20.6.2010

National Television and Information Administration, (2010): Telecommunication Act 1996; online unter: http://www.ntia.doc.gov/top/publicationmedia/newsltr/telcom_act.htm, abgerufen am 25.7.2010

NBC – Universal, (2010a):NBC Universal Television Group; online unter: http://www.nbcuni.com/About_NBC_Universal/Company_Overview/overview02.shtml; abgerufen am 1.6.2010

NBC – Universal, (2010b): Diversity; online unter: http://www.nbcuni.com/About_NBC_Universal/Diversity/html; abgerufen am 1.6.2010

NBC – Universal, (2010c): Job; online unter: http://www.nbcunicareers.com/ abgerufen am 1.6.2010

NBC, (2010a): NBC – History – Milestones; online unter: http://www.nbcuni.com/History/nbc_milestones_2.pdf; abgerufen am 1.6.2010

NBC, (2010b): NBC – Company Overview; online unter: http://www.nbcuni.com/ About_NBC_Universal/Company_Overview; abgerufen am 1.6.2010

NBC, (2010c): This is NBC Universal; online unter: http://www.nbcuni.com/About_NBC_Universal/Company_Overview/; abgerufen am 1.6.2010

NBC, (2010d): Schedule; online unter: http://www.nbc.com/shedule; abgerufen am 1.6.2010

NBC, (2010e): Schedule; online unter: http://www.nbc.com/upcoming-shows/; abgerufen am 3. 6.2010

o. A. (2010a): History of the NBC Logo, online unter: http://www.etiziano.com /I_love_logo_design/ history_of_the_nbc_logo.html; abgerufen am 1.6.2010

o. A. (2010b): The Evolution of NBC, online unter: http://members.fortunecity.com /tvNetworks/nbc/; abgerufen am 1.6.2010

Osgerby, B./ Gough-Yates, A. (2001): Action TV: Tough Guys, Smooth Operators and FOXy Chicks, London

PediaView, (o.J.): CBS Broadcasting Inc. (CBS); online unter: http://pediaview.com/openpedia/CBS#2000s; abgerufen am 01.10.2010

Riedner, F. (2010): America's Got Talent gewinnt bei Jung und Alter; online unter: http://www.quotenmeter.de/cms/?p1=n&p2=42974&p3=; abgerufen am 20.6.2010

Saba, J. (2010):CBS treis for Thursday night laughs in fall lineup; online unter: http://www.reuters.com/article/idUSTRE64I6A520100519?loomia_ow=t0:s0:a49:g43:r2:c0.101695:b34332064:z0, abgerufen am: 14.7.2010

Schneider, N. (2010): Colorful new peacock for NBC; online unter: http://www.variety.com/article/VR1118007925.html?categoryid=14&ref=ra&cs=1; abgerufen am 1.6.2010

Schuler, J. (2010): Finales NHL Spiel bringt NBC gute Quoten; online unter: http://www.quotenmeter.de/cms/ ?p1=n&p2=42537&p3; abgerufen am 20.6.2010

Serjeant, J. (2010): Reuters: CBS seen winning 2009-10 TV season; online unter: http://www.reuters.com/article/idUSTRE64O6SF20100525 abgerufen am: 11.7.2010

State of the Media, (2009a): network TV Ownership; online unter: http://www.stateofthemedia.org/2009/narrative_networktv_ownership.php?media=6&cat=5#NetOwnDisney, abgerufen am 8.7.2010

State of the Media, (2009b): network TV Audience; online unter: http://www.stateofthemedia.org/ 2009/narrative_networktv_audience.php?media=6&cat=2#NetAud1, abgerufen am 27.8.2010

State of the Media, (2010): network TV Audience; online unter: http://www.stateofthemedia.org/ 2010/network_tv_audience.php, abgerufen am 8.7.2010

Stein, Andi/Evans, Beth Bingham (2009): An Intorduction to the Entertainment Industry, New York

TechTarget (2010) : Twitter, chat and text messaging abbreviations ; online unter : http://searchcrm.techtarget.com/ definition/Twitter-chat-and-text-messaging-abbreviations abgerufen am 15.7.2010

Televisionblog, (2010a) : Top 20 most watched TV Programms; online unter: http://blog.newsok.com/television/ 2010/01/12/top-20-most-watched-tv-programs-in-2008-09/, abgerufen am 24.7.2010

The Futon Critic, (2009a) : ABC Press Release : ABC's "Jimmy Kimmel Live" marks its top viewer and adult 18-49 results since season-premiere week: online unter:http://www.thefutoncritic.com/news.aspx?id=20091120abc01, abgerufen am 27. September 2010

The Futon Critic, (2010b) : ABC Press Release : ABC's"Jimmy Kimmel Live" posts its best numers in viewers and young adults since June, online unter: http://www.thefutoncritic.com/ news/2010/08/19/abcs-jimmy-kimmel-live-posts-its-best-numbers-in-viewers-and-young-adults-since-june/20100819abc01/, abgerufen am 27.September 2010

The Internet Movie Database, (2010a): Scrubs, My first day (2001), online unter: http://www.imdb.com/title/tt0696640/, abgerufen am 4.10.2010

The Museum of Broadcast Communications, (2010); American Broadcasting Company; online unter: http://www.museum.tv/eotvsection.php?entrycode=americanbroa, abgerufen am 24.7.2010

Trost, S. (2010): Nielsen / U.S. Haushalte besitzen noch mehr Fernsehapparate 2010; online unter; http://de.nielsen.com/news/NielsenPressemeldung29.04.2010-USFernseher.shtml; abgerufen am 1.6.2010

TVguide, (2010): TV Listings; online unter: http://www.tvguide.com/Listings/ abgerufen am 27.6.2010

Twitter, (2010a): CSI on CBS!; online unter: http://twitter.com/CSI_CBS abgerufen am 24.7.2010

Twitter, (2010b) :CBS_Television ; online unter : http://twitter.com/cbs_television abgerufen am: 24.7.2010

Twitter, (2010c):NBC: online unter: https://twitter.com/nbc; abgerufen am 24. 7. 2010

U.S. Census Bureau; (2010): Media Usage and Consumer Spending; online unter: http://www.census.gov/compendia/statab/cats/information_communications/information_sector_services_media_usage.html; abgerufen am 3.6. 2010

United States Access Board, (2010): Telecommunication Act 1996; online unter: http://www.access-board.gov/about/laws/telecomm.htm; abgerufen am 25.7.2010

USA Embassy, (2010): Medien; online unter: http://usa.usembassy.de/medien-television.htm, abgerufen am 22.07.2010

Vane, E.T./Gross, L.S. (1994): Programming for TV, radio, and cable; Woburn (Massachusetts)

Verspohl, L. (2008): Die strategische TV-Programmplanung und das Bild des Zuschauers: Eine Analyse anhand der Sender NBC, RTL und Das Erste, VDM Verlag

Vienna.at (2009) : CSI-Experience : Angehende Tatortermittler gesucht ; online unter : http://www.vienna.at/news/wien/artikel/csi-experience-angehende-tatortermittler-gesucht/cn/news-20081120-03395124 abgerufen am 24.7.2010

Wikia (2010): List of ABC Slogans; online unter: http://annex.wikia.com/wiki/List_of_ABC_slogans, abgerufen am 22.7.2010

Youtube, (2010a):ABC 2010 Station ID; online unter: http://www.youtube.com/watch?v=UTEE-ZeRRFM&feature=related, abgerufen am 13.7.2010

Youtube, (2010b): ABC HD ID, online unter: http://www.youtube.com/ watch?v=qRsfLLrGkuM&feature=related, abgerufen am 13.7.2010

Youtube, (2010c): ABC on demand ID; online unter: http://www.youtube.com/watch?v=yHVxxPcn3eY&feature=related, abgerufen am 13.7.2010

Youtube, (2010d): ABC Localized ID; online unter: http://www.youtube.com/watch?v=hLbzqZ5YXP0, abgerufen am 13.7.2010

Youtube, (2010e) : CBS& Pepsi and OMD – 'Monday to the Max' First-Ever Video-in-Print ; online unter : http://www.youtube.com/watch?v=fyCXAhdqT0g abgerufen am 23.7.2010

Youtube, (2010i) : Mike and Molly – Billy Gardell and Melissa McCarthy Interview ; online unter : http://www.youtube.com/watch?v=VU_ERXYAghY abgerufen am 23.7.2010

Youtube, (2010j): NBC Promo: online unter: http://www.youtube.com/watch?v=bMZRcrblg0c&NR=1, abgerufen am 21.7.2010

Youtube, (2010k): NBC Promo Law and Order: online unter: http://www.youtube.com/watch?v=8j-NQIgiSLc, abgerufen am 21.7.2010

Youtube, (2010l): CBS Station ID, online unter: http://www.youtube.com/watch?v=MXmRiR5Aw7Y&NR=1, abgerufen am 21.7.2010

Youtube, (2010m): CBS Season Promotion: online unter: http://www.youtube.com/watch?v=nZ8l15qyxs, abgerufen am 21.7.2010

Youtube, (2010n): CBS Hawaii Five-O Promo: online unter: http://www.youtube.com/watch?v=0Fu8L2MkUeU&feature=related, abgerufen am 15.7.2010

Youtube, (2010o): ABC Promo Trailer, Your favorite shows live here: online unter: http://www.youtube.com/watch?v=Clsrikif5P0&p=6C5D83B89A19CBED&index=44&playnext=2, abgerufen am: 15.7. 2010

Youtube, (2010r): NBC "More Colorful" in Living Color: online unter: http://www.youtube.com/watch?v=vzUFZCxC46U, abgerufen am 15.7.2010

Zap2it, (2010):ABC; online unter: http://tvlistings.zap2it.com/Networks/abc.html, abgerufen am 23.7 2010

II. Zwischen HD-TV und Pay-TV:
TV-Markenführung in Großbritannien

Sebastian Mark, Andrew Swann
Umfeldbedingungen

Andrew Swann, Kati Förster
BBC1: A trademark of Britishness

Sebastian Mark
The brighter Side? Eine Analyse der Markenführung des Senders ITV1

Sebastian Mark, Andrew Swann

Umfeldbedingungen

1 Medienbesitz und Finanzierung

Der Fernsehmarkt in Großbritannien ist vor allem durch die Public Service Broadcaster und das Pay-TV geprägt. Der größte Fernsehsender BBC ist als öffentlich-rechtlicher Sender durch Rundfunkgebühren finanziert und muss diese Gebühren nach einem bestimmten Schlüssel aufteilen.[1] Die anderen Public Service Broadcaster finanzieren sich über Werbung und Lizenzeinahmen oder versuchen derzeit neue Wertschöpfungsmöglichkeiten z.B. mit Pay-TV-Angeboten[2] zu erschließen.

Eine weitere Säule im britischen TV Markt sind zudem die Pay-TV Sender bzw. Kabelbetreiber (BskyB bzw. Virgin Media). Sie finanzieren sich hauptsächlich über Gebühren und nur zu einem geringen Teil aus Werbung. Die Eigentümerstruktur dieser Fernsehanbieter ist dabei sehr unterschiedlich. ITV1 ist derzeit im Besitz der ITV plc, die aus einer Fusion der Medienunternehmen Carlton und Granada hervorgegangen ist. Die ITV plc. vereint dabei 11 der 15 ITV-Lizenzen auf sich. Die verbleibenden Lizenzen besitzen die Unternehmen SMG (zwei Lizenzen in Schottland), UTV (Nordirland) und Channel Television (Kanal Inseln).[3] Der Sender Five gehört seit 2010 dem Unternehmen Northern & Shell des Daily Express-Besitzers Richard Desmond an. Zuvor war der Sender im Besitz der RTL-Gruppe, die zum Bertelsmann-Konzern gehört.[4]

Channel 4 (rein werbefinanziert) und die BBC sind hingegen öffentlich-rechtliche Anstalten und damit nicht in Privatbesitz.[5] Der Pay-TV-Sender BskyB und Virgin Media sind zum größten Teil in der Hand zweier global agierenden Medienkonzerne. BskyB gehört zu 38% der News Corporation von Ruppert Murdoch und könnte wohl in der Zukunft von dessen Unternehmen komplett übernommen werden.[6] Virgin Media ist Eigentum der Virgin Media Inc., dessen Hauptanteilseigner Sir Richard Branson ist.[7]

---

[1] Vgl. BBC 2010
[2] ITV wird z.B. 3HD Kanäle bei BSkyB platzieren (Sweney 2010a).
[3] Vgl. ITV 2009
[4] Vgl. Busfield/ Robinson 2010
[5] Vgl. Riegert 2010
[6] Vgl. Sweney 2010b
[7] Vgl. Wäscher 2010

75

2 Entwicklungen im Medienmarkt

Zusammen mit den USA ist Großbritannien eine der am weitesten entwickelten Medienlandschaften mit einer führenden Position innerhalb Europas. Die Entwicklung auf den Britischen Inseln stellt oft einen Blick in die Zukunft für die kontinentaleuropäischen Medien dar. HD-Fernsehen, welches bei ORF1 und 2 noch in den Kinderschuhen steckt, steht den Briten schon seit einigen Jahren zur Verfügung. Über 22% der Bevölkerung besitzen einen HD-ready Fernseher. Die britische Gesellschaft ist saturiert von televisuellen und audiovisuellen Medien.

Erwachsene in Großbritannien verbringen im Durchschnitt 225 Minuten pro Tag vor dem Fernseher, 170 Minuten pro Tag hört man Radio, 27 Minuten verbringen sie mit telefonieren und 26 Minuten im Internet. Aufgerechnet sind das durchschnittlich 7,4 Stunden pro Tag, die in Begleitung von Medien verbracht werden.

Im Ofcom Communications Market Report 2010 sind die wichtigsten Entwicklungen in Großbritannien zusammenfasst, hier sind jene für den Fernsehmarkt:

- *Digitalisierung:* Über 92% der Bevölkerung hat digitales Fernsehen; Ziel ist, Großbritannien bis 2012 komplett zu digitalisieren.
- *Internet-TV und On-Demand:* Vier von zehn Personen schauen Fernsehen im Internet und 31% der Menschen haben bereits On-Demand-Angebote online verwendet.
- *HD-Fernsehen:* 5,1 Millionen Familien haben HD-TV, mit über 24 Millionen bis dato verkauften HD-Fernsehern.
- *3D-TV:* Im April 2010 hat Sky zum ersten Mal 3D Fernsehen ausgestrahlt;[8] geplant ist, Sky 3D im Oktober 2010 zu launchen.[9]

3 Wettbewerb und rechtliche Rahmenbedingungen

Verschiedene Geschäftsmodelle haben sich in Großbritannien bewährt: Die konventionellen öffentlich-rechtlichen Sender und Pay-TV. Generell unterteilt man in Free-TV-, Non-Free-TV- und Pay per view- sowie Subscription-TV- Modelle. In den letzten Jahren sind außerdem die Konzepte Triple Play, Video on Demand und jüngst auch Mobile TV immer populärer geworden. Triple Play ist der Begriff für das gebündelte Anbieten von Fernsehen, Telefon und Internet. Mit Video on Demand ist England mit großen VoD-Plattformen weit entwickelt, wie jener von Channel 4. Zu Mobile-TV gibt es noch zu wenige aussagekräftige Ergebnisse, jedoch lässt sich eine Entwicklung durch die den Markt penetrierenden Smartphones erahnen.

Die öffentlich-rechtlichen Sender der BBC und Channel 4 vereinen 35,2% Marktanteil auf sich; allein BBC1 hat hier einen Anteil von 20,9%. Die privatwirtschaftlich geführten Sendergruppen ITV (17,8%) und Five (4,9%) stehen neben den in Großbritannien erfolgreichen Pay-TV-Anbietern wie etwa BskyB (6,8%) oder Virgin Media (2,7%).[10]

---

[8] Vgl. Barnett 2010
[9] Vgl. BBC 2010
[10] Vgl. BARB 2010

Britische Sender sind weitgehend unabhängig von der Regierung. Im „World Press Freedom Index" von 2009 erreichten die britischen Medien den 20. Platz von über 150 teilnehmenden Staaten. Trotz der Programmfreiheit unterliegen die Sender bestimmten Regulatorien und Verantwortungen. Sie müssen etwa Informationen über ihre Aktivitäten und den geschäftlichen Betrieb öffentlich darlegen. Verschiedene Regulierungsbehörden legen Standards und Regeln der Objektivität und Meinungsfreiheit fest: *The Press Complaints Commission* ist eine Selbstregulierungs-Behörde, die hauptsächlich allgemeine Verhaltensregeln festlegt. *The Department for Culture, Media and Sport* reguliert grundlegende rechtliche Bedingungen, denen die Sender unterliegen. Privatrechtlich geführte Sender unterliegen weiters der *Independent Broadcasting Authority* sowie verfassungsrechtlichen Prinzipien wie zum Beispiel der Presse- und Meinungsfreiheit. Die wahrscheinlich wichtigsten, für den Mediensektor relevanten Statuten finden sich im *Broadcasting Act 2003*. Die BBC wird als öffentlich-rechtlicher Anbieter neben der stets relevanten Menschenrechtskonvention auch von der *Royal Charter* und dem dazugehörigen *Framework Agreement* reguliert.

Literaturverzeichnis

Barnett, E. (2010) Sky 3D channel launches on April 3 URL: http://www.telegraph.co.uk/ technology/news/7479356/Sky-3D-channel-launches-on-April-3.html [12.08.2010]

BBC (2010): The licence fee. URL: http://www.bbc.co.uk/aboutthebbc/licencefee/ [20.08.10]

Busfield, S./ Robinson, J. (2010): Richard Desmond buys Channel Five for £103.5m. URL: http://www.guardian.co.uk/media/2010/jul/23/richard-desmond-buys-channel-five [10.08.10]

ITV (2009): About ITV. URL: http://www.itv.com/aboutitv/ [10.08.10]

Riegert, B. (2010): Europäische Rundfunksysteme im Vergleich. URL: http://www.dw-world.de/dw/article/0,,5652667,00.html [31.08.10]

Sweney, M. (2010a): ITV unveils pay-TV push. URL: http://www.guardian.co.uk/ media/2010/aug/03/itv-unveils-pay-tv-push [10.08.10]

Sweney, M. (2010b): BSkyB rebuffs takeover bid from News Corporation. URL: http://www.guardian.co.uk/media/2010/jun/14/bskyb-news-corporation-takeover-bid [10.08.10]

Wäscher, T. (2010): Virgin Media Inc.. URL: http://www.mediadb.eu/datenbanken/internationale-medienkonzerne/virgin-media-inc.html [28.08.10]

Andrew Swann, Kati Förster

BBC1: A trademark of Britishness

1 A brief history of the BBC

The British Broadcasting Company was established in 1922 by a group of radio manufacturers led by Marconi. In 1927[11] the company was renamed the British Broadcasting Corporation. It was originally only a radio broadcaster, the first television channel arrived in 1936 under the name the "BBC Television Service". BBC1 as it is known today came about as a result of the launch of BBC's second television channel, BBC2, prompting the directors to rebrand the Television Service in keeping with BBC2. The BBC format as we know it now was launched in 1964.[12]

The BBC is a public service provider funded through the license fee and has a public responsibility to fulfil. BBC1 is the oldest television channel in Britain, its main competitor and second oldest channel in the country, ITV, was launched in 1955[13] giving the channel almost twenty years, and the corporation over 32 years to develop and establish a brand that would become a trademark of "Britishness" and embody the British character.

2 Strategic Brand Management

2.1 *The BBC and the BBC1 brand*

The focus of this article will be BBC1. As the country's oldest channel it is the opinion of the author that full attention be given to it, rather than to BBC2 and other BBC channels. A distinction must first be made between the BBC (the corporation) and BBC1 (the channel) The BBC has a range of different media under its brand name from television, radio, internet, print and international services. It is therefore wise to look at the company brand architecture. The BBC operates under an umbrella brand strategy, which, according to Contractor "leverages a company's brand appeal by launching more line extensions and variants under a single brand name or identity."[14]

Kapferer extends on this by labelling the umbrella branding as "a frame of reference behind which everything should align, in order eventually to become the embodiment of it".[15] For BBC the umbrella brand is "BBC", under which it has a number of different brands in different media which all use the BBC brand name, e.g.:

---

[11] Tungate 2004: 25.
[12] BBC, A short history of the BBC [online].
[13] ITV, History [online].
[14] Contractor 2001: 189.
[15] Kapferer 2008: 366

- **Television**: BBC1, BBC2, BBC three, BBC Parliament, BBC News 24, BBC World News
- **Radio**: BBC Radio 1, BBC Radio 2, BBC Five Live
- **Online**: BBC online

The term *BBC* will now be used to refer to the British Broadcasting Corporation in its entirety. All aspects referring to the channel will be referred to as BBC1. Through its brand architecture BBC1 takes advantage of the reputation, identity and association BBC has with the British public, meaning the identity, mission, and brand value of BBC1 all stem from the BBC brand or are identical to the BBC umbrella brand.

2.2 *Brand Identity*

According to Kapferer brand identity involves "specifying the facets of brands' uniqueness and value (…) for existing brands, identity is the source of brand positioning".[16] A selection of the questions highlighted by Kapferer[17] for establishing a company's brand identity will now be applied to the BBC.

(1) What is the brand's vision?
"The BBC's single vision is to be the most creative organisation in the world and enrich people's lives with programmes that inform, educate and entertain".[18] This is stated in their 2009/10 annual report and sets out an ambitious vision backed up by Mark Thompson, director general of the BBC. "The BBC exists to inform, educate and entertain its audiences with programmes and content of excellence and originality."[19]

(2) What makes it different?
A Points of Difference analysis can be found below in chapter 2.4.

(3) What need is the brand fulfilling?
The brand is there to fulfil the needs of the public as confirmed by Mark Thompson. The company's mission statement according to the BBC Trusts Strategy Review reinforces this. "The BBC's mission is constant and enduring: to inform, educate and entertain audiences with programmes and services of high quality, originality and value. It strives to fulfil this mission not to further any political or commercial interest, but because the British public believes that universal access to ideas and cultural experiences of merit and ambition is a good in itself. The BBC is a part of public space because the public themselves have put it there."[20]

---

[16] Kapferer 2008:178.
[17] Kapferer 2008: 173.
[18] BBC, Annual Report 2009/10 [Online] 8.
[19] Ibid
[20] BBC Trust, The BBC Strategy Review 2010, [Online] 15.

(4) What are its values?
Quality, creativity, variety, access for all, reliability and neutrality are all values which run through the BBC philosophy and can be seen in their annual report, mirroring their role as a public service broadcaster.

(5) What is its field of competence?
BBC is involved in all areas of media and is known for quality journalism, innovative programming and drama.

(6) What are the signs, which make it recognizable?
BBC1's corporate design will be discussed later. The BBC itself as a brand is recognizable to everyone through the use of their three letters.

Although the vision and mission statement is for the BBC as a whole, it is to be assumed that these goals also apply to BBC1, the flagship brand and service of the BBC.

2.3 Brand Image

Where the BBC chooses to position itself is heavily restricted by its duties as a public service broadcaster. Being financed through license fees means they are obliged to provide something for everyone, to listen to the opinions of the viewers and respond to these. For BBC1 this means being a "channel for everyone". This is confirmed by comments taken from a recent Ofcom study published in the strategy review "Audiences expect a broad range of programmes and services from the BBC. [...] four out of five members of the public (79%) expect the BBC to provide more programmes that suit their tastes and interests than other broadcasters. In research for the BBC, audiences expect the BBC to provide for all, with 84% agreeing that the BBC should provide programmes and services that appeal to everyone's tastes".[21] It is clear then that the BBC and BBC1 are seen as mirrors of the British culture. "We recognise the direct responsibility we have to those who pay for the BBC to hold it to its public service mission. They tell us that they are proud of the BBC and see it as trustworthy. They want it to be strong and independent, they are willing to pay for it. They also say that they expect good value from the licence fee,they want their money to be spent on high quality programmes,they want more programmes that feel new and different"[22]. Here the public, such as quality, new, different and independent, repeats those values outlined by the BBC.

In the light of these opinions it is no surprise that BBC1 is the market leader in terms of viewing shares with 29% of the viewers.[23] They are positioned as a "channel for everyone", how they achieve this will be analysed in the programme policy and communication sections.

---

[21] BBC Trust, The BBC Strategy Review 2010 [online] 33
[22] BBC Trust, The BBC Strategy Review 2010 [online] 8
[23] BARB, Annual share of viewing 2009 [online].

2.4 Points of Parity and Points of Difference

Channel 4 and FIVE have not been considered as direct competitors due to their relatively small market share. Hence, ITV is seen as the most important competitor:

BBC 1	ITV
Public ownership	Private ownership
Financed through licence fees	Financed through advertising
20.9% viewing share[24]	17.8% viewing share
Reputation for news, documentaries, educational programmes	Seen as an entertainment channel
Created in 1936, first TV channel in Britain	Created in 1955, first ever commercial channel in Britain
Neutrality in journalism and variety in programming	ITV widely restricted to programming for profit
International operations	Based within the British Isles

Table 1: Comparison between BBC and ITV

In conclusion, the two channels differ due to their financial structure. ITV is reliant on advertising, meaning the products offered must have a marketable and viewer friendly nature, restricting their ability to offer niche broadcasting, an area which BBC is able to exploit.

2.5 Sub-brands within BBC1

Genre-brand: BBC1 actually has a large amount of entertainment programmes resulting in a balance between information/news programmes and light entertainment/drama programmes. According to the viewing shares for the week 01.05.2010-07.05.2010 the most watched programme on BBC1 was Eastenders with 9.34 million viewers. Almost 62% of BBC1's programming could be put into the entertainment/drama category, while 37% of the programmes can be categorized as News or Discussion.[25]

Format brands: Entertainment and News are BBC1's most important genres, within this Eastenders (soap opera) is BBC1's most important programme and had a total of 21% of BBC1's viewing share for the week of 01.05.2010 with a total of 34.27m viewers for four episodes.[26] Other popular BBC entertainment/drama programmes are Casualty (hospital drama) and Doctor Who (Sci-fi adventure). BBC News at 10 is also important within the information genre.

Personality Brands: BBC1 does not really use personalities to advertise their programmes, opting to highlight the format rather than the star itself. Doctor Who is currently one of the most popular programmes in the country; it is also one of the oldest.

---

[24] Ibid.
[25] BARB, Weekly Top 30 Programmes [online].
[26] BARB, Weekly Top 30 Programmes [online].

It was first broadcasted in 1963, ran until 1989 and was re-launched in 2005 until the present day.[27] Unlike many programmes, Doctor Who has changed its lead actor no less than 11 times in 31 series in order to keep its appeal going, emphasizing the importance of the format, and not the star.

BBC1 operates on the basis of a full programme, or complete market strategy. This offers BBC1 a number of advantages over their market competitors. First, they are able to offer something to everyone, increasing the chances of keeping the masses satisfied. It also means that viewers do not have to search around, they watch the channel in the hope and expectance that they will find something appropriate for them. This is in keeping with their strategy and the expectations of the viewers, while this can be costly for some channels the BBC has the benefit of being financed through the license fee and thus are not reliant on making large amounts of profit, meaning they can encourage creativity and quality set out in their vision statement in a way that commercial channels cannot.

3 BBC1 Programme Planning

A channel's programme planning mirrors their strategy and positioning. BBC1 has positioned itself as a "channel for everyone". This means BBC1's programme profile should vary between information and entertainment.

3.1 Programme Profile

The graph below highlights the amount of hours that were devoted to different genres on BBC1 over the period 2009-10:

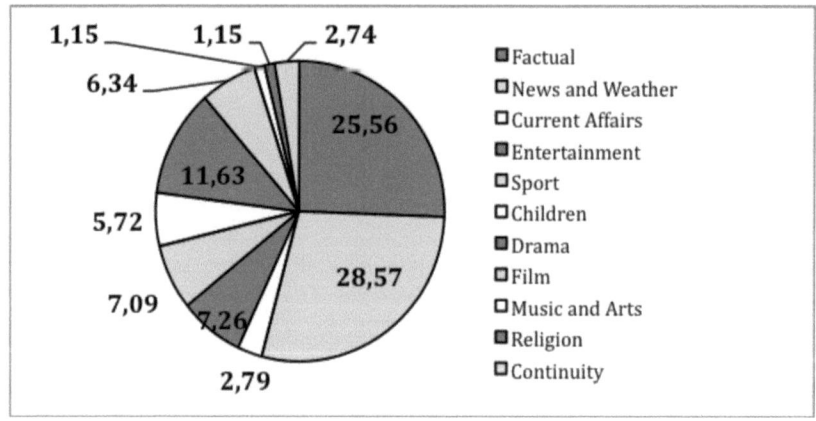

Figure 1: Percentage of hours produced per genre (BBC, Annual Report 2009/10: 37)

---

[27] BBC, A history of Doctor Who [online].

Over 50% of the content on BBC1 is made up of factual, informative news content. In 2009 Entertainment accounted for 8% of the viewing time, however it is not particularly clear what is understood under entertainment. Nevertheless, the amount of time given to different genres changed over this period, as can be seen in table 2: Sports, Film, Religion, Entertainment and Current Affairs were reduced, while Factual, News and Weather, Children, Drama, Music and Arts and Continuity increased.

Genre	Hours 2008/9	Hours 2009/10	Change in %
Factual	1.993	2.154	+8,1
News and Weather	2.330	2.407	+3,3
Current Affairs	237	235	-0.8
Entertainment	638	612	-4,1
Sport	755	597	-20,9
Children	475	482	+1,5
Drama	937	980	+4,6
Film	638	534	-16,3
Music and Arts	91	97	+6,6
Religion	104	97	-6,7
Continuity	230	231	+0,4

Table 2: Hours per genre on BBC 1 (BBC, Annual Report 2009/10: 37)

The programme profile analysis approach from Woelke[28] will now be used to analyse the structural and content diversity, and the relevance of the programming to society.

Structural and content diversity: BBC1 is structurally diversified, in keeping with its "channel for everyone" strategy as displayed in Figure 1.

*Relevance to society:*The BBC has a duty as a public service provider to offer neutral, independent broadcasting without bias and of social relevance. This is confirmed in their strategy review: "This mission, underpinned by commitments to universality, impartiality, accuracy, excellence and distinctiveness, allows the BBC to support a trusted public space at the heart of national life and around the world."[29] This impartiality and independence from the government has often been put into question by various interest groups, usually those in political opposition. It is however very difficult to measure impartiality as often the assessment of a programme's neutrality is subjective rather than objective. Kung Schankelman[30] highlighted the neutrality, which British and especially BBC journalists have when she compared British journalists with their German counterparts. 'Whereas German journalists see their primary role as drawing attention to potential dangers or threats and communicating their personal interpretation of events, their UK peers feel their professional role is to report neutrally on events, even ones they privately judge as alarming.' Harris (2004) quoted in an article by Mcqueen stated "It is one of the great hypocrisies of British public life [...] that the BBC is independent of government control."[31]

---

[28] Woelke 2010
[29] BBC Trust, The BBC Strategy Review 2010: 20
[30] Küng-Shankelman 2000: 62
[31] Mcqueen 2008

These differing opinions which run throughout the country allow us to come to the conclusion that the BBC and BBC1 are neutral. A company which receives criticism from groups for being too left, too right, too multi-cultural, pro-war and contra-war can only be in one place, the middle.[32]

3.2 Programme Scheme

BBC1 uses a day parting strategy, which is "the practice of dividing the day into several parts, during each of which a different type of radio programming or television programming apropos for that time is aired. Programs are most often geared toward a particular demographic, and what the target audience typically engages in at that time".[33] This strategy ensures that all demographics are catered for and the regular time slots for the different genres help viewers plan much easier. The following table shows the day parts with their genre and intended target group.

Weekdays		
Time	Day Parting	Genre/target group
03.00-06.00	Early Morning	BBC News 24
6.00-9.00	Breakfast	Breakfast show
09.00-12.00	Morning	Reality TV, cooking, DIY
12.00-15.00	Afternoon	Reality TV, cooking etc
15.00-18.00	Kids TV	Children's programmes
18.00-22.30	Prime time	News, series, 6 and 10pm news
22.30-12.00	Late evening	Chat shows, sport highlights
12.00-03.00	Night	Repeats, niche programming
Weekends: Saturday		
Time	Day Parting	Genre/target group
03.00-06.00	Early Morning	BBC News 24
6.00-9.00	Breakfast	Breakfast show
09.00-12.00	Morning	Reality TV, cooking, DIY
12.00-17.00	Afternoon	Sports coverage
15.00-18.00	Kids TV	Children's programmes
18.00-22.30	Prime time	News, series, 6 and 10pm news
22.30-12.00	Late evening	Chat shows, sport highlights
12.00-03.00	Night	Repeats, niche programming
Weekends: Sunday		
Time	Day Parting	Genre/target group
03.00-06.00	Early Morning	BBC News 24
6.00-9.00	Breakfast	Breakfast show
09.00-12.30	Morning	Politics, discussion
12.30-15.00	Afternoon	Various
15.00-17.00	Eastenders Omnibus	Repeat of the weeks soap
17.00-22.30	Prime time	Drama, documentary, reality
22.30-12.00	Late evening	Chat shows, sport highlights
12.00-03.00	Night	Repeats, niche programming

Table 3: Programme Scheme BBC

---

[32] Walters 2006; Liddle 2008; Aitken 2007; Groves 2009.
[33] Parker, Demographics: Webster's Quotations, Facts and Phrases, 120 .

BBC1 uses a *horizontal programme strategy* in keeping with day parting. During the week BBC1 uses horizontal programming with a clear division of genres. Although morning and afternoon have been used here, it is often the case that viewers associate the time period 10:00 to 15:00 simply as "day time" TV.

Furthermore, three different weeks have been taken from May, July and August 2010 for the analysis of the programme scheme; an example can be seen in table 4. June was not used due to the football World Cup, which distorted the BBC's normal programming.

Day Part	Saturday 01.05	Saturday 24.07	Saturday 14.08
Early Morning	BBC News 02:25	BBC News 04:00	BBC News 03.30
Breakfast and Morning	Breakfast 06:00	Breakfast 06:00	Breakfast 06:00
	Saturday Kitchen 10:00	Saturday Kitchen 10:00	Saturday Kitchen 10:00
	Great British Menu 11:30	What to eat now 11:30	What to eat now 11:30
Afternoon and Kids TV	News 12:00	News 12:00	News 12:00
	Sport 12:15	Sport 12:15	Sport 12:15
	News 17:10	News17:00	Weakest Link 17.15
	Total Wipeout 17:25	17:10 Incredibles Film	News 18.10
			Outtake TV 18.20
Prime Time	Doctor Who 18:25	101 ways to leave a gameshow19:00	101 ways to leave a gameshow18:50
	Over the Rainbow 19:10	Tonights the night 20:00	Tonights the night 19:50
	National Lottery 20:10	National Lottery 20:50	National Lottery 20:40
	Casualty 21:00	Casualty 21:00	Casualty 20:50
	BBC News 21:50	John Bishops Britain 21:50	John Bishops Britain 21:40
		BBC News22:20	BBC News 22.10
Late Evening	Match of the Day 22:15	Catch me if you can Film22:45	Match of the Day 22:30
	The Football League Show 23:25	The Big White 00:55	The Football League Show 23:50
Night	Friday Night with Jonathon Ross	Weatherview 02:35	Contangion 01.10
	Weatherview 01:20	News 02:40	Weatherview 02.45
	Five Daughters 01:30:00		
	The man who cycled the Americas		
	Banded Brothers		

Table 4: Programming (May, July and August example)

Upon analysing the programme schedule for BBC1 it became clear that although horizontal programming exists and day parting is used, there is no clear timetable as to which the programmers abide by. The same programme on a Monday in July began at a different time a week later. A number of examples highlight this phenomenon.

- *The National Lottery:* The National Lottery is shown every Saturday evening and lasts between 10-15 minutes. It has been shown on a Saturday evening for many years. The programme had three different start times in the weeks analysed 20:10 (May), 20:50 (July), 20:40 (August).
- *The Antiques Roadshow*: Shown on Sunday evenings at 20:00 in May and August, but was then broadcasted at 18:30 in July.
- *Eastenders Omnibus:* Also shown on Sundays at different times each month; 15:10 (May), 15:15 (July), 15:00 (August)

The start times are more regular during the week but still have variations, mainly in the niche programming with "Weatherview" starting at a different time every evening ranging from 01:15, 00:25, 01:50, 00:10, 00:45.[34] These examples indicate that BBC1 does not see the importance in having a fixed horizontal plan and have opted for a more flexible approach. The three examples used are all fixtures in the BBC1 schedule and have been for many years, appearing weekly without fail. Fixed time slots for these programmes would be expected on other channels. This regular variation in programme times perhaps mirrors the British culture in which the TV is often on in the background, especially at weekends. This in turn reduces the need to have fixed and strenuous timetables as people will have the channel on and watch the programme regardless of the time. 40 minutes is however a considerable time difference and it would be interesting to see how viewers in other countries would react to a time change of this size. This may also be a tactic of BBC1 to improve their viewing figures by using *lead-in* and *lead-off strategies*.

BBC 1 operates a *consumer orientated programme planning strategy* rather than a competition or programme orientated strategy. This strategy seeks to use "the opinions and demand of the users to determine and keep the audience flow positive". According to Verspohl, the three possible strategies within this orientation are lead-in, lead-off and lead-out.[35] As defined by Wieten, Murdock and Dahlgren the "lead in strategy places a strong series before a weaker or new series to jump start it (and) (lead off) refers to the strategy of beginning an evening with a very strong programme. It is assumed that the first prime-time show sets the tone for the entire evening."[36] A lead-out strategy involves using a stronger programme after a weaker one, which may help a weaker shows chances as Straubhaar et al. explain "A new shows chances can be improved by following it with a highly rated established show like ER as a lead out".[37] Looking at the viewing figures for the weeks used in the appendix will now conclude BBC1's strategy.[38]

---

[34] BBC, BBC1 TV Schedule [Online].
[35] Verspöhl 2008
[36] Wieten, Murdock and Dahlrgen 2000: 73
[37] Straubhaar, LaRose and Davenport 2008: 254
[38] BARB. Weekly Top 30 Programmes [online].

The weeks in May and July have been used for the purpose of this analysis. Viewing figures have been used to assess programmes strength as it was seen as the most objective basis and that these figures theoretically mirror the opinions and strengths of the different programmes. It does not take into account the subjective opinions and affinity viewers may have with particular programmes making them strong brands without the need for large viewing figures, hence the reason why Panorama is classed as a weak programme despite its history and prominence.[39]

The strongest programme on BBC1 according to viewing figures is *Eastenders*. It has regular viewing figures of over 9 million per show. In the week between the 24th and 30th of July the four Eastenders episodes were in the top five viewed programmes on the channel. These four episodes will be used by looking at what was broadcasted around them: On Monday evening, prime time was started by the One Show (over 4m viewers) followed by Fake Britain (not in the top 30 of BARB stats) then Eastenders and Panorama. BBC1 have used a mixture of lead-in and Hammocking strategies here, which involves placing a weak programme in between two strong ones. Fake Britain has been used as a time filler between the One Show and Eastenders in the hope that viewers will stay on the channel and watch the programme. A lead-in strategy is used for panorama as well; although a well known brand in itself being the "Worlds longest running investigative TV show"[40] it is still very much a niche genre, attracting a different set of viewers to Eastenders. The hope here is that placing it after their strongest show of the week (the Monday Eastenders was the most viewed programme in May, June and August) will help keep the programme in the limelight and attract a new viewer base. On Tuesday BBC1 Placed the One Show, Eastenders and Holby city together followed by New Tricks (low ratings) in keeping with their lead in strategy. The same strategy can be seen on Thursday with the one show, Eastenders and Celebrity Masterchef (14th highest viewing figure) being followed by the secret tourist, a new programme launched on that day (29.07.). Friday operates the same policy as Monday sandwiching DIY SOS between the One Show and Eastenders.

BBC1 operates a *lead-in strategy* with a tendency to *hammock* weaker and newer programmes between stronger ones and operates a programming policy based on the demands of the public. The policy is in keeping with their duties as a public service provider to provide content to match the needs of every demographic and is confirmed in the BBC Trust's statement in their BBC strategy review. The lead-in strategy is also in keeping with the format brands strategy, which BBC1 uses.

---

[39] BBC. Panorama [online].
[40] BBC. Panorama [online].

3.3 Programme Portfolio

A number of individual programmes will now be looked at and discussed in order to assess BBC1's programme portfolio. The BBC's vision and statement to "inform, educate and entertain audiences with programmes and services of high quality, originality and value"[41] and "increasing the distinctiveness of existing services, with a particular focus on greater variety and ambition on BBC One in peak time"[42] will now be assessed to see if they are being met through their prime time programme offering.

It was concluded earlier that creativity is one of the BBC's values, the words *innovative* and *fresh* are also easily found in their statements such as "BBC One will aim to enhance the delivery of this purpose through ongoing modernisation, offering a range of distinctive drama, comedy and entertainment programmes with fresh and new ideas".[43] In order to see whether this policy is being carried out a study was conducted to see how long the differing programmes in the prime time slots between 7 and 11 in the weeks in May and July had been running on BBC1. Upon looking at the weeks in May and July only a total of eight new programmes released in 2010 were included in the weekly prime time line-up out of a total of 28 programmes. Nine of the 28 programmes had been on BBC1 for more than ten years with seven of those for more than twenty years. The oldest programme on primetime BBC1 was Panorama at 57 years of age. Although this does not give a conclusive picture as to the programming policy of BBC1 it does give us enough insight to conclude that BBC1's objective of bringing fresh new ideas to the channel is happening, but perhaps not at the speed and amount some people may like. Innovative is not really a word that could be used when looking at BBC1's prime time offering, it does however try to cater for every taste. This is shown also by the relatively even share of the programming: Entertainment has a share of 26%, drama 28%, documentaries 32% and sitcom/ comedy 14%.

Figure 2 highlights the success of the programmes in terms of their highest viewing share over the two weeks analysed and also highlights how long the programmes have been running on BBC1. Some programmes are not included as a result of not being in the top 30 programmes of the week according to BARB figures, meaning they had less than 3 million viewers.

Eastenders is the strongest format brand on the channel and it is no surprise that it has the highest viewing figures, two new programmes came 2nd(Sherlock) and 3rd(Luther).The oldest programmes on BBC1 are Panorama with 57 years running, Last of the summer wine (37 years), Antiques roadshow (32 years) and Watchdog (30 years). Figure 2 shows, that BBC1 has some cash cows (e.g. Eastenders) with a long running time and high viewing figures, some stars (new, but already successful, e.g. Sherlock, Luther), some question marks (new, but low viewing figures), and of course, some poor dogs (e.g. Panorama, or Watchdog). All in all, the programme portfolio of BBC1 seems very balanced.

---

[41] BBC Trust, The BBC Strategy Review 2010, 15
[42] BBC Trust, The BBC Strategy Review 2010: 6
[43] BBC. About the BBC [online].

Figure 2: Programme Portfolio (based on BARB Figures)

Looking at the Top 30 formats, entertainment and drama unsurprisingly have the major share of the prime time viewing figures with almost all of the documentary/educational programmes failing to hit the top 30 viewing figures for BBC1 as provided by BARB:

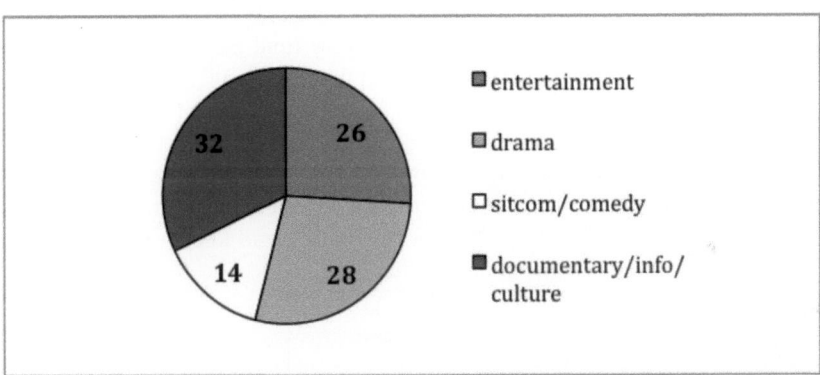

Figure 3: Percentage of Top 30 viewing figures allotted to each genre (BARB)

This highlights the reason why BBC1 opts to use a lead-in strategy for their programming, giving programmes like *Watchdog, Panorama, The Modern Master* amongst others the chance to win viewers who do not change channels after watching the major BBC vehicles such as "Eastenders", "Casualty" and "The One Show".

4 Communication Policy

The BBC communication policy will now by analysed looking at both their off- and on-air communication as well as their corporate design. It is important for a company to create brand equity, which differentiates them from their competitors and help consumers identify with them. Brand communication is essential for this as justified by Siegert" The key functions of media brands are firstly to compensate for the widely immaterial nature of the service based product and also to reduce the insecurity and lack of information regarding to media content which often come with the media production process. The key goal is, like in other branches, the communication of the brand, which functions both internally and in relationship to competitors as differentiating and stabilising."[44]

It is well known that BBC is one of the most famous broadcasting companies in the world and has built up its reputation over decades of careful planning and strategy. The BBC in general has long had a reputation for being upper-class, educated and "family". It was decided in the 1990's to try and change this reputation by changing the direction of their communication by re-designing the logo and changing the teaser trailers.

4.1 Corporate Design

According to Siegert, logos "fulfil identification, information and impressions needs".[45] In other words in the logo you "incorporate who you are as a business and what it is that you do into a graphic that people will see and memorize. Every time they see your logo they will know what company they are dealing with and what they are about".[46]

The BBC's logo is simple, despite changing considerably over the years it has still kept the simplicity and integrity it has always had. As is visible here,[47] the BBC uses a similar logo design for each of its channels, ensuring that the traditional, generic BBC logo is visible in all their products. The simple three-letter logo is the one that many people associate with the BBC. The BBC1 logo itself is perhaps not as well known and has undergone changes over recent decades as mentioned earlier.

Figure 4: BBC 1 logos

---

[44] Siegert 2001: 121
[45] Siegert 2001: 129
[46] Soucie 2006
[47] BBC. BBC tv schedule [online]

Red is the main colour for the BBC1 logo and is incorporated in almost everything, which involves BBC1. The use of red was introduced in 2002 when the company decided to revamp the channel and the BBC brand.[48] There is a clear difference in the use of colours and design to that of its counterpart ITV who use yellow for their logo. The use of reds and blacks try to convey the informal but professional nature with which BBC wants to be greeted with whereas the ITV logo with its rounder lettering and lighter colours give a sense of fun and light heartedness.

4.2 On-Air-Communication

The BBC station IDs have developed considerably over the years, trying to achieve the mission of positioning the channel as a channel for all rather than the old image as previously mentioned. The development of the station IDs and also the BBC logo itself can be seen in Figure 5.[49]

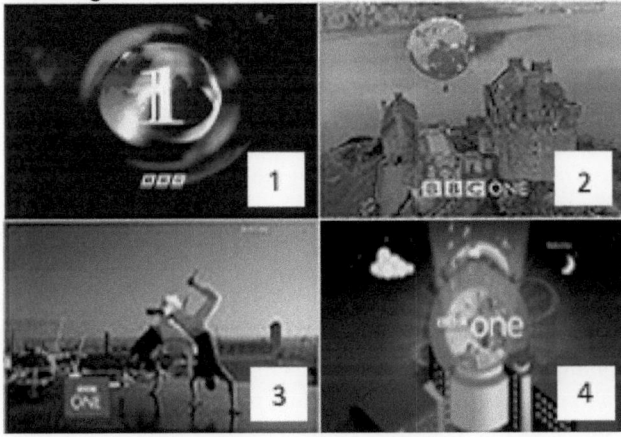

Figure 5: BBC1- Station IDs

The station ID (4) fits perfectly with the goal of the channel to be a "channel for everyone", these station IDs involve a variety of different themes all revolving around the "BBC circle" as can be seen in Figure 6:[50]

[48] BBC. BBC 1 launches vibrant new look [online].
[49] The TV Room. *BBC UK* [online].
[50] Lloyd, the one to watch [online]

The IDs try to convey the variety of pro-gramming, which BBC1 provides while also hinting at the rich cultural diversity within Britain which the public service channel represents. The station IDs do not use the red colour of the logo all the time, opting to use no background, perhaps to emphasise BBC1's integration and importance at the heart of society. These stations IDs are im-portant for BBC1 because they do not have advertisements, meaning these and the sta-tion trailers are the only communication passed on to the viewers giving them an excellent opportunity to continually re-inforce the BBC brand message.

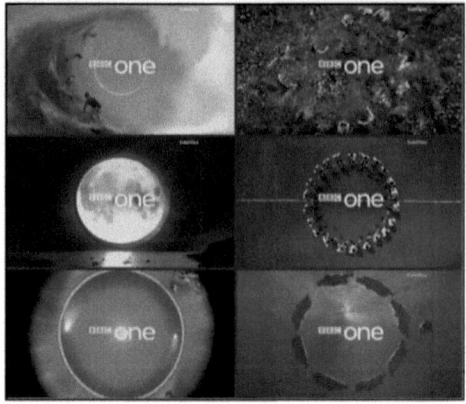

Fig. 6: Station idents BBC1 (Lloyd 2006)

There is a greater possibility that these messages will be received and remembered by the viewer than messages from commercial channels in which their messages may be for-gotten due to an abundance of other messages the viewer receives during the commercial breaks. Although these station IDs are interesting, they do not really convey the nature of the channel or pass on any information as to what the channel actually provides. The idents are however in keeping with BBC1's format strategy in which the value of broadcasting is more important than individual stars and programmes.

BBC1 *programme and image trailers* often use the stars of the show or genres to advertise the programme in contrast to the station idents. This is necessary to awaken interest in the programme for the viewers. All pre-programme station idents are accompanied by a speaker who introduces the upcoming programme and informs the viewers of the content. This is very common in Britain and perhaps reaffirms the nature of British viewing habits, in which the television is always on and where some programmes are watched on a whim rather on purpose with the introduction acting as a teaser and motivation to stay with the channel.

Upon looking at corporate design and on-air promotion it seems clear that BBC1 is imple-menting its strategy of being a channel "for everyone". It uses the reputation the BBC has for high quality and trustworthy content and broadcasting and mixes this with the new younger and more entertainment based image which BBC1 wants to convey through their less formal channel logo, their often humorous programme trailers and their very distinc-tive, innovative and somewhat unconventional station idents. The corporate design is also in keeping with their format strategy and tries not to place too much emphasis on the indi-vidual stars.

4.3 Off-Air-Communication

According to Schneider a cross media strategy involves a "brand transfer with different media platforms in order to ensure that the consumers are accompanied by a brand throughout the day".[51] In BBC1's case this involves communicating over media channels other than TV. These channels are Internet, print, radio and events amongst others. It has to be mentioned here the BBC1 has an unprecedented advantage over competitors in this area because of the fact that BBC is involved in almost all of these areas. BBC1 is therefore able to take advantage of the BBC's general communication strategy within these different media channels. This is something the likes of ITV are not able to do. The BBC boasts a wealth of media channels in which they can broadcast BBC1 programmes on such as:

- **Online:** *www.bbc.co.uk* is one of the largest websites in the world providing information on everything the BBC has to offer. BBC1 has its own website with in depth information on every programme shown as well as games, interviews, discussion etc. based on the programmes.
- **Radio:** The BBC has a vast number of local and national radio stations they can utilise to advertise major BBC1 programmes such as Radio 1,2,3,4,5 live as well as local stations in almost every region giving them extensive radio coverage.
- **Print:** The BBC produces a whole host of magazines based on genres and TV programmes allowing them once again to take advantage of the great reach they have. Examples of some of their magazines include Topgear Magazine (car magazine based on the famous TV show), Radio Times (A programme guide), Countryfile (based on the show), Match of the Day, Doctor Who and many others.[52] These magazines help further strengthen the BBC brand in the differing genres as well as the individual formats and programmes themselves ensuring their fan basis stay loyal. Each of these magazines also have their own independent website under the BBC brand name.

The strategy for BBC1 in off-air communication appears to be to promote the format and genre brands of the channel by advertising new series or major programmes in the different media channels. BBC1 has the advantage that the BBC is a public service, and as a result has to provide something for everyone in every area. Here the strategy of BBC is to be involved in everything, which is of importance for the population of the United Kingdom.

5 Conclusion

Upon looking at the BBC it is clear that their responsibility to the public through their role as a public service provider plays an integral role in their strategy. Upon looking at the different elements of BBC1 it is evident that this strategy is being carried out to good effect. BBC1 is successful because it does exactly what it was created to do:

---

[51] Schneider 2007: 146
[52] BBC, Magazines [online].

To provide content and programming which can appeal to the masses in every way possible, to make people laugh through light-hearted comedies, to inform through regular high quality news and documentaries, to entertain through in-house drama and ideas that come from the British public themselves.

BBC1 is not tied down to commercial financing and does not have its programming dictated by viewing figures in the scale that ITV or SKY do. An important part of the BBC is that they produce the majority of their programmes themselves, it is very rare that BBC1 has American shows or programmes meaning that the British public can relate to what is being shown much easier, unlike FIVE. Channel 4 is the channel most similar to BBC1 in Britain, but again, unlike Channel 4 they are not influenced by advertising money and thus to do need to niche themselves the way that Channel 4 has done with their programming. Upon looking at BBC1 and the BBC in general it is fair to say that they are a very special company, with a very special role in British society. A role which is often criticized as being too powerful or not influential enough, or as a corporation which is too commercial or too independent. One thing is for certain, the BBC is an institution within Britain and it would be hard to imagine the TV and media landscape in the country without this monolith of the media world.

Bibliography

Aitken, R. (2007): What is the loneliest job in Britain? Being a Tory at the BBC. [online], Available via: http://www.thisislondon.co.uk/news/article-23385944-what-is-the-loneliest-job-in-britain-being-a-tory-at-the-bbc.d0. [Accessed 10.07.2010]

BARB. Weekly Top 30 Programmes [online]. Available at: http://www.barb.co.uk/report/ weeklyTopProgrammesOverview?_s=4. [Accessed 15.08.2010]

BARB. Annual % Shares of Viewing (Individuals) 1981-2009 [online]. Available at: http://www.barb.co.uk /facts/annualShareOfViewing?_s=4. [Accessed 15.08.2010]

BBC. A short history of the BBC [online]. BBC. Available at: http://news.bbc.co.uk/2/hi/entertainment/ 1231593.stm [Accessed 20.07.2010]

BBC. Annual Report 2009/10 [Online]. Available at: http://downloads.bbc.co.uk/annualreport/pdf/ bbc_executive_2009_10.pdf. [Accessed 05.08.2010]

BBC Trust. The BBC Strategy Review 2010. Available at: http://downloads.bbc.co.uk/ aboutthebbc/reports/pdf/strategy_review.pdf [Accessed 18.08.2010]

BBC. BBC1 TV Schedule [Online]. Available at: http://www.bbc.co.uk/bbcone/. [Accessed 20.08.2010]

BBC. A history of Doctor Who [online]. Available at: http://www.bbc.co.uk/doctorwho/classic/news/ briefhistory/index.shtml. [Accessed 20.07.2010]

BBC. Panorama [online]. Available at: http://news.bbc.co.uk/panorama/hi/default.stm. [Accessed 15.08.2010]

BBC. About the BBC [online].Available at http://www.bbc.co.uk/aboutthebbc/statements2009/ television/bbcone.shtml. [Accessed 12.08.2010]

BBC. BBC 1 launches vibrant new look [online]. 2002. Available at: http://www.bbc.co.uk/pressoffice/ pressreleases/stories/2002/03_march/26/bbconeident.shtml. [Accessed 10.08.2010]

BBC. Magazines [online]. Available at: http://www.bbcmagazines.com/. [Accessed 12.08.2010]

Contractor, J. F. (2001): Valuation of intangible assets in global operations. 1st ed. Westport: Greenwood.

Groves. J. (2009): BNP leader Nick Griffen to complain to BBC about 'unfair' treatment on Question Time [online]. Available at: http://www.dailymail.co.uk/news/article-1222331/BNP-leader-Nick-Griffin-complain-BBC-unfair-treatment-Question-Time.html [Accessed 10.07.2010]

ITV. History [online]. ITV. Available at: http://www.itvplc.com/about/history/ [Accessed 20.07.2010]

Kapferer, J,N. (2008): The new Strategic Brand Management. Creating and Sustaining Brand Equity Long Term. 4th ed.

Küng-Shankelman, L. (2000): Inside the BBC and CNN: Managing Media Organisations. London: Routledge.

Liddle, R. (2008): The BBC White Season only shows how little Auntie has really changed. [online]. Available at: http://www.spectator.co.uk/essays/all/552791/the-bbc-white-season-only-shows-how-little-auntie-has-really-changed.thtml. [Accessed 10.07.2010]

Lloyd, P, R. (2006): The one to watch [online]. Available at: http://paulrobertlloyd.com/2006/09/the_one_to_watch . [Accessed 20.07.2010].

Mcqueen, D. (2008): BBC's Panorama, war coverage and the 'Westminster consensus' Westminster Papers in Communication and Culture Vol. 5(3): 47-68.

Ots, M./ Wolff, Dr. P, E. (2007): Consumer Brand Equity of the Media: The Value of Professional Media Buyers. New York: The Donald McGannon Communication Research Center.

Schneider, M. (2007): Crossmedia-Management. 1st ed. Wiesbaden: Deutsch Universitäts Verlag.

Siegert, G. (2001). Medien Marken Management: Relevanz, Spezifika und Implikationen einer medienökonomischen Profilierungsstrategie. München: Fischer.

Soucie, M, J. (2006): The importance of having a brand/logo for your business [online]. Available at: http://www.associatedcontent.com/article/54203/the_importance_of_having_a_brandlogo.html. [Accessed on 10.08.2010]

Straubhaar, J./ LaRose, R./ Davenport, L. (2008): Media Now: Understanding Media, Culture, and Technology. Student Ed. USA: Wadsworth.

The TV Room. BBC UK [online]. Available at: http://thetvroom.com/bbcuk/. [accessed 10.08.2010]

Tungate, M. (2004): Media Monoliths: How great media brands thrive and survive. 1st ed. London: Kogan Page.

Verspöhl, L. (2008): Die strategische TV-Programmplanung und das Bild des Zuschauers: Eine Analyse anhand der Sender NBC, RTL und Das Erste. VDM Verlag.

Walters, S. (2006): We are biased admit the stars of BBC News [online]. Available at: http://www.dailymail.co.uk/news/article-411846/We-biased-admit-stars-BBC-News.html [Accessed 10.07.2010]

Wieten, J./ Murdock, G./ Dahlrgen, P. (2000): Television across Europe: A comparative introduction. London: Sage Publications.

Woelke, Jens. (2010): TV-Programmanalyse. Fernsehvollprogramme in Österreich 2009. Band2/ 2010 Rundfunk und Telekom Regulierungs-GmbH, Wien.

Appendix: Viewing Figures (BARB)

Rank	Show (July programme and time)	May (million)	July (million)
1	EASTENDERS- MON 2000	9,65	10,08
2	EASTENDERS- FRI 2000 (TUE 1930)	9,28	9,58
3	EASTENDERS- THU 1930 (FRI 2002)	9,11	9,18
4	SHERLOCK- SUN 2101 (EASTENDERS THU 1929)	8,70	8,63
5	EASTENDERS- TUE 1929 (DOCTOR WHO SAT 1759)	8,69	7,28
6	CASUALTY-SAT 2102 (LUTHER TUE 2101)	6,05	6,35
7	WHO DO YOU THINK YOU ARE?-MON 2100 (CASUALTY SAT 2105)	5,97	6,31
8	HOLBY CITY-TUE 2002	5,48	6,21
9	LAST OF THE SUMMER WINE-SUN 1931 (ASHES TO ASHES FRI 2100)	4,93	5,90
10	ANTIQUES ROADSHOW-SUN 1845 (OUTNUMBERED THU 2125)	4,88	5,90
11	THE NATIONAL LOTTERY-SAT 2050 (OVER THE RAINBOW SAT 1848)	4,86	5,78
12	MY FAMILY-FRI 2101 (OVER THE RAINBOW SUN 1915)	4,66	5,75
13	TEN O'CLOCK NEWS-MON 2201 (COUNTRYFILE MON 1829)	4,60	5,33
14	CELEBRITY MASTERCHEF-THU 2000 (BBC NEWS SAT 2155)	4,59	5,33
15	CELEBRITY MASTERCHEF-WED 2001 (WATERLOO ROAD WED 2000)	4,49	5,31
16	TONIGHT'S THE NIGHT-SAT 2001 (COUNTRYFILE SUN 1815)	4,46	5,28
17	COUNTRYFILE-SUN 2001 (HAVE I GOT ELECTION NEWS FOR YOU FRI 2030)	4,40	5,38
18	BBC NEWS-SUN 2230 (TEN O'CLOCK NEWS FRI 2200)	4,40	5,17
19	TEN O'CLOCK NEWS-WED 2200 (BBC NEWS SUN 2200)	4,40	5,16
20	SIX O'CLOCK NEWS-TUE 1800 (DIY SOS WED 1929)	4,13	5,06
21	CELEBRITY MASTERCHEF-FRI 2031 (TEN O'CIOCK NEWS TUE 2200)	4,12	4,85
22	THE ONE SHOW-MON 1857 (ANTIQUES ROADSHOW SUN 2000)	4,05	4,84
23	THE ONE SHOW-TUE 1859 (SIX O'CIOCK NEWS FRI 1800)	4,05	4,81
24	TRAFFIC COPS-WED 2100 (THE ONE SHOW TUE 1859)	4,03	4,78
25	SIX O'CLOCK NEWS-MON 1800 (THE ONE SHOW WED 1858)	3,97	4,69
26	SIX O'CLOCK NEWS-WED 1800 (BBC NEWS MON 1800)	3,88	4,63
27	TONIGHT'S THE NIGHT-SAT 2000 (TEN O'CLOCK NEWS WED 2200)	3,83	4,61
28	TEN O'CLOCK NEWS-TUE 2200 (TEN O'CLOCK NEWS MON 2200)	3,82	4,33
29	ANTIQUES ROADSHOW-SUN 1800 (THE ONE SHOW THU 1858)	3,80	4,32
30	SIX O'CLOCK NEWS-FRI 1800 (THE ONE SHOW FRI 1902)	3,68	4,24

Sebastian Mark

The brighter Side?
Eine Analyse der Markenführung des Senders ITV1

1 Senderprofil und Geschichte von ITV1

ITV1 (Independent Television One) ist ein britischer TV-Sender mit Hauptsitz in London. Der Sender gehört zur ITV plc., dem führenden privatwirtschaftlichen Free-TV-Unternehmen in Großbritannien. Das Portfolio des Konzerns setzt sich aus weiteren digitalen TV-Sendern (ITV1 HD, ITV2, ITV3, ITV4, CITV), Produktionsfirmen und Online-Portalen zusammen.

Im Jahr 1954/55 stellte ITV die werbefinanzierte Alternative zur öffentlich-rechtlichen BBC dar und bestand aus 15 regionalen Lizenznehmern. Ähnlich dem deutschen ARD-Fernsehen strahlte ITV zunächst ein Gemeinschaftsprogramm mit regionalen Fenstern aus. Bis zum Ende der 1990er-Jahre konnten die zwei Medienunternehmen Carlton und Granada insgesamt 11 der 15 Lizenzen auf sich vereinen. Eine Fusion der beiden Unternehmen zur ITV plc. kam aber letztendlich erst im Jahr 2004 zu Stande, nachdem die Mediengesetzgebung im Vereinigten Königreich gelockert wurde und ein Medienunternehmen somit mehr als 15% aller Werbebuchungen im Free TV auf sich vereinen durfte.[53] Die verbleibenden Lizenzen besitzen die Unternehmen SMG (zwei Lizenzen in Schottland), UTV (Nordirland) und Channel Television (Kanal Inseln).[54]

ITV1 gilt sowohl als kommerzieller Sender als auch als Public Service Broadcaster, wodurch das Programm des Senders gewissen Auflagen unterliegt.[55] Diese umfassen beispielsweise Auflagen hinsichtlich eines festgelegten Nachrichtenangebots sowie der Programmherkunft.[56] Der Zuschauermarktanteil ITV1s ist über die letzten Jahre kontinuierlich zurückgegangen und betrug im Jahr 2009 nur noch 17,9 % gegenüber 40% im Jahr 1993.[57] Dennoch vereint ITV1 immer noch den größten Zuschaueranteil von allen privatwirtschaftlichen TV-Sendern auf sich. Neben dem Zuschauerrückgang hatte ITV1 vor allem auch im Zeitraum von 2008 bis 2009 mit rückläufigen Werbeumsätzen zu kämpfen, die allein im Jahr 2009 um 12% sanken. Dies traf den Sender besonders hart, da alle Sender von ITV insgesamt 40% des Werbemarktes im Vereinigten Königreich auf sich vereinen.[58]

---

[53] Vgl. Grimberg 2010
[54] Vgl. ITV 2009a
[55] Vgl. Grimberg 2010
[56] Vgl. Ofcom 2010a
[57] Vgl. Barb 2009
[58] Vgl. Sweney 2009a

2   Markenführung von TV-Sendern am Beispiel von ITV1

Folgt man der Meinung von Karmasin, so scheint das Konzept der Marke zunächst nicht sehr „zielführend" für das Fernsehen zu sein, da die Zuschauer sich zuerst für spezielle Sendungen – und damit auf der Ebene der Produkte – entscheiden.[59] Betrachtet man aber allein den deutschen Fernsehmarkt, so sind *Dachmarkenstrategien* bei Vollprogrammen wie denen von RTL, ProSieben oder ARD/ZDF schon weit verbreitet. Der Aufbau einer Dach- bzw. Sendermarke ist bedeutend, da die Programmauswahl des Zuschauers zu einem wesentlichen Teil durch Senderpräferenzen bestimmt wird.[60] Die Dachmarke bietet dem Zuschauer Orientierung und „schafft einen Haltepunkt jenseits des einzelnen Produkterlebnisses" in einem zersplitterten Fernsehmarkt.[61] Unter der Dachmarke vereinen die Sender nach Wolff Submarken wie die Format-, Personen- und Genremarken und bilden dadurch die Markenarchitektur des Senders.[62]

Dieses Konzept scheint sich auch auf den britischen Fernsehmarkt übertragen zu lassen. Das Beispiel von ITV1 zeigt, dass der Aufbau einer Dachmarke zu einer wichtigen Aufgabe geworden ist. Schon im Jahr 2006 im Zuge der „Brand 2010"-Initiative erklärte ITV-Programmdirektor Simon Shaps: "One of the things that underlies our thinking is that channels as brands are still important to viewers. We're not yet in an on demand world."[63] Im Jahr 2009 startete ITV1 auch zum ersten Mal eine reine Brand Kampagne mit dem Claim „The brighter Side" und wich dabei von der Werbung mit Personenmarken wie den Moderatoren Anthony Mc Partlin und Declan Donnelly ab. Geschuldet war diese Kampagne auch der starken Konkurrenz der BBC, die bereits zuvor mit Brand Kampagnen für Aufmerksamkeit gesorgt hatte. Der damalige ITV-Vorstandsvorsitzende Michael Grade initiierte die eigene Marken-Kampagne ganz bewusst, um sich von der BBC zu differenzieren und die Markenloyalität der Zuschauer zu fördern, wie auch der ehemalige ITV-Marketing Chef David Pemsel unterstrich: "It is ultimately a commercial decision, we want the brand to work harder for us and our research has shown that brand loyalty will get more people watching."[64]

Trotz der hohen Bedeutung der Dachmarke sind Format , Personen und auch Genremarken immer noch wichtige Träger für den Programmerfolg von Sendern. Diese Submarken bilden auch das Programmprofil, das entscheidend für die Bindung der Zuschauer ist.[65] Die folgende Untersuchung der Markenführung ist in Grundzügen anhand des Modells von Wolff ausgeführt worden, das sich aus der Markenarchitektur, den Markenadressaten, der Markenpositionierung, dem Markencontrolling und dem Markenversprechen zusammensetzt.[66] Der Fokus wird hierbei auf die Aktionsebene, also die Markenarchitektur, die -positionierung und das -versprechen des Senders gelegt.

---

[59] Vgl. Karmasin 2007: 468
[60] Vgl. Wolff 2006: 42
[61] Seitz 1994: 56
[62] Vgl. Wolff 2006: 47
[63] Sweney 2009b
[64] Ebenda
[65] Vgl. Wirtz 2009: 384
[66] Vgl. Wolff 2006: 38

2.1 Markenarchitektur von ITV1

Die Markenarchitektur von ITV1 entspricht dem Modell deutscher Sender wie RTL, die zunächst eine Dachmarke platziert haben und zusätzlich Submarken in Form von Personen-, Format- und Genremarken führen.

Als *Formatmarken* lassen sich aufgrund der Programmanalyse vor allem Reality-Shows wie „Britain's Got Talent" (11,87 Millionen Zuschauer[67]) – ein Pendant zur deutschen Show „Das Supertalent"(RTL) – wie auch die Soaps „Coronation Street" und „Emmerdale" identifizieren. Die beiden letztgenannten Sendungen gehören dabei seit Jahrzehnten zu den quotenstärksten Sendungen auf ITV1. Zudem zählt die Show „Who Wants to Be a Millionaire" und die „ITV News" zu den sehr erfolgreichen Formaten. In den letzten Jahren erzielte der Sender aber besonders mit Reality-Shows wie „The X Factor", „I'm a Celebrity…Get Me Out Of Here"[68] sowie „Dancing On Ice"[69] hohe Quoten mit bis zu 19 Millionen Zuschauern[70] im Falle von „The X Factor".

Zu den *Genremarken* gehören Samstagabend-Reality-TV-Shows wie „The X Factor" oder „Britains Got Talent", die entweder ab 19.30 Uhr („The X Factor") oder 20 Uhr („Britains Got Talent") ausgestrahlt werden. Weiterhin setzt ITV1 auf das Genre Nachrichten, die zu festen Zeiten[71] ausgestrahlt werden. Eine weitere Genremarke ist außerdem Sport und hierbei insbesondere Fußball. ITV1 hatte bereits im Jahr 2008 zahlreiche Sportübertragungsrechte gekauft, wie z.B. für die Formel 1, die Fußball-Europameisterschaft 2008 oder den FA-Cup (Pokalwettbewerb im englischen Fußball).[72] Zusätzlich hat sich ITV1 bis 2012 die Rechte auf das Topspiel der Uefa Champions League am Mittwoch gesichert und forciert dadurch erheblich sein Fußballengagement, da dieses Spiel anders als in Deutschland z.B. nicht von einem Bezahlsender übertragen werden darf.[73] 2010 hat ITV1 diese Genremarke weiter ausgebaut z.B. durch die Übertragung der Fußballweltmeisterschaft und dabei insbesondere der Übertragung der ersten beiden Spiele der englischen Nationalmannschaft.[74] Auch für die WM 2014 hat ITV1 bereits die Rechte zusammen mit der BBC erworben. Der Bezahlsender BskyB wurde außerdem im Bieterverfahren um die Übertragungsrechte der Rugby Weltmeisterschaft 2011 von ITV überboten.[75] Sportübertragungen zählen somit zu einer tragenden Säule des ITV1 Programms und haben sich als Genremarke etabliert.

Zu *Personenmarken* zählen Senderpersönlichkeiten, die dem Sender dazu dienen, Dach-, Genre- und Formatmarken zu unterstützen. Im Falle von ITV war bei der Genremarke „ITV News" z.B. der Nachrichtensprecher Sir Trevor McDonald eine langjährige Personenmarke und wurde sogar zur Neuauflage der „News at Ten" 2008 aus dem Ruhestand geholt.[76]

---

[67] Vgl. Barb 2010.
[68] Ca. 9,6 Millionen Zuschauer zum Finale der Sendung (vgl. Brook 2009).
[69] Ca. 9,7 Millionen Zuschauer zum Finale der Sendung (vgl. Brook 2010).
[70] Vgl. ITV 2009b.
[71] 13.30 Uhr, 18.30 Uhr, 22 Uhr
[72] Vgl. Grimberg 2010
[73] Vgl. BBC 2008
[74] Vgl. Robinson 2010
[75] Vgl. ITV 2010b
[76] Vgl. Holmwood 2008

Auch die derzeitigen Nachrichtensprecher wie die preisgekrönte Julie Etchingham[77] und Mark Austin sind zu Personenmarken von ITV1 geworden. Die Genremarke Reality Shows wird von Personenmarken ebenfalls unterstützt und das vor allem durch das Comedy Duo Anthony Mc Partlin und Declan Donnelly. Die beiden moderieren unter anderem die Sendungen „Britain's Got Talent" und „I'm a Celebrity…Get Me Out Of Here" und waren z.B. auch die Gesichter der Kampagne für den HD-Kanal des Senders.

2.2 Markenadressaten

ITV1 hat eine sehr breitgefächerte Zielgruppe und versucht einen möglichst großen Teil der Bevölkerung anzusprechen. Dies drückt sich darin aus, dass ITV1 eine hohe Vielfalt im Programmangebot garantieren möchte und somit möglichst für jeden etwas anbietet.[78] Das gesamte Programm erstreckt sich über alle TV Genres und versucht damit eine breite Zielgruppe, die aus allen Schichten der Bevölkerung besteht, zu erschließen. Betrachtet man die Demographie der Zuschauer von ITV1, so ist auffallend, dass ein Großteil der Zuschauer aus der werberelevanten Zielgruppe der 14-49 Jährigen heraus fällt. So sind allein 48% der Zuschauer älter als 55 Jahre, hingegen lediglich 36% zwischen 16-44 Jahre. Ein entsprechendes Bild zeigt sich beim Konkurrenten BBC, dessen Sender BBC1 eine ähnliche Zuschauerdemographie[79] aufweist.[80]

Anders verhält es sich beim sozioökonomischen Status der Zuschauer im Vergleich zur BBC. ITV1 zieht deutlich mehr Zuschauer aus den unteren Einkommensstufen in Großbritannien an und bindet deutlich weniger Zuschauer in der obersten Einkommensschicht als die BBC. In Großbritannien hat die National Readership Survey ein System zu Einteilung der sozialen Klassen entworfen, das vorwiegend für Marktforschungszwecke genutzt wird.

De Einteilung und die Verteilung in der Bevölkerung von Großbritannien sieht wie folgt aus:

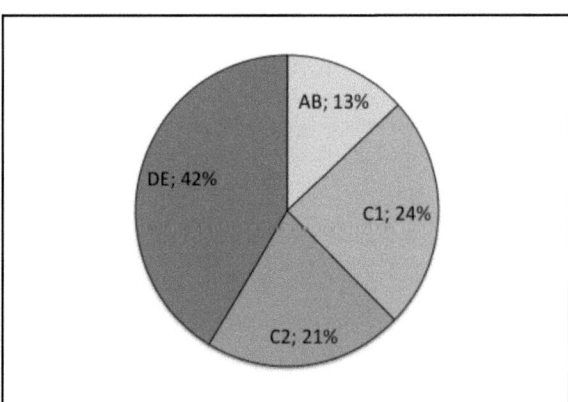

Abbildung 1: Sozioökonomischer Status – Zuschauer ITV (Quelle: Offcom 2010b: 10)

---

[77] Etchingham wurde 2009 zum Nachrichtensprecher des Jahres von der Royal Television Society gekürt (vgl. ITV 2010a).
[78] Vgl. ITV 2009c: 2
[79] 33% (65+), 19% (55-64),16% (45-54),14% (35-44), 9% (25-34), 5% (16-24), 5% (4-15)
[80] Vgl. Ofcom 2010b: 13

- A: Higher managerial, administrative and professional (4%),
- B: Intermediate managerial, administrative and professional (22%),
- C: Supervisory, clerical and junior managerial, administrative and professional (29%), C2: Skilled manual workers (21%),
- D: Semi-skilled and unskilled manual workers (15%),
- E: State pensioners, casual and lowest grade workers, unemployed with state benefits only (8%).[81]

Bei ITV stammen 41% Zuschauer aus der DE- Klasse und nur 13% aus der AB Klasse (vgl. Abb. 1). Bei den BBC-Zuschauern sind hingegen 23% aus der obersten Einkommensstufe und nur 34% aus der DE Stufe.[82]

2.3 Markenpositionierung

Um die Markenpositionierung festzulegen, ist es zunächst erforderlich, die Ist-Position der Marke festzustellen. Nach Wolff geschieht das durch folgende Schritte:[83] Erfassung der Innensicht (Unternehmensperspektive), Erfassung der Außensicht (Perspektive der relevanten Anspruchsgruppen hinsichtlich der eigenen Marke sowie der relevanten Konkurrenz).

2.3.1 Erfassung der Innensicht – Die Markenidentität

Bei der Erfassung der Innensicht der Marke wird die Markenidentität bestimmt. Nach Meffert und Burmann setzt sich diese aus der Marke als Produkt, als Person, als Organisation und als Symbol zusammen.[84]

Die Marke als Produkt: Das entscheidende Produkt eines Fernsehsenders ist sein Programm. Beliebte Sendungen, Moderatoren oder die Ausrichtung auf gewisse Genres sind grundlegend, um die einzelnen Sender zu unterscheiden. Allerdings kann sich das Programm der „Public Service Broadcaster" nicht durch den *Preis* differenzieren, da das Programm im Gegensatz zu Pay-TV-Sendern wie BskyB umsonst ausgestrahlt wird. Vielmehr ist das Programm von ITV1 durch *geographische Verankerung* gekennzeichnet, da besonders Wert darauf gelegt wird, dass es „[…]made in the UK for the UK audience[…]"[85] ist. Außerdem versucht ITV1 bei der *technisch-qualitativen Gestaltung* seines Programms auf „[…]high quality, popular programmes[…]" zu setzen und unterstreicht dadurch auch einen hohen Anspruch an das eigene Produkt. Die *visuelle Gestaltung* zeichnet sich gerade in den letzten Jahren als sehr modern aus, da ITV1 seit 2006 sowohl die Aufmachung des Logos als auch einzelner Sendungen wie den „News at Ten" verändert hat und somit eine Auffrischung des Senderdesigns vorgenommen hat.[86]

---

[81] Vgl. NRS 2010
[82] Vgl. Ofcom 2010b: 14
[83] Vgl. Wolff 2006: 65
[84] Vgl. Meffert/ Burmann 2002: 51
[85] ITV 2009c
[86] Vgl. Robinson 2009

Die Marke als Person: Als Person wird die Marke ITV1 bereits durch seinen *Markteintrittszeitpunkt* sehr stark charakterisiert, da ITV der erste kommerzielle Fernsehsender in Großbritannien war (siehe Kap. 1). Somit gehört ITV zu den Pionieren auf dem Fernsehmarkt und kann dadurch auf eine lange Geschichte zurückblicken. Der *typische Verwender* von ITV1 ist jedoch nur schwer zu definieren. Dies ist der Vollprogrammausrichtung und der großen werbewirtschaftlichen Bedeutung[87] von ITV1 geschuldet, wodurch die strikte Fokussierung auf eine Zielgruppe kaum möglich ist. Aufgrund des genrereichen Programms ist der Verwender nur sehr diffus zu beschreiben. So kann aufgrund der hohen Akzeptanz von Realityformaten wie „The X Factor" oder „I'm A Celebrity…Get Me Out Of Here" eine sehr junge Zielgruppe zu den Zuschauern gehören. Andererseits haben langjährige Sendungen wie „Emmerdale" und „Coronation Street" einen sehr traditionellen Charakter und ziehen weitaus älteres Publikum an. Der typische Verwender lässt sich somit nur sehr schwierig bestimmen. Im Endeffekt ist der typische Zuschauer von ITV1 ein Querschnitt aus der gesamten Gesellschaft Großbritanniens (vgl. dazu auch Kap. 2.2).

Die Marke als Symbol: Das *Logo* der Marke ITV1 (vgl. Abb. 2) hat seinen Ursprung in der „Brand 2010"-Initiative des Senders. Innerhalb dieses Projekts wurden im Jahr 2006 die einzelnen ITV-Sender hinsichtlich ihres Designs integriert. So wurden jeweils neue Logos und Designs für die Sender ITV1, ITV2, ITV3, ITV4 sowie für regionalen Nachrichten eingeführt. Ziel dieses Projekts war es, dass die Zuschauer ITV1 nicht als reine terrestrische Fernsehsender-Marke sondern als Content-Marke wahrnehmen. Das neue Markenaussehen von ITV1 sollte schließlich für emotionale Momente stehen, die von allen geteilt werden. Die gelbe *Farbgebung* des Logos sollte nach Aussage von Simon Shaps (Director of Televison) zudem ein „sehr warmes, einladendes" Gefühl erzeugen.[88]

Abbildung 2: ITV1

Die Marke als Organisation: Die *Zugehörigkeit zu einem Unternehmen* ist ein Teil der Markenidentität. ITV bildet hier die Dachmarke, die wiederum Ausstrahlungseffekte auf die Marke ITV1 hat.

2.3.2 Erfassung der Außensicht

Die Außensicht des Unternehmens kann nach Wolff durch die Feststellung des Referenzrahmens erschlossen werden.[89] Dieser setzt sich aus der Zielgruppe (vgl. Kap. 2.2), den Hauptwettbewerbern, den Points of Parity und den Points of Difference zusammen.

Zu den *Hauptwettbewerbern* von ITV1 sind die größten Public Service Broadcaster zu zählen, zu denen die BBC1, BBC2, Channel 4/S4C und Five gehören. Allerdings muss hierbei zwischen werbefinanzierten Fernsehsendern und der BBC als gebührenfinanzierter Senderkette unterschieden werden. So ist Channel 4 der größte Konkurrent im werbefinanzierten Fernsehen, obwohl der Zuschauermarktanteil mit 6,8% relativ niedrig ist.

---

[87] ITV ist aufgrund seiner hohen Reichweite und den eingeschränkten Werbezeiten bei der BBC, der bedeutendste Kanal für die Werbewirtschaft im Fernsehen.
[88] Vgl. Deans 2006
[89] Vgl. Wolff 2006: 66

Die BBC und insbesondere BBC1 ist auf der Programmebene und durch seinen Marktanteil (20,9%) der Hauptkonkurrent auf dem Zuschauermarkt. Five kann aufgrund seines geringen Zuschaueranteils (4,9%) nur als untergeordneter Konkurrent eingestuft werden.[90] Daher werden die Points of Parity und Points of Difference nur in Bezug auf BBC1 und Channel 4 untersucht.

Points of Parity: ITV1, BBC1 und Channel 4 sind Sender, die Vollprogramme ausstrahlen. Darin liegt bereits die entscheidende Gemeinsamkeit, da sie somit ähnliche Formate und Genres ausstrahlen und sich nicht auf Nischen konzentrieren wie Sport- oder Comedysender. So strahlen die drei Sender fast alle Reality-Shows, Nachrichten oder Serien aus und bedienen sonst auch alle Genres.[91]

Die *Points of Difference* sind entscheidend für die Positionierung der Marke ITV1, allerdings sind diese bei Vollprogrammen schwer zu definieren und können hauptsächlich durch das Setzen von Programmschwerpunkten realisiert werden. ITV1 unterscheidet sich in seinem Programmprofil vor allem in der Fokussierung auf Soaps. Während bei BBC1 und Channel 4 lediglich 13% bzw. 8% der Formate zu Soaps gezählt werden können, widmet ITV1 den größten Teil seines Programmprofils (19%) in der Peaktime (zwischen 18 und 22:30 Uhr) den Seifenopern.[92] ITV1 möchte sich so wahrscheinlich als der führende Sender für Soaps in Großbritannien positionieren. Weiterhin versucht sich ITV1 im Genre Unterhaltung von den Konkurrenten abzusetzen und unterstreicht dies mit einem Unterhaltungsanteil von 18% während der Hauptsendezeit.[93] Im Vergleich dazu weisen die Konkurrenten einen geringeren Anteil (BBC1: 10%, Channel 4: 10%)[94] dieses Genres aus. ITV1s Points of Difference sind somit weitestgehend bei den Soaps und im Unterhaltungsgenre zu sehen, die auch das Zentrum des Programmprofils bilden.

2.4 Markenversprechen

Die Festlegung der Points of Parity und Points of Difference bestimmen nach Wolff die strategische Richtung für die Entwicklung der Markenversprechen. Die Markenpositionierung wird durch die Versprechen schließlich konkretisiert, indem sie den Spielraum für die kommunikations- und programmpolitischen Maßnahmen festlegen. Die Versprechen werden durch Werbestimuli abgegeben, die bei Fernsehsendern insbesondere die On-Air- oder Off-Air-Promotion darstellen. Die Umsetzung der Versprechen erfolgt hingegen durch die Programmpolitik und jeweilige Programmstimuli.[95] Über die Programmpolitik werden somit die Versprechen entweder eingelöst oder nicht, was schließlich das Markenimage des Senders bestimmt.

---

[90] Vgl. Barb 2009
[91] Vgl. Ofcom 2010b: 32
[92] Vgl. Ofcom 2010b: 30
[93] Vgl. ebenda
[94] Vgl. ebenda
[95] Vgl. Wolff 2007: 110

Die hierarchische Ordnung der Markenversprechen setzt sich aus dem Kernversprechen und den Satellitenversprechen zusammen. Im Falle von ITV1 ist die Ausrichtung der Marke und die Festlegung des Kernversprechens in den letzten Jahren klarer festgelegt worden. Die bereits angesprochene „Brand 2010"-Initiative versuchte ein konkreteres Markenbild von ITV1 zu erstellen, da das Markenimage zuvor sehr vage und undefiniert war: "ITV's imagery on the other hand was vague, unspecific, middle of the road, all things to all people, populist. There was no central 'hook' or character to provide definition, and a reason to consult the channel."[96] Aufgrund dieser Defizite in der Markenführung hat ITV1 vor allem sein *Kernversprechen* klarer definiert und wahrscheinlich deshalb eine Formulierung wie „Fernsehen mit Herz" gewählt, weil der Sender bereits in den 90er Jahren in ähnlicher Weise charakterisiert wurde.[97] Allerdings lässt die Marken-Kampagne mit dem Claim „The brighter Side" auch den Schluss zu, dass das Kernversprechen nochmals verändert wurde und womöglich als „optimistisches Fernsehen" formuliert wurde. Das lässt sich zumindest aus den Aussagen des Marketing Direktors David Pemsel erahnen: "The ITV1 brand is synonymous with optimism and universal shared experiences".[98] Die *Satellitenversprechen* sind letztlich Teilversprechen, die einen Aspekt der Kernversprechens genauer behandeln. Bei ITV1 scheinen aufgrund der noch folgenden Programmanalyse, folgende Satellitenversprechen zu bestehen: Seriosität/Relevanz, Emotionen/Empathie, Regionalität/ Heimatverbundenheit, Tradition/Verlässlichkeit, Innovation.

3 Die Abgabe der Markenversprechen: Kommunikationspolitik

Die Kommunikationspolitik entspricht der Abgabe der vorher festgelegten Markenversprechen. Strategisch kann die Kommunikation von Sendern hierbei auf zwei Weisen ausgerichtet sein: Zum einen *akquisitiv*, um neue Zuschauer anzulocken und sie womöglich zum Testkonsum zu bewegen. In diesem Fall werden vor allem Off-Air-Maßnahmen verwendet. On-Air-Promotion wird hingegen bei einer *retentiven*-Strategie eingesetzt, um die Stammzuschauer zu halten und sie in ihrer Programmauswahl zu bestätigen. Zudem sollen die Zuschauer für die nachfolgenden Programme vom Umschalten abgehalten werden.[99]

3.1 On-Air-Promotion

Die On-Air-Maßnahmen der Sender reichen hierbei von Logo, Station IDs, Claims, Werbetrennern, Trailern, Hausfarben, Studio-Designs bis hin zu Personenmarken. Die Off-Air-Maßnahmen sind schließlich Werbe- und PR-Mittel, die in anderen Mediengattungen eingesetzt werden.[100]

---

[96] Brown 2006
[97] Vgl. Brown 2006
[98] ITV 2009d
[99] Vgl. Eick 2007: 138
[100] Vgl. ebenda: 158ff.

Im Zuge der „Brand2010"-Initiative von ITV1 wurde eine Reihe der On-Air-Promotionmittel verändert. Die erste Maßnahme war dabei die Neugestaltung des *Logos*. Die neue *Farbgebung* ist hierbei die stringente Umsetzung des Kernversprechens von ITV1, da das warme Gelb vor allem die Emotionalität der Marke ITV1 widerspiegeln soll.

Die zweite Phase des Rebranding war schließlich durch die Einführung neuer *Station IDs* gekennzeichnet, die bis heute ausgestrahlt werden. Die sechs neuen IDs erhielten die prägnanten Namen Bike, Lake, Market, Beach, Pavement Art und Basketball. Die IDs stehen hierbei für verschiedene Satellitenversprechen des Senders und lassen vor allem die gelbe Farbgebung besonders hervorstechen. In diesen neuen IDs stehen Menschen in ihrem natürlichen Umfeld im Vordergrund, die z.B. auf dem Fahrrad fahren, Basketball spielen oder über den Markt wandern. Diese Alltagssituationen unterstützen hierbei die Satellitenversprechen der *Empathie* und der *Heimatverbundenheit*. Zusätzliche IDs wurden schließlich auch 2007 und 2010 eingeführt. In den aktuellsten IDs (Sunflowers, Wishing Lanterns, Snakes & Ladders and Dodgems) ist das zentrale Thema vor allem Licht – sei es durch Laternen oder Sonnenschein. Diese IDs sind auf den im Jahr zuvor eingeführten Claim „The brighter Side" zugeschnitten und sollen diesen unterstützen.

Dieser *Claim* ist ein zentrales Instrument der neuen Markenstrategie, da ITV hier seinem Kernversprechen folgt, indem er versucht, sich als der „fröhlichste" Sender zu positionieren.[101] Dadurch soll die Marke emotional aufgeladen werden, das „optimistische Fernsehen" wird in den Mittelpunkt gerückt und ITV1 als „the most entertaining, upbeat, optimistic programming in the UK" positioniert.[102]

Um den Claim dem Publikum näherzubringen, lies ITV1 schließlich den *Imagetrailer* „Beach" drehen und strahlte diesen erstmals 2009 aus. Besonders bemerkenswert ist hier, dass dies der erste Trailer dieser Art in der Geschichte von ITV1 und damit auch die erste reine Markenkampagne des Senders war.[103]

Neben der komplett neu eingeführten Markenkampagne hat sich ITV1 aber auch in der Kommunikation bei den Nachrichtenformaten verändert. Insbesondere die „News at Ten", die erst 2008 wiedereingeführt wurden, erhielten eine graphische Überarbeitung. So wurden sowohl das Design des Newsstudios als auch die Eröffnungssequenz der News geändert und mit modernen Graphiken und Einblendungen versehen. Während der Wiedereinführung der „News at Ten" wurde zunächst noch das Londoner Wahrzeichen „Big Ben" zu Beginn der Nachrichten eingeblendet, da dies auch bei der früheren Version der Sendung der Fall war. Die Uhr der Sehenswürdigkeit erscheint nun jedoch nicht mehr, da die ITV1 Verantwortlichen eine zu starke Fixierung auf London vermeiden wollten.[104] Diese Maßnahme unterstreicht damit das Markenversprechen ITV1s, mehr als nur London in seinem Programm zu präsentieren und somit auch auf die *Heimatverbundenheit* der gesamten britische Bevölkerung einzugehen. Zudem wird durch die neue graphische Aufmachung das Versprechen der *Innovation* als auch der *Seriosität* kommuniziert.

---

[101] Vgl. Sweney 2009b
[102] Vgl. ITV 2009c
[103] Vgl. Sweney 2009b
[104] Vgl. Robinson 2009b

3.2 Off-Air-Promotion

Die Off-Air-Kommunikation hat den entscheidenden Nachteil gegenüber der On-Air-Promotion, dass sie weitaus teurer ist. Während bei der On-Air-Kommunikation abgesehen von den Produktionskosten keine weiteren relevanten Kosten anfallen, müssen die Werbeschaltungen in anderen Medien teuer bezahlt werden. Allerdings ist die Off-Air-Promotion das bedeutendste Mittel, um neue Zuschauer zu gewinnen. Durch die Nutzung anderer Medien können nämlich Zuschauergruppen angesprochen werden, die womöglich nicht fernsehen oder vorwiegend andere Sender nutzen.[105]

ITV1 nutzt letztendlich die gesamte Palette der Off-Air-Kommunikation und setzt sie sowohl für die reine Markenkampagne als auch für die Werbung für einzelne Formate ein. So wurde etwa der Imagetrailer der „The brighter side"-Kampagne nicht nur auf dem eigenen Kanal ausgestrahlt, sondern auch im Kino und als Onlinevideo.[106]

Bei Kampagnen für Formate wie „The Bill", das einen neuen Sendeplatz erhalten hatte, wurden zusätzlich zu den On-Air Maßnahmen auch Außen-, Presse- und Radiowerbung eingesetzt.[107] Besonders wichtige Formate wie z.B. „The X Factor" verschlingen wahrscheinlich einen beträchtlichen Anteil des Werbebudgets und werden in fast allen Medien beworben. Aufgrund der sehr jungen Zielgruppe dieser Sendung wird hier auch verstärkt Wert auf Social-Media-Plattformen gelegt. So ist die Sendung sowohl auf Facebook als auch auf Twitter vertreten und konnte hier bereits eine hohe Zahl von Mitgliedern generieren.[108] Zusätzlich versucht ITV1 seine Mitgliederzahl und die Bindung zur Sendung durch sogenannte Twibbons[109] in den sozialen Netzwerken zu verstärken. Die Mitglieder können so die Bilder des jeweiligen Kandidaten in Ihr Profilbild laden, um den eigenen Favoriten zu unterstützen.[110]

Die Social-Media-Kommunikation ist aber allgemein nur auf die wichtigsten Formatmarken wie z.B. „The X Factor", „Britain's Got Talent", „ITV News" oder „Coronation Street" beschränkt. All diese Formate haben eigene Facebookseiten. ITV1 selbst hat auch eine Facebookseite für den Sender, die vor allem durch Programmankündigungen besticht. Des Weiteren ist ITV1 auch mit einem eigenen Youtube Kanal[111] vertreten, der aber nur wenige Videos anbietet und somit noch etwas ungenützt erscheint. Der „The X Factor"-Kanal wirkt hingegen weit mehr gepflegt und bietet eine Fülle von Videos der Sendung an. Insgesamt ist der Einsatz von Social-Media bei ITV1 sehr fortgeschritten und setzt somit auch das Markenversprechen der *Innovation* um.

---

[105] Vgl. Eick 2007: 164
[106] Vgl. ITV 2009e
[107] Vgl. ITV 2010c
[108] Facebook: über 1,4 Millionen Mitglieder (Facebook 2010); Twitter: 71.000 Follower. (Twitter 2010)
[109] Bilder zu bestimmten Themen, die in das Profilbild der Mitglieder von Social-Media-Plattformen eingesetzt werden. So wurden während der Fußball Weltmeisterschaft 2010 die Fahnen des jeweiligen Landes in das Profilbild aufgenommen.
[110] Vgl. Twibbon 2009
[111] Siehe http://www.youtube.com/user/itv1?blend=1&ob=4

3.3 Bewertung der Kommunikationspolitik

Betrachtet man nun die On-Air- und Off-Air-Kommunikation ITV1s im Gesamten, kann festgestellt werden, dass der Sender sehr stark auf die Umsetzung seines Kernversprechens fokussiert. Dies ist vor allem durch die eigenständige Markenkampagne bewerkstelligt worden. Allerdings ist es zweifelhaft, ob die Zuschauer auch das Kernversprechen in der Weise aufnehmen wie ITV1 dies intendiert. ITV1 als „Fernsehen mit Herz" oder „optimistisches Fernsehen" darzustellen scheint auf den ersten Blick sehr vage durch die Markenkampagne kommuniziert worden zu sein. Zwar ist in den einzelnen Station IDs erkennbar, dass ITV1 das Leben des Zuschauers erhellen will, dennoch erscheint die Formulierung des Claims „The brighter Side" womöglich nicht das Kernversprechen genau zu erfassen. Zu unbestimmt erscheinen die Station IDs und der Imagetrailer, vergleicht man sie mit der „We love to entertain you"-Kampagne von ProSieben.

Die Kommunikation der Formatmarken ist letztendlich präziser, da hier vornehmlich Satellitenversprechen abgegeben werden. Die „The X Factor"-Trailer und auch die gesamte Off-Air-Kommunikation der Sendung zielen vor allem auf das Versprechen der *Emotion* ab, was letztendlich auch zu einer hohen Zuschauerbindung geführt hat, wie die Einschaltquoten und die Mitgliederzahlen der Social-Media-Seiten zeigen. Das Engagement auf Social-Media-Plattformen ist daher auch als sehr positiv zu bewerten und bietet nur wenig Ansatzpunkte für Kritik. Lediglich in der Kommunikation der Dachmarke könnte ITV1 sowohl auf den Social-Media-Plattformen (z.B. You-Tube-Kanal) als auch in seiner On-Air-Kommunikation präziser werden, um dem Zuschauer das Kernversprechen der Marke bewusst zu machen.

4   Die Umsetzung der Markenversprechen: Programmpolitik

Die Umsetzung des Markenversprechens erfolgt in Form der Programmpolitik, die sowohl aus dem Programmprofil als auch aus dem Programmschema besteht.

4.1 Programmprofil

Aufgrund der vorliegenden Daten der Englischen Fernsehregulierungsgesellschaft Ofcom ist eine Untersuchung des Programmprofils nicht in der Detailliertheit zu bewerkstelligen, wie es Daten z.B. der österreichischen Programmanalyse (RTR-Analyse)[112] zulassen. Kategorien wie fiktionale Unterhaltung oder non-fiktionale Unterhaltung werden im Ofcom-Datenmaterial nicht ausgegeben und werden auch von Sender-Seite nicht veröffentlicht. Dadurch kann das Senderprofil nur anhand der von der von der Ofcom herausgegebenen Genre-Aufteilung untersucht werden.

---

[112] Kategorien der RTR-Analyse: Fernsehpublizistische (Informations-) Sendungen, fiktionale Unterhaltungssendungen, nonfiktionale Unterhaltungssendungen, Sportsendungen, Kindersendungen, religiöse Sendungen, sonstige Sendungen, Werbung, Teleshopping, Patronanzhinweise (vgl. RTR 2010: 17)

Wie die Daten zeigen, setzt ITV1 vor allem auf die Genres Unterhaltung, Drama, Soaps und Nachrichten (siehe Abb. 3). Diese vier Genres weisen den größten Anteil an der Hauptsendezeit aus (zusammen 77%) und bestätigen sowohl das Kernversprechen als auch einen Großteil der Satellitenversprechen. Die Unterhaltung steht für das Versprechen *Emotion*, da hierunter die Talent-Shows wie „The X Factor" oder „Britain's Got Talent" fallen, in denen die Zuschauer mit den Kandidaten mitfiebern. Soaps wie „Emmerdale" und „Coronation Street" belegen das Versprechen der *Tradition* bzw. *Verlässlichkeit,* da diese Sendungen teilweise seit Jahrzehnten für das Programm von ITV1 stehen. Drama-Formate wie „Doc-Martin" oder „Lewis" verdeutlichen die *Heimatverbundenheit,* da sie in England produziert und gedreht wurden. „An Englishman in New York" repräsentiert die *Innovation* von ITV1, da dieses Drama zu einer Reihe von Erstausstrahlungen im Vereinigten Königreich gehört.[113] Das Versprechen, ein *seriöses* und *relevantes* Programm zu liefern, löst der hohe Anteil von Nachrichten ein. Es wird ersichtlich, dass ITV1 in der Hauptsendezeit sämtliche Markenversprechen erfüllen kann, was wiederum zu einer Stärkung der Marke ITV1 führen kann, wenn auch die Zuschauer in ihren Programmwünschen befriedigt werden.

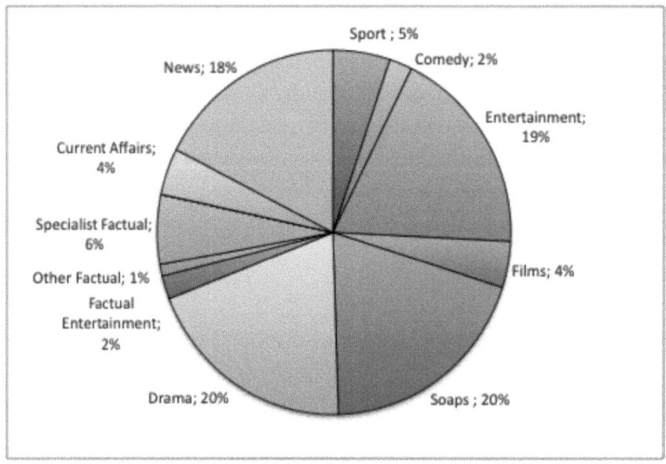

Abbildung 3: Genreaufteilung ITV zur Hauptsendezeit (18 - 22.30 Uhr) im Jahr 2010 (Quelle: Ofcom 2010b: 30)

4.2 Programmschema

Das Programmschema versucht letztendlich auf die Nutzungsgewohnheiten der anvisierten Zielgruppe einzugehen.[114] Ziel ist es dabei, sich von der Konkurrenz zu differenzieren, das Programm als Marke zu etablieren, die Informationskosten des Publikums zu reduzieren und die Nachfrageträgheit im Rezeptionsfluss zu nutzen.[115]

---

[113] Vgl. ITV 2009c: 9
[114] Vgl. Eick 2007: 82
[115] Vgl. Heinrich 1999: 320

108

Um diese Ziele möglichst erfolgreich zu erreichen, passt sich das Programm dem Tagesablauf des jeweiligen Zielpublikums an. Dies geschieht über das sogenannte Dayparting, das den Tag in verschiedene Zeitebenen[116] einteilt. Zusätzlich sind aber auch Wochentage und Jahreszeiten sehr wichtig für die Erstellung des Programmschemas. Die folgende Analyse kann aufgrund von fehlenden Programmdaten nicht für das gesamte Jahr durchgeführt werden. Daher beziehen sich die folgenden Aussagen auf den Zeitraum 01.11.10 bis 15.11.10, für den die Programmaufstellungen[117] bei jedem Fernsehsender zugänglich waren. Verglichen werden hierbei die Programmierung in den Dayparts (ausgenommen die Over Night und Early Morning)[118] von ITV1 mit denen der Hauptkonkurrenten (BBC1, Channel 4). Aufgrund des nur begrenzt zugänglichen Datenmaterials kann diese Aufstellung aber keinen Anspruch auf Repräsentativität erheben. Die Zuteilung der Sendungen zu einzelnen Genres wurde hierbei nach den Standards[119] der Ofcom vorgenommen

Day Part	ITV1	BBC1	Channel 4
Daytime	N (ITV News), FE (60 Minute makeover), OF (The Alan Titchmarsh Show)	FE (Bargain Hunt), D (Holby City) K (Shaun the Sheep), N (BBC News)	E (Deal or Nor Deal), FE (Come Dine with Me)
	S (Coronation Street), FE (The X-Factor Wdh.), SP (FA Cup), D (Downtown Abbey), F	SP (Formula 1), CA (The Politics Show),	SP (Channel 4 Racing), FE (Come Dine With Me), C (Scrubs)
Access Prime Time	N (National news), S (Coronation Street), CA (The Cost of Caring: Tonight)	N (BBC News), S (Eastenders), OF (The One Show)	N (Channel 4 News), C (The Simpsons), S (Hollyoaks),
	C (Harry Hill's TV Burp), E (All Star Family Fortunes)	C (Walk on The Wild Side), E (Strictly Come Dancing), ED (Countryfile)	OF (Grand Designs), AC (The Genius of British Art)
Prime Time	N (News at ten), S (Coronation Street), F, D (The Little House), FE (Paul O'Gready live)	N (BBC News), S (Eastenders), D (Spooks), C (Have got News for You), FE (The Apprentice)	E (The Million Pound Drop Live), FE (Ramsay'sBest Restaurant)
	FE (The X Factor), D (Downtown Abbey)	ED (Antiques Roadshow), D (Casualty), C (The Armstrong Miller Show)	SF (Apocalypse: The Second World War), D (Desperate Housewives)
Late Night	FE (Monte Carlo Or Bust), F	F, C (The Graham Norton Show), CA(This Week)	FE (Ramsay's Best Restaurant"), SF (Seven Days), D (The Event), C (Reaper)
	SP (FA Cup Highlights) E (Dating the Enemy)	CA (The Reporters), SP (The Football Leaugue Show), D (Spooks)	SP (American Football Live), F, SF (Seven Days)

Tabelle 1: Programmschema (Basis: 1. -15.11.2010)

Abkürzungen: Arts & Classical Music (AC), Comedy (C), Current Affairs (CA), Drama (D), Entertainment (E), Education (ED), Films (F), Factual Entertainment (FE), Kindersendungen (K), News (N), Other Factual (OF), Specialists Factual (SF), Soaps (S), Sports (SP).

---

[116] Early Morning (7-10 Uhr), Daytime (10-17 Uhr), Access Prime Time (17-20 Uhr), Prime Time (20-23 Uhr), Late Night (23-0:30 Uhr), Over Night (0:30-7 Uhr) (vgl. Eick 2007: 88ff.)
[117] Vgl. tv.guide.co.uk 2010
[118] In diesen beiden Dayparts sind mit die geringsten Zuschauerzahlen über das gesamte Jahr 2009 in Großbritannien verzeichnet (Ofcom 2010c: 160), weswegen sie für eine Analyse der Markenführung nicht relevant erscheinen.
[119] Ofcom 2010d

Insgesamt zeigte sich bei der Analyse des Programmschemas, dass ITV1 vor allem die Access Prime Time und die Prime Time dazu nutzt, die Points of Difference der Marke klar herauszustellen. Das geschieht vor allem dadurch, dass vorwiegend Soaps (Formatmarken), Drama und Factual Entertainment Formate in diesen Dayparts ausgestrahlt werden. ITV1 versucht dadurch Kernversprechen der *Tradition und Regionalität* (Soaps), *Innovation* (Drama) und *Emotion* („The X-Factor") einzulösen. *Seriosität* und *Relevanz* wird hingegen sowohl während der Daytime, der Acess Prime Time als auch der Prime Time in Form der „ITV News" geboten.

4.3 Programmplanungsstrategie

Anhand des Programmschemas ist die stark *konkurrenzorientierte Strategie* des Senders auffällig. Die Konkurrenz ist dabei offensichtlich in BBC1 zu sehen, da einige Formate bewusst auf Timeslots gesetzt wurden, die von BBC besetzt sind. Dies ist vor allem in der Access Prime Time der Fall, in der ITV1 bewusst zwei seiner quotenstärksten Formate, nämlich „Emmerdale" und „Coronation Street" ausstrahlt. Diese Belegung des Sendeplatzes direkt vor der Prime Time durch Soaps soll ITV1 eine möglichst hohe Bindung des Publikums für die darauffolgenden Sendungen garantieren. Die BBC scheint dies mit einer eher defensiveren Strategie akzeptiert zu haben, da sie ihre quotenstarke Soap „Eastenders" niemals zur selben Zeit wie einer der beiden ITV1 Soaps in diesem Daypart zeigt. Ein weiteres Beispiel für die starke Konkurrenzorientierung ist zudem die Wiedereinführung der „News at Ten" durch ITV1 im Jahr 2008. Durch Blunting[120] hat der Sender hier bewusst versucht, die erfolgreichen BBC „Ten O'Clock News" anzugreifen, was aber bis jetzt noch nicht von Erfolg gekrönt war. Zwar konnten die „News at Ten" von 2008 bis 2009 sieben Prozent mehr Zuschauer gewinnen, doch im Gegensatz zu den BBC 22-Uhr-Nachrichten die knapp fünf Millionen Zuschauer generieren, ist ITV1 mit ungefähr der Hälfte Zuschauer immer noch im Hintertreffen.[121]

Äußerst aggressiv versucht ITV1 auch in der Prime Time am Samstag der BBC Zuschauer abzuwerben bzw. zu binden, indem sowohl eine *konkurrenz-* als auch *sendungsorientierte Strategie* genutzt wird. Zum einen wendet ITV1 die Bridging-Technik an und verschiebt den Anfang der Reality Show „The X Factor" (19.30 Uhr) bewusst in die Access Prime Time, um durch eine frühere Sendezeit als die Prime-Time-Sendung der BBC die Zuschauer auf dem eigenen Sender zu halten. Zum anderen versucht der Sender durch eine Lead-Out Strategie[122], die Quote der zuvor gesendeten „Odd One In" Gameshow durch den direkten Anschluss von „The X Factor" zu erhöhen. Insgesamt spiegelt diese Strategie vor allem die Intention wieder, die Unterhaltungsangebote von ITV1 gegenüber denen der BBC zu stärken, um das Kernversprechen des „optimistischen Fernsehens" auch einzulösen.

---

[120] Diese Technik zielt darauf ab in direkte Konkurrenz mit einem anderen Sender zu treten. Ein Beispiel dafür ist die Programmierung von „Deutschland sucht den Superstar" auf zur selben Sendezeit wie „Wetten Dass…".
[121] Vgl. Robinson 2009b
[122] Strategie nach einem schwach laufenden Format ein stark laufendes Format zu programmieren (Eick 2007: 123).

110

Durch die Einführung der „News at Ten" will sich ITV1 zwar auch als Informationssender positionieren und das *seriöse* Fernsehen propagieren. Allerdings will ITV1 vorwiegend die Versprechen *Emotion* und *Tradition* umsetzen, wie das Blocking[123] der Soaps „Emmerdale" und „Coronation Street" sowohl montags und donnerstags zeigt. ITV1 hat das klare Ziel, die Unterhaltungsfans an ITV1 zu binden und den Zuschauern eine richtungsweisende Orientierung durch diese horizontale Programmierung zu geben.

5 Fazit

Möchte man die Markenführung von ITV1 insgesamt beurteilen, so muss dies vor dem Hintergrund der „Brand2010"-Initiative des Senders geschehen. Ziel dieser Kampagne war es die Marke ITV1 zu stärken und von den anderen TV Sendern abzugrenzen. ITV1 sollte als warmherzige Marke wahrgenommen werden und gleichzeitig für *Optimismus* in den schweren Zeiten der Krise stehen. ITV1 kommunizierte dies vor allem durch seine On-Air-Kommunikation und startete sogar seine erste reine Markenkampagne, um die Marke ITV1 mit neuen Werten aufzuladen. Auch auf der Ebene der Programmpolitik versucht ITV1 weiterhin sowohl das Kern- als auch die Sattelitenversprechen entsprechend umzusetzen, wie die vorangegangene Analyse gezeigt hat. Allerdings muss man bezweifeln, dass die Zuschauer das Kernversprechen des Senders wirklich aufgenommen haben. Zu vage erscheint der Claim „The brighter side", als dass die Zuschauer ITV1 nun als den Sender wahrnehmen, der für den puren *Optimismus* steht. Eine Platzierung außerhalb der 500 bekanntesten[124] Marken in Großbritannien und der kontinuierlich rückläufige Zuschauermarktanteil[125] seit 2006, mögen diesen Eindruck verstärken. Vielmehr erscheint es aber so, dass ITV1 weiterhin nicht seine wahre Stärke zum Ausdruck gebracht hat, nämlich die *Verlässlichkeit*. Formatmarken wie „Coronation Street", die seit Jahrzehnten Quotengaranten sind oder „The X Factor", das bereits in der 7. Staffel erfolgreich ist, stehen für die Marke ITV1. Die Zuschauer bevorzugen sowohl die Tradition als auch die Innovation, die diese Sendungen repräsentieren. Die Zuschauer können sich aber letztendlich darauf verlassen, dass ITV solche Formate weiterhin anbietet und damit versucht ihren Geschmack zu befriedigen. Ein Claim, der dem Kernversprechen *Verlässlichkeit* möglicherweise entsprechen würde, könnte somit lauten: „ITV1 – trust me!".

---

[123] Programmierung von möglichst ähnlichen Programmen (vgl. Eick 2007: 116)
[124] vgl. Bowser 2009.
[125] Der Zuschauermarktanteil ging seit 2006 um 1,8% auf 17,6% zurück (vgl. Barb 2009).

Literaturverzeichnis

BBC (2008): ITV wins Champions League rights. [Online]. Erhältlich: http://news.bbc.co.uk/2/hi/business/7307971.stm [14.08.10].

Barb (2009): Annual % Shares of Viewing (Individuals) 1981-2009. [Online]. Erhältlich: http://www.barb.co.uk/facts/annualShareOfViewing?_s=4 [13.08.10].

Barb (2010): Weekly Top 30 Programmes. April 12th - April 18th . [Online]. Erhältlich: http://www.barb.co.uk/report/weeklyTopProgrammesOverview? [15.08.10].

Bowser, J. (2009): ITV drops out of top 500 UK brands ranking. [Online]. Erhältlich: http://www.mediaweek.co.uk/news/920207/ITV-drops-top-500-UK-brands-ranking/ [31.08.10].

Brook, S. (2009): TV ratings: Almost 10m see Gino D'Acampo crowned King of the Jungle. [Online]. Erhältlich: http://www.guardian.co.uk/media/2009/dec/07/gino-dacampo-im-a-celebrity [30.08.10]

Brook, S. (2010): TV ratings: Dancing on Ice final skates off with nearly 10m. [Online]. Erhältlich: http://www.guardian.co.uk/media/2010/mar/29/dancing-on-ice-tv-ratings [20.08.10].

Brown, M. (2006): Brand of Gold. [Online]. Erhältlich: http://www.guardian.co.uk/media/2006/jan/09/mondaymediasection.ITV [22.08.10]

Deans, J. (2006): ITV unveils new look. [Online]. Erhältlich: http://www.guardian.co.uk/media/2006/jan/09/ITV.marketingandpr [14.08.10].

Eick, D. (2007): Programmplanung. Die Strategie deutscher TV Sender. Konstanz: UVK.

Facebook (2010): The X Factor. [Online]. Erhältlich: http://www.facebook.com/search/?post_form_id=cfe6ab3a8cdcaf9a6dcb37e477c395ee&q=x-factro&init=quick&sid=0.17536869476750583#!/TheXFactor?v=wall&ref=search [30.08.10].

Grimberg, S. (2010): Mediendatenbank. ITV plc.. [Online]. Erhältlich: http://www.mediadb.eu/ datenbanken/ internationale-medienkonzerne/itv-plc.html [30.08.10].

Holmwood , L. (2008): TV ratings: Sir Trevor McDonald's last News at Ten draws 3.2m. [Online]. Erhältlich: http://www.guardian.co.uk/media/2008/nov/21/tvratings-television. [10.08.10].

Heinrich, J. (1999): Medienökonomie, Band 2: Hörfunk und Fernsehen. Wiesbaden: Westdeutscher Verlag.

ITV (2009a): About ITV. [Online]. Erhältlich: http://www.itv.com/aboutitv/ [18.08.10].

ITV (2009b): 19.1 million watch The X Factor final on ITV1. [Online]. Erhältlich: http://www.itvmedia.co.uk/inside-itv/itv-news/19-1-million-watch-the-x-factor-final-on-itv1 [18.08.10].

ITV (2009c): 2009 Review -2010 Statement of Programme Policy. [Online]. Erhältlich: http://www.itv.com/documents/pdf/Statement%20of%20Programme%20Policy%202010%20final%20300310.pdf [23.07.10].

ITV (2009d): ITV1 looks on the bright side. [Online]. Erhältlich: http://www.itvmedia.co.uk/inside-itv/itv-news/itv1-looks-on-the-bright-side [23.07.10].

ITV (2009e): The Bill new on air promo. [Online]. Erhältlich: http://www.itv.com/presscentre/_pressreleases/programmepressreleases/thebillpromo/default.html [23.08.10].

ITV (2010a): ITV news. Meet the team. [Online]. Erhältlich: http://www.itv.com/news/meettheteam/ [20.08.10].

ITV (2010b): ITV lands Rugby World Cup rights. [Online]. Erhältlich: http://www.itv.com/sport/ rugby-union/articles/itvlandrugbyworldcuprights6945/default.html [14.08.10].

Karmasin, H. (2007): Produkte als Botschaften. Konsumenten, Marken und Produktstrategien. Landsberg am Lech: Mi-Verlag.

National Readership Survey (NRS) (2010): Social Grade - Definition and Discriminatory Power. [Online]. Erhältlich: http://www.nrs.co.uk/lifestyle.html [17.08.10].

Meffert, H./ Burmann, C. (2002): Theoretisches Grunskonzept der identitätsorientierten Markenführung. In: Meffert, H./ Burmann, C./ Koers, M. (Hrsg.): Markenmanagement. Grundfragen der identitätsorientierten Markenführung. Wiesbaden: Gabler, S.35 – 72.

Ofcom (2010a): Ofcom statement on the delivery of public service programmes by ITV Network. [Online]. Erhältlich: http://stakeholders.ofcom.org.uk/broadcasting/tv/itv-kids-2010 [25.08.10].

Ofcom (2010b): C-PSB Output and Spend. PSB Report 2010 - Information pack. [Online]. Erhältlich: http://stakeholders.ofcom.org.uk/binaries/broadcast/reviews-investigations/psb-review/psb2010/psb_ouput.pdf [22.08.10].

Ofcom (2010c): The Communication Market Report 2010. [Online]. Erhältlich: http://stakeholders.ofcom.org.uk/binaries/research/cmr/753567/CMR_2010_FINAL.pdf [20.08.10].

Ofcom (2010d): Ofcom's Market Intelligence Database. [Online]. Erhältlich: http://stakeholders.ofcom.org.uk/binaries/research/statistics/psb2010/intelligence.pdf [30.09.10]

Robinson, J. (2009): ITV to drop Big Ben from News at Ten titles. [Online]. Erhältlich: http://www.guardian.co.uk/media/2009/oct/22/itv-news-at-ten-big-ben [18.08.10].

Robinson, J. (2010): Guardian 22.März 2010 [Online]. Erhältlich: http://www.guardian.co.uk/media/2010/mar/22/world-cup-2010-tv-fixtures [10.08.10].

Seitz, A. (1994): RTL-Television - alles unter einem Dach. In: Horizont, Nr.49-50/94. S.56-57.

Sweney, M. (2009a): ITV - ad revenue up next month. [Online]. Erhältlich: http://www.guardian.co.uk/media/2009/ nov/05/itv-ad-revenue-up-december [21.08.10].

Sweney, M. (2009b): ITV launches feelgood ad campaign. [Online]. Erhältlich: http://www.guardian.co.uk/media/2009/apr/09/itv-feelgood-ad-campaign. [21.08.10].

Sweney, M. (2010): ITV rebrands GMTV as Daybreak. [Online]. Erhältlich: http://www.guardian.co.uk/media/ 2010/jul/09/itv-rebrands-gmtv-as-daybreak[09.08.10].

Tvguide.co.uk (2010): TV Listings 16.08.10-28.08.10. [Online]. Erhältlich: http://www.tvguide.co.uk/ [21.08.10].

Twibbon (2009): Here are your finalists for the X Factor 2009. [Online]. Erhältlich: http://twibbon.com/pg/xfactor [30.08.10]

Twitter (2010): The X Factor. [Online]. Erhältlich: http://twitter.com/thexfactor [30.08.10].

Wirtz, B. W. (2009): Medien- und Internetmanagement. Wiesbaden: Gabler.

Woelke, J. (2010): Fernsehen in Österreich. Basisdaten und Programmprofile der Fernsehvollprogramme ORF 1, ORF 2 und ATV. [Online]. Erhältlich: www.uvk.de/buchdetail/pdf/9783867640992_l.pdf [20.08.10].

Wolff, P.-E. (2006): TV Markenmanagement. Strategische und operative Markenführung. Magdeburg: Verlag Reinhard Fischer.

III. TV-Markenführung in Spanien: Zwei Prime Times, Crossmedia und Innovationen im Blick

Bernhard Sonntag, Stefanie Scheucher
Umfeldanalyse des spanischen TV Marktes

1 Mediennutzungsgewohnheiten und Trends im spanischen Medienmarkt
2 Rechtliche Rahmenbedingungen
3 Marktanteile und Marktkonzentration
4 Der spanische TV-Werbemarkt

Bernhard Sonntag
Der öffentlich-rechtliche Sender La 1: Werbefreiheit und innovative Off-Air-Kommunikation

1 Rahmenbedingungen
2 La 1: Markenversprechen und -positionierung
   2.1 Programmprofil und -schema
   2.2 Submarken
   2.3 Markenpositionierung und -versprechen
   2.4 Points of Parity und Points of Difference
3 Kommunikationsanalyse
   3.1 Corporate Design
   3.2 On-Air-Kommunikation
   3.3 Off-Air-Kommunikation
4 Handlungsempfehlungen

Stefanie Scheucher
Antena 3: Fernsehen im Internet, am Handy und im TV

1 Die Antena 3 Group
2 Die Strategie Antena 3.0
3 Programmpolitik
   3.1 Programmprofil: Strukturelle Programmvielfalt
   3.2 Programmschema
   3.3 Hoher Anteil an Eigenproduktionen

Bernhard Sonntag, Stefanie Scheucher

Umfeldanalyse des spanischen TV Marktes

Für die Umfeldanalyse werden zunächst aktuelle Trends im spanischen Fernsehmarkt, technologische und rechtliche Rahmenbedingungen, Besonderheiten des Rezipientenmarktes, eine Betrachtung der aktuellen Reichweiten der TV-Sender des Landes sowie eine Darstellung der wichtigsten Kennzahlen des Werbemarktes beschrieben.

1 Mediennutzungsgewohnheiten und Trends im spanischen Medienmarkt

In Spanien leben fast 47 Millionen Menschen in über 15 Millionen Haushalten. Die Fernsehlandschaft ist durch eine nahezu 100%ige Penetrationsrate gekennzeichnet, wobei 46,7% der spanischen Haushalte gar mehr als einen Fernseher besitzen. Des Weiteren haben 73% einen DVD-Player, 47,3% einen PC und über 100% ein Handy.[1]

Charakteristisch für die Mediennutzung in Spanien sind die zwei Prime Times um 16 und um 23 Uhr. Diese sind typisch für südliche Länder und sind auf den unterschiedlichen Tagesrhythmus zurückzuführen, der in einer etwas ausgedehnteren Mittagspause eine Fernsehnutzung in der Zeit von 14-16 Uhr ermöglicht (vgl. Abb. 1).

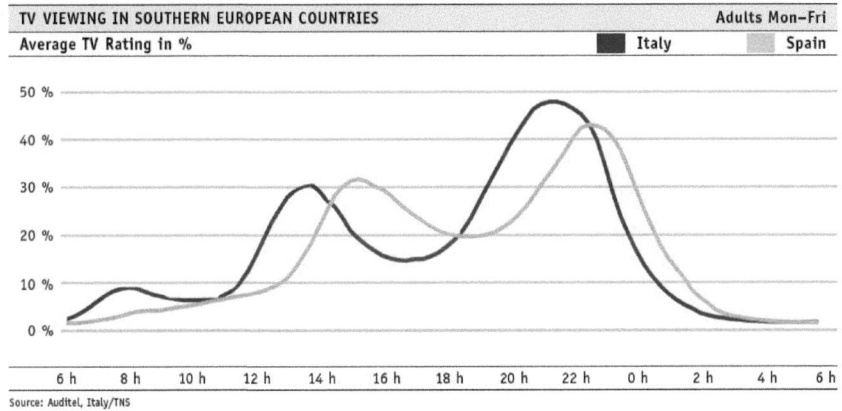

Abbildung 1: Fernsehnutzung in Südeuropäischen Ländern in % von Mo bis Fr[2]

---

[1] Vgl. De Mateo 2009: 644ff bzw. AIMC 2010: 4
[2] Vgl. ITVE 2005: 31

Das Fernsehen hat eine tägliche Reichweite von 88,7%; d.h. mehr als vier Fünftel der Bevölkerung schaut jeden Tag fern. Die durchschnittliche Fernsehdauer beläuft sich auf 220 Minuten pro Tag. Mit einem Zuschaueranteil von zwei Drittel im Alter von mehr als 34 Jahren folgt das TV dem europäischen Trend und ist auch in Spanien ein eher „älteres" Medium. Drei Viertel der SeherInnen sind aus der Mittel- und Oberschicht, die untere Schicht setzt sich in ihrer Sehdauer von ersteren ab.

Der Vergleich mit anderen Medien zeigt die Dominanz des Fernsehens am spanischen Markt: Im Jahr 2010 erreicht die Tagespresse 39% (36,3% im Jahr 2000) der Bevölkerung; Magazine und Zeitschriften kommen auf 50,5% (2000 noch 53,6%). Das Radio hat bereits 55,2% Reichweite (52,9%). Die Reichweite von 88,7% (89,2%) und die tägliche Fernsehnutzungszeit von 229 Minuten werden auch vom Internet mit einer Reichweite von 35% (5,6%) nicht erreicht.

Die gesamte Mediennutzungszeit ist einem starken Wachstum unterworfen. Lag diese im Jahr 2000 noch bei 342,1 Minuten täglich, liegt sie bereits 2007 bei 383,5 Minuten. Obwohl für 2010 noch keine aktuellen Zahlen vorliegen, ist von einer Fortführung des Wachstums der Mediennutzungszeit auszugehen. Diese Annahme ist einerseits auf das kontinuierliche Wachstum der Penetrationsrate des Internets zurückzuführen und andererseits auf die neue Mediengattung Mobilfunk, die in der Messung 2007 noch keine Beachtung fand. Insgesamt zeigen sich die folgenden Entwicklungen im spanischen Medienmarkt:[3]

- Die *Tagespresse* steigerte von 1999 bis 2008 (42,1%) zwar ihre Reichweite, sieht sich aber seit zwei Jahren mit einem Negativwachstum konfrontiert (2010: 39%).
- Die Marktdurchdringung des *Fernsehens* bleibt mit 88,7% seit 2000 (89,2%) relativ konstant.
- *Magazine* verlieren konstant (2000: 53,6%) und erreichen nun nur noch 50,5%.
- *Kino* verliert sehr stark. Erreichte es im Jahr 2000 noch 11% Reichweite, sind es nun nur mehr 4,2%.
- *Radio* steigerte seine Reichweite von 52,9% (2000) leicht auf 55,2% (2010).
- Das *Internet* kommt nach enormen Wachstumsraten nun auf 35% Reichweite, während es 2000 noch bei 5,6% lag.
- *Mobile Medien* werden von der Messung derzeit noch nicht erfasst. Eine 100%ige Marktpenetration mit Mobilfunkgeräten lässt aber einen beachtlichen Anteil Medienzeitbudget erwarten.

Die Digitalisierung der technischen TV-Empfangsmöglichkeiten schreitet dabei in Spanien mit großen Schritten voran: Der Anteil der Haushalte, die Fernsehen digital terrestrisch empfangen, stieg allein innerhalb des letzten Jahres von 10,5% im Januar auf 21,9% im Dezember. Derzeit stellt sich die Verteilung wie folgt dar:[4] 15,2% über Kabel; 58,1% via Terrestrik analog; 21,5% über Terrestrik digital; 4,2% via Satellit und 0,6% über andere Übertragungswege.

---

[3] Vgl. AIMC 2010: 2ff
[4] Vgl. ITVE 2008

2 Rechtliche Rahmenbedingungen

Im März 2010 wurde das Gesetz zur audiovisuellen Kommunikation im spanischen Parlament verabschiedet.[5] Dieses nimmt entscheidenden Einfluss auf die zukünftige Entwicklung des spanischen Fernsehmarktes. Die wichtigsten Neuerungen betreffen das Privatfernsehen und den Jugendschutz:

* *Etablierung eines Rates für AV-Medien:* Der Consejo Estatal de Medios Audiovisuales (Rat für audiovisuelle Medien) soll als unabhängige, öffentlich-rechtliche Behörde eingerichtet werden, die über die Einhaltung der gesetzlichen Bestimmungen im audiovisuellen Sektor wacht.
* *Änderungen in der Vergabe von AV-Lizenzen:* Diese Änderungen stellen ein klares Entgegenkommen gegenüber der Privatfernsehanbieter dar. Die Laufzeit von Fernsehlizenzen wird von derzeit 10 auf 15 Jahre erhöht. Die Lizenzinhaber dürfen von nun an 50% ihrer TV-Kanäle als Pay-TV Sender verwenden. Piratenradios, die ohne Lizenz senden, sollen eingestellt werden. Die Agencia Estatal de Radiocomunicaciones (staatliche Rundfunkbehörde) wird mit der Erstellung einer Karte betraut, die sämtliche Radiostationen Spaniens aufzeigen soll. Mit dieser Ausstattung können Zentralregierung sowie autonome Parlamente dann gegen nicht lizensierte Radiostationen vorgehen.
* *Werbezeitbeschränkung:* Eine Beschränkung der Werbezeiten auf 12 Minuten pro Stunde ist im Gesetz verankert.
* *Verbesserung des Jugendschutzes:* Eine Verbesserung des Jugendschutzes soll durch ein generelles Verbot der Darstellung pornografischer sowie gewaltverherrlichender Szenen im frei empfangbaren Fernsehen erreicht werden. Sendungen, die zu Schädigungen bei Kindern und Jugendlichen führen könnten, müssen speziell gekennzeichnet werden. Glückspiel und Wetten dürfen nur mehr von 1 bis 5 Uhr gezeigt werden. Des Weiteren darf wischen 6 und 22 Uhr keine Werbung für Schlankheitskuren oder Schönheitsoperationen gesendet werden.
* *Must-carry Regelungen:* Telekomanbieter sind verpflichtet, bestimmte Ereignisse von allgemeinem Interesse im frei empfangbaren Fernsehen zu senden.

3 Marktanteile und Marktkonzentration

Seit 1989 ist Privatfernsehen per Gesetz erlaubt. Es existieren sowohl frei empfangbare als auch Bezahlsender. Weiters gibt es zahlreiche regionale Sender, die von den Comunidades Autónomas betrieben werden. Diese finden sich im Baskenland (ETB 1 und ETB 2), in Katalonien (TV3 und Canal 33), in Andalusien (Canal Sur und Canal 2), in Galicien (TVG), in Madrid (Telemadrid), in Valencia (Canal 9 und PuntoDos) sowie auf den Kanarischen Inseln (TVA).[6] Die folgende Tabelle gibt einen Überblick über die aktuellen Marktanteile der TV-Sender in Spanien und zeigt, dass die zehn größten TV-Sender etwa 90% der Reichweite auf sich vereinen:

---

[5] Vgl. IRIS Merlin 2010b, IRIS Merlin 2010c
[6] Vgl. Hans-Bredow-Institut 2009: 648ff

Sender	Eigentümer	Marktanteil 2010 in %	Marktanteil kumuliert in %
TVE La 1	Staat	20,0	20,0
Telecinco	Mediaset-Vocento	17,4	37,4
Antena 3 TV	Planeta-RTL	16,8	54,2
La Sexta	Televisa u.a.	7,4	61,6
Cuatro	Sogecable	7,0	68,6
Freie Spartenkanäle	verschiedene	6,3	74,9
Bezahlspartenkanäle	verschiedene	4,7	79,6
Canal Sur	RTVA	4,1	83,7
TV3	Staat	3,0	86,7
TVE La 2	Staat	2,5	89,2

Tabelle 1: Aktuelle Marktanteile der TV-Sender Spaniens[7]

4 Der spanische TV-Werbemarkt

Die Gesamtwerbeausgaben am Europäischen Markt betrugen 2008 knapp 19 Milliarden Euro. Davon entfielen 57,2% (€10,85 Milliarden) auf den TV-Werbemarkt. Im Jahr 2009 schrumpften die Ausgaben am Europäischen TV-Markt um 2,8%.[8] Auch in Spanien gehen seit 2007 die Werbeinvestitionen stetig zurück. Gemessen am Bruttoinlandsprodukt lag der Anteil der gesamten Werbeausgaben bei 1,53%. Innerhalb eines Jahres sanken diese um 0,17% auf 1,36%. 2009 lagen schließlich die Werbeinvestitionen bei 1,29%.[9] Die gesamten Werbeeinnahmen am spanischen TV-Markt aus dem Jahr 2008 betrugen ca. € 2,8 Milliarden, das sind mehr als 14% des gesamteuropäischen TV-Werbemarktes. Diese wurden wie folgt aufgeteilt: Der Anteil des Fernsehunternehmens Telecinco betrug 27,1%, was einer Summe von 759,99 Mio. € entspricht. An zweiter Stelle lag Antena 3 mit 23,5%, gefolgt vom öffentlich-rechtlichen Fernsehunternehmen RTVE mit den beiden nationalen Sendern TVE La 1 und TVE La 2 mit 21,3%. Sogecable erhielt 11,4% und La Sexta 5,6% der Werbeeinahmen. Somit vereinen die fünf größten spanischen Fernsehunternehmen fast 89% der gesamten Werbeeinnahmen. Den Rest teilen sich kleinere regionale Fernsehanstalten.[10]

In Spanien werden europaweit die meisten Werbeminuten pro Stunde gesendet. Dies ist womöglich auch der Grund, dass sich 73 Prozent der Spanier von TV-Werbung gestört fühlen. Mit zunehmendem Alter wird jedoch die Werbung eher toleriert. Vor allem der Werbeumfang und nicht die Qualität der Werbung ist störend.[11] Dies hat mehrere Auswirkungen: Zum einen sind Spanier im Allgemeinen sehr aufgeschlossen, neue Arten des Fernsehens (wie zum Beispiel Mobile-TV) auszuprobieren.[12] Zum anderen ist der Anteil an Pay-TV Abonnenten in Spanien wesentlich höher ist als in den meisten anderen europäischen Ländern. Entscheidend geprägt wird der Spanische TV-Werbemarkt durch die Tatsache, dass der staatseigene Sender TVE per Gesetz keine Werbung mehr ausstrahlen darf.

---

[7] Vgl. AIMC 2010: 13
[8] Nielsen 2010
[9] Vgl. InfoAdex 2010: 14
[10] Vgl. European Audiovisual Observatory 2010: 86
[11] Vgl. MediaPerspektiven 1/2009: 22f
[12] Vgl. MediaPerspektiven 1/2009: 28

Bernhard Sonntag

Der öffentlich-rechtliche Sender La 1:
Werbefreiheit und innovative Off-Air-Kommunikation

1 Rahmenbedingungen

Neben dem allgemeingültigen Gesetz zur audiovisuellen Kommunikation vom 18.3.2010 gelten für den öffentlich-rechtlichen Sender TVE zusätzliche Bestimmungen. Die Rundfunkreform von 2006 brachte etwa folgende Änderungen: Klarere Definition des öffentlich-rechtlichen Auftrags, Ernennung eines unabhängigen Präsidenten für die RTVE, Erlassung der Schulden und Festlegung der Subventionen. Das Gesetz zum öffentlich-rechtlichen Hörfunk und Fernsehen vom 5.6.2006 regelt bereits weitgehend die Kompetenzen und Aufgaben des Senders.[13] Nun wurde mit 1.1.2010 auch die Doppelfinanzierung aus staatlichen Subventionen und Werbegeldern eingestellt. Werbung darf seit Jahresbeginn nur noch im Privatfernsehen ausgestrahlt werden.

Seit der Einführung des dualen Rundfunksystems in Spanien 1989 beklagen sich die privaten Betreiber über unfaire Wettbewerbsbedingungen, die in der traditionell starken Position des öffentlich-rechtlichen Senders TVE im Werbemarkt begründet liegen. Die Reform beschränkt TVE nun im Wettbewerb mit den kommerziell-privaten Anbietern, indem sie den Sender stärker nach öffentlich-rechtlichen Maßstäben ausrichtet. So dürfen etwa nur noch 80 Erstausstrahlungen von Filmen im Jahr gezeigt werden, nur 10 Prozent des Budgets dürfen für den Kauf der in Spanien sehr erfolgreichen Sportsendungen verwendet werden, die Sendungen müssen mehr Bildungsinhalte für Kinder enthalten und zudem barrierefrei gestaltet sein (z.B. Untertitel für Gehörlose). Das Budget für die Jahre 2010 und 2011 ist auf € 1,2 Milliarden beschränkt und von 2012 bis 2014 ist lediglich ein jährliches Wachstum von 1% erlaubt. Ein Reservefond ist verpflichtend anzulegen und aus überschüssigen Mitteln zu speisen. Des Weiteren wurden einige programmpolitische Entscheidungen getroffen: Das Bildungsprogramm für jüngere Zielgruppen soll 30% des Vorabendprogrammes ausmachen. Menschen mit besonderen Bedürfnissen werden stärker berücksichtigt.

Die beiden staatlichen Sender, TVE La 1 (La 1) und 2 (La 2), sind dem öffentlichen Unternehmen RTVE angeschlossen. Dieser ist seinerseits im Besitz der SEPI (Sociedad Estatal de Participaciones Industriales), einer staatlichen Beteiligungsgesellschaft, die u.a. auch die spanischen Nachrichtenagentur EFE besitzt und dem Finanzministerium unterstellt ist. Die TRVE gliedert sich in Televisión Española (TVE) für Fernsehen und Radio, Nacional de España (RNE) für Radio. Die Fernsehsparte umfasst mehrere Kanäle:

---

[13] Vgl. IRIS Merlin 2006

- *Vollprogramme:* TVE La 1; TVE La 2[14]
- *Spartenprogramme:* Canal 24 Horas (Informationsprogramm); Teledeporte (Sportprogramm); Clan TVE (Kinderprogramm); Canal Clásico (Programm für klassische Musik); Cultural-es
- *Weiters:* La 1 Catalunya; La 2 Catalunya; TVE Internacional Europa; TVE Internacional America I; TVE Internacional America II

Das RTVE-Gesetz tritt mit 2010 in Kraft und bewirkt für den öffentlich-rechtlichen Rundfunk auch Veränderungen im Hinblick auf dessen Finanzierung.[15] Nachdem TVE nun per Gesetz zum Verzicht auf Werbung verpflichtet ist, finanziert sich der Sender nunmehr über drei Säulen:
- *Staatlicher Zuschuss*: ca. €500 Mio.
- 3% der *Bruttofinanzeinkünfte privater Rundfunkbetreiber:* ca. €120 Mio.
- 0,9% der betrieblichen *Einkünfte von Telekommunikationsbetreibern*: ca. €300 Mio.

Derzeit prüft die Europäische Kommission das Drei-Säulen-Modell der Finanzierung des öffentlich-rechtlichen Fernsehens in Bezug auf seine Vereinbarkeit mit dem EU-Recht.

1   La 1: Markenversprechen und -positionierung

Für die Analyse der strategischen Markenführung wird zunächst eine Betrachtung der Programmgestaltung vorgenommen, um hiervon Submarken abzuleiten und darauf basierend die Markenpositionierung bzw. das Markenversprechen von La 1 zu identifizieren.

1.1   Programmprofil und -schema

Das Programm auf La 1 folgt einem strikten Muster und variiert wochentags nur zwischen 21:50 abends und 3:00 Uhr morgens. Die Tabelle zeigt den täglichen Programmaufbau mit einer kurzen Beschreibung der einzelnen Sendungen:[16]

---

[14] Anm.: Im Folgenden nur noch als La 1 bzw. La 2 bezeichnet.
[15] Vgl. IRIS Merlin 2010a
[16] Vgl. Teletexto.com 2010

Day Part	Zeit	Sendungstitel	Art der Sendung
Early Morning	06:00	Noticias 24 horas	Nachrichten
	06:30	Telediario Matinal	Nachrichten: National, International, Sport, Wetter, Börse
	09:00	Los desayunos de TVE	Magazin: Gesprächsrunde, aktuelle Themen mit Gästen mit Ana Pastor
Day Time	10:15	La mañana de la 1	Magazin: Information, Interviews, Reportagen zu aktuellen Themen mit Mariló Montero
	14:30	Informativos territoriales	Nachrichten
	14:30	Corazón	Magazin: Societythemen mit Anne Igartiburu
	15:00	Telediario 1	Nachrichten mit Ana Blanco, María Escario
	15:55	El tiempo	Wetter
Prime Time I	16:15	Amar en tiempos revueltos	Telenovela
	17:00	Mar de amor	Telenovela
	17:30	Bella calamidades	Telenovela
Access Prime Time	18:25	España directo	Nachrichten mit Pilar García Muñiz
	20:00	Gente	Magazin: Kultur, Showgeschäft, Film, Musik, Theater, Fernsehen
Prime Time II & Late Night	21:00	Telediario 2	Nachrichten mit Lorenzo Milá, Jesús Álvarez
	21:50 – 03:00	Täglich verschiedenes Programm	Diverse Magazine, Reportagen, Filme, Sportübertragungen
	01:45	La noche en 24 horas	Nachrichten: aktuelle Themen mit Vicente Vallés
Over Night	03:15	Deporte noche	Magazin: Sport mit Julián Reyes
	04:05	TVE es música	Musikprogramm
	04:30	Noticias 24 horas	Nachrichten

Tabelle 1: Täglicher Programmablauf La 1

Das zwischen 21:50 und 03:00 Uhr täglich variierende Programm gestaltet sich wie folgt:

Wochentag	Zeit	Sendungstitel	Art der Sendung
Montag	22:15	Pelotas	Telenovela
	23:30	Volver con…	Magazin: Society
	00:15	Repor	Reportage
Dienstag	22:15	Españoles en el mundo	Magazin: Leute
	00:10	Destino España	Magazin: Reise
	01:00	Paddoc GP	Magazin: Motorsport
Mittwoch	22:15	Comando actualidad	Reportage
	00:15	59 segundos	Magazin: Diskussion mit Ana Pastor
Donnerstag	22:15	Gran reserva	Telenovela
Freitag	22:15	Cántame cómo pasó	Show: Musiktalente
	02:30	Ley y orden	Serie

Tabelle 2: Täglich verschiedenes Programm La 1

Aus der Analyse der täglichen Programmgestaltung des Senders ergeben sich folgende Sendungsanteile:[17]

Art des Programms	% Anteil am Gesamtprogramm	Klassifikation
Nachrichten	21,8	Information
Magazine	15,9	Infotainment
Information	4,6	Information
Service	1,2	Information
Reportagen	0,7	Infotainment
Dokumentation	0,4	Infotainment
Kultur	0,7	Unterhaltung
Bildungswissenschaft	1,2	Infotainment
Regionales, Lokales	1,2	Information
Theater, Kabarett usw.	1,1	Unterhaltung
Kinder-, Jugendprogramm	4,3	Infotainment
Musik	1,4	Unterhaltung
Sport	2,1	Unterhaltung
Spielfilm	5,0	Unterhaltung
Serie	12,8	Unterhaltung
Non-fiktionale Unterhaltung	8,0	Unterhaltung
Sonstiges	17,6	Sonstiges

Tabelle 3: Aufteilung Sendezeit La 1 detailliert

Zur besseren Darstellung des Programmprofils werden die Sendungen den Kategorien Information, Infotainment, Unterhaltung oder Sonstiges zugeordnet. Aus der obigen Detailanalyse ergibt sich die folgende Verteilung:

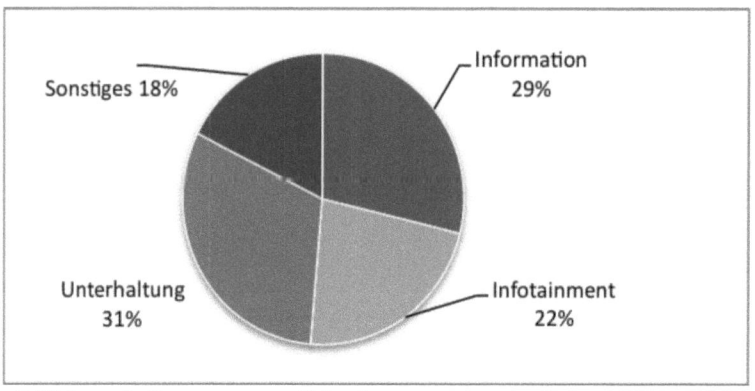

Abbildung 1: Programmprofil La 1

Die Grafik macht den hohen Informationsanteil von La 1 deutlich: Die Kategorien Information und Infotainment nehmen gemeinsam mehr als die Hälfte des Programms ein. Es ist dabei anzumerken, dass die Daten aus dem Jahr 2007 stammen, in dem im staatlichen Fernsehen Werbung noch erlaubt war. Die Kategorie „Sonstiges", in der Werbung eingereiht ist, wird bei Betrachtung aktueller Daten einer deutlichen Schrumpfung unterliegen, die den anderen Sektoren zu Gute kommt.

---

[17] Vgl. Köster 2008: 647

124

Das tägliche Programmschema (Montag bis Freitag) hebt den hohen Stellenwert der Information erneut hervor und gestaltet sich wie folgt:

Day Parts	Programm auf LA 1
Early Morning	Information, Information & Unterhaltung
Daytime	Information, Information & Unterhaltung, Unterhaltung
Access Prime Time	Information, Information & Unterhaltung, Unterhaltung
Prime Time	Information, Information & Unterhaltung, Unterhaltung, Sonstiges Programm
Late Night	Information & Unterhaltung, Unterhaltung, Sonstiges Programm
Over Night	Information & Unterhaltung, Unterhaltung, Sonstiges Programm

Tabelle 4: Programmschema La 1 Mo-Fr

Das Wochenendprogramm auf La 1 folgt – wie auch das Programm von Montag bis Freitag – einem klaren Aufbau, unterscheidet sich aber geringfügig von diesem und beginnt nach den täglichen Nachrichten mit Kinderprogramm von 07:50 bis 10:20, welches zum Großteil aus Zeichentrickserien besteht. Nach diesem werden oft Sportübertragungen (etwa Tennis oder Moto GP) oder gesellschaftlich relevante Ereignisse (Geburtstag des Königs) gezeigt. Nach dem Societymagazin Corazón spielt La 1 zwischen den täglichen Nachrichten Telediario 1 & 2 verschiedene Filme. Das Spätabendprogramm besteht schließlich aus einem Mix von Informationssendungen und Filmen.

Die horizontale und vertikale Programmierung vermittelt eine klare Struktur und erleichtert so die Orientierung für die unterschiedlichen Zusehergruppen. Der Informationsfokus und der hohe Anteil an Eigenproduktionen des Senders positionieren ihn im spanischen TV-Markt eindeutig.

1.2 Submarken

La 1 positioniert sich vor allem über Personenmarken, besonders auch für Informationssendungen: Als Personenmarken können hier insbesondere Mariló Montero, Ana Blanco, María Escario, Lorenzo Milá, Jesús Álvarez, Pilar García Muñiz und Vicente Vallés identifiziert werden; für Magazine sind es Ana Pastor (Los desayunos de TVE & 59 segundos), Anne Igartiburu (Societymagazin Corazón) sowie Julián Reyes (Sportmagazin-Moderator).

Der Fokus des öffentlich-rechtlichen Senders liegt – wie bereits diskutiert – auf Informationssendungen. Dazu zählen Nachrichten und Magazine. Obwohl Telenovelas und andere Submarken eine nicht zu unterschätzende Rolle im Programm von La 1 einnehmen, kristallisiert sich Information als Fokus des öffentlich-rechtlichen Senders heraus, an dem sich auch die Markenpositionierung und das Markenversprechen orientieren. Die folgende Tabelle gibt einen Überblick über wesentliche Genre- und Formatmarken des Senders:

Genre	Formate
Nachrichten	• España directo • Informativos territoriales • La noche en 24 horas • Noticias 24 horas • Telediario 1 • Telediario 2 • Telediario Matinal
Magazine	• 59 segundos • Corazón • Deporte noche • Destino España • Españoles en el mundo • Gente • La mañana de la 1 • Los desayunos de TVE • Paddoc GP • Volver con…
Telenovela	• Amar en tiempos revueltos • Bella calamidades • Gran reserva • Mar de amor • Pelotas
Andere	• Cántame cómo pasó (Show mit Musiktalente-Casting) • Comando actualidad (Reportage) • El tiempo (Wetter) • Repor (Reportage) • TVE es música (Musikprogramm)

Tabelle 5: Format- und Genremarken La 1

1.3 Markenpositionierung und -versprechen

Aus der Betrachtung der horizontalen Senderprogrammierung kann ein Programmprofil mit den täglich wiederkehrenden Sendungen des Senders identifiziert werden; dies sind im Einzelnen: Acht Nachrichtensendungen, mindestens sechs Magazine, mindestens drei Telenovelas/ Serien, mindestens eine Wettersendung, eine Musiksendung, sowie maximal eine Reportage, eine Show und vereinzelt Filme. Die Verteilung der verschiedenen Sendeformate und die tägliche Programmgestaltung lassen die Gesamtmarktstrategie des Senders erkennen. Als öffentlich-rechtliche Fernsehstation ist La 1 gesetzlich verpflichtet, allen Teilen der spanischen Bevölkerung ein adäquates Programm zu bieten. Folglich möchte der Sender innerhalb der Gesamtbevölkerung eine möglichst große Reichweite erzielen. Das Programmprofil zeichnet sich durch folgende Faktoren aus:

- hoher Informationsanteil durch Nachrichtensendungen und Magazine,
- hoher Eigenproduktionsanteil,
- wenig zugekaufte Sendungen und Serien,
- Unterhaltung am Nachmittag mittels Telenovelas (Prime Time I),
- Filme zur Prime Time II und Late Night,
- zeitlich angepasste, zielgruppengerechte Formate (z.B. Kindersendungen Samstag vormittags),
- angepasste Sendungen für Personen mit besonderen Bedürfnissen (z.B. Gehörlose).

La 1 positioniert sich dem Programmprofil folgend als seriöser, qualitativ hochwertiger Informations-, Bildungs- und Unterhaltungskanal für die gesamte spanische Bevölkerung.

Als *Markenwerte* können Qualität, Vielfalt, Relevanz, Bildung und Unterhaltung identifiziert werden. Der Sender legt seinen Schwerpunkt auf Information, verspricht aber ebenso Infotainment und Unterhaltung.

Die Reichweiten im Informationsbereich unterstreichen die erfolgreiche Umsetzung der Markenstrategie: 34,9% der Bevölkerung entscheiden sich täglich für die beiden Informationssendungen Telediario 1 oder 2, um Nachrichten zu sehen. Auf die Frage, welcher Kanal am besten gefällt, wählen 23,7% La 1 (Antena 3: 14,9%, Tele5: 12,7%).[18]

1.4 Points of Parity und Points of Difference

Für die Identifikation der Points of Parity und Points of Difference werden nun die beiden Sender Tele5 und Antena 3 näher betrachtet.[19]

Tele5: Der Sender ist ebenso wie La 1 auf den Gesamtmarkt ausgerichtet und gestaltet sein Programm nach einer entsprechenden Strategie. Er zeichnet sich durch vier tägliche Informationssendungen aus, die auf ähnlichen Programmplätzen wie beim öffentlich-rechtlichen Konkurrenten platziert sind. Die Programmgestaltung erfolgt offensiv konkurrenzorientiert, so beginnt etwa die Informationssendung „Informativos Telecinco" fünf Minuten früher als die ebenbürtige Nachrichtensendung „Telediarios2" bei TVE. Weitere ähnliche Merkmale des Senders (Points of Parity) sind die vielen Personenmarken, das Kinderprogramm vormittags am Samstag und Sonntag sowie die Vielzahl von Telenovelas und Musiksendungen im Late Night Programm. Als Points of Difference sind Kochsendungen zur Mittagszeit, mehr Genremarken (z.B. montags CSI Abend) sowie die Ausstrahlung von Familienfilmen am Wochenende zu nennen.

---

[18] CIS 2010: 15ff
[19] Vgl. Teletexto.com, Programación de Antena 3/ Tele5

Antena 3 positioniert sich als zweiter großer Konkurrent mit einer Gesamtmarktstrategie mit einem ähnlichen Programmablauf wie La 1 und Tele5. Ähnlich erscheint die Ausstrahlung von drei täglichen Informationssendungen, die wiederum offensiv konkurrenzorientiert genau zur selben Zeit wie gleichwertige Nachrichtensendungen bei La 1 geschalten sind. An Points of Parity können noch ähnlich viele Personenmarken, ein eigenes Musikprogramm in der Late Night und das Kinderprogramm, welches wiederum Wochenends am Vormittag ausgestrahlt wird, genannt werden. Antena 3 hebt sich durch einen hohen Anteil eingekaufter sowie selbstproduzierter Serien (z.B. die Simpsons und El Internado) und Filmen ab.

2 Kommunikationsanalyse

Nach der Markenanalyse soll nun die Kommunikation des Senders näher betrachtet werden. Das Corporate Design, welches erst 2008 einem Relaunch unterzogen wurde, bietet hierbei einen interessanten Untersuchungsgegenstand. In der Folge werden die On-Air- und die Off-Air-Kommunikation des Senders untersucht.

2.1 Corporate Design

Der Erneuerung von 2008 kommt im Sinne integrierter Kommunikation eine besondere Funktion zu: RTVE positioniert sich durch das Rebranding erstmals als Dachmarke, von der sich sämtliche Tochtermarken ableiten. Durch ein einheitliches Design und ein kohärentes Konzept, das sich durch sämtliche Submarken zieht, gelingt es dem Unternehmen mittels integrierter Kommunikation geeint am Markt aufzutreten. Zentrales Element der neu gestalteten Marke ist nach Angaben von Luis Fernández, dem Präsidenten der RTVE, das Licht als Element, welches Erneuerung und den Blick in die Zukunft symbolisiert. Es steht für Energie und Bewegung und verkörpert eine Quelle des Lebens. Des Weiteren verkörpert das Licht Wärme, Pluralität, Nähe, Leidenschaft, Geschwindigkeit und Leben.[20]

RTVE positioniert sich als integrierte Plattform, die alle acht TV-Kanäle, die sechs Radiostationen und den Internetauftritt unter sich vereint.

Abbildung 2: Dach- und Tochtermarken des spanischen Rundfunks

---

[20] Vgl. RTVE.es 2008

128

Das weiche und abgerundete Design steht für die Erneuerung der Marke. Die verschiedenen Farben verkörpern die medialen Sparten des Unternehmens: Orange steht für die Dachmarke RTVE sowie für den Onlineauftritt RTVE.es. Die TV-Marke TVE wurde blau gehalten, während die Radiomarke RNE rot gestaltet wurde. Das Spiel mit dem Licht und die Hell-Dunkel-Gestaltung ziehen sich durch sämtliche Logos und spielen eine zentrale Rolle. Das hervorgehobene *e*, welches in allen Logos etwas größer als die restlichen Lettern gehalten ist, stellt das zentrale, verbindende Element der Tochterfirmen mit der Dachmarke dar. Das Unternehmen möchte durch die neue Positionierung dynamisch und innovativ das Gleichgewicht zwischen Technologie und Mensch finden.

Vor dem Dachmarkenansatz trat TVE selbst als eigenständige Marke auf. Wie das Unternehmen durchlief auch das Logo von TVE im Laufe der Zeit einen Wandel:

Abbildung 3: Logo von TVE im Wandel der Zeit

Heute stellt das Logo des Senders nur mehr einen blauen Kreis mit einer weißen Eins in der Mitte dar. In der folgenden Abbildung sind die vom Sender verwendeten Corner Bugs dargestellt. Das einheitliche Design, auch gegeben durch die durchgängig verwendete blaue Farbgebung ist erneut Kennzeichen der integrierten Markenführung.

Abbildung 4: Corner Bugs für TVE La 1, La 2 sowie für TVE Internacional

2.2 On-Air-Kommunikation

Die Kommunikation von La 1 ist durch mehrere Charakteristika gekennzeichnet. Sie findet indirekt statt, da sie mediale Hilfsmittel (TV- oder Onlineauftritt) benutzt, um die Zielgruppe zu erreichen. Über das Primärmedium Fernsehen findet eine Ein-Weg-Kommunikation statt, da TV per se keinen Rückkanal besitzt und daher kein Feedback möglich ist. Über das Sekundärmedium Online wird eine Zwei-Wege-Kommunikation ermöglicht.

Die *Station IDs* des Senders TVE sind durch einen hohen Wiedererkennungswert gekennzeichnet. Die Spots sind in jenem einheitlichen Blau gehalten, das durch die Markenführung vorgeben wird. Die Farbe und das Logo werden durch abgerundete Linien und angenehm einprägsame Melodien unterstützt, die die Seriosität des Senders unterstreichen. Das zentrale Element der Marke, das Licht, ist in Form von hellen Passagen oder Sonnenstrahlen auch in den Spots enthalten und wird von den hellen Tönen der Begleitmusik nochmals unterstrichen. Oft sind die Spots den jeweiligen Jahreszeiten angepasst und beinhalten etwa Elemente des typisch vorherrschenden Wetters.[21]

Da TVE und damit auch La 1 gesetzlich keine Werbung mehr gestattet ist, bleibt mehr Raum für die Ankündigung von Sendungen. Wie auch die Station IDs sind auch die *Trailer* des Senders im Corporate Design gehalten und verkörpern die oben genannten Elemente der Markenführung. Sie sind je nach angekündigter Sendung inhalts-, tonalitäts- oder emotionsbasiert. Nach einem meist packenden Einstieg mit einer kurzen Szene aus der beworbenen Sendung folgt ein kurzer Sprecherkommentar. Dieser ist oft als rhetorische Frage ausgestaltet und baut gezielt Spannung auf. Am Schluss des Trailers folgt die Angabe von Tag und Zeit der Ausstrahlung.

2.3 Off-Air-Kommunikation

RTVE zeichnet sich durch innovative Kommunikation im Off-Air Bereich aus, die stets an neue technologische und gesellschaftliche Trends angepasst ist. Neben der Verwendung von sozialen Netzwerken verleiht der Sender einen Preis für audiovisuelle Innovation im Internet. Auch in der Fokussierung erreichbarer Endgeräte gibt sich der Sender zukunftsorientiert. So existieren bereits mehrere Smartphone-Applikationen und eine eigene iPad-App.

Seit 20. Mai 2008 ist RTVE als Dachmarke des spanischen öffentlich-rechtlichen Rundfunks im sozialen Netzwerk *Facebook*[22] vertreten. Mit 38.988 Freunden (Stand 4.7.2010) bietet die Fanseite auf dem weltweit größten sozialen Netzwerk eine gute Möglichkeit für allerlei Online-Promotionen. Mit Cross Promotionen werden Neuigkeiten im Programm beworben. Den Fans der Seite wird die Webseite des Senders oder die Rezeption des Programms an Fernsehgeräten offeriert. Ebenso werden Ankündigungen von exklusiven Sendungen (z.B. Champions League Finale 2010) als Events durchgeführt, an denen man „teilnehmen" kann.

---

[21] Vgl. YouTube.com 2010a
[22] Vgl. Facebook.com 2010a

Meinungsumfragen und Abstimmungen ergänzen die einseitige Kommunikation, zu der Fernsehen in der Vergangenheit technisch gezwungen war, mittels Interaktivität. Erwähnenswerte Nachrichten werden ebenso über das soziale Netzwerk verbreitet. RTVE nutzt die Möglichkeiten, die soziale Netzwerke bieten, sehr umfangreich für seine Ziele.

Das Gegenteil des Dachmarkenauftritts auf Facebook wird mit dem Microbloggingdienst *Twitter*[23] praktiziert. Statt einer einzelnen Seite für die RTVE gibt es viele verschiedene Konten für Dachmarke, TV-Sender, Radiostation oder gar einzelne Formatmarken (z.B. Amar en tiempos revueltos, 59 segundos, Repor TVE, Redes). Das Konto RTVE etwa bietet mit 4664 Followern (Stand 23.6.2010) aktuelle Nachrichten und versucht mittels Verlinkung auf die Nachrichtensektion der RTVE-Webseite, Leser für diese zu generieren. RTVE.es (2137 Follower, Stand 23.6.2010) wird ebenso für Cross Promotion zu Gunsten der eigenen Webseite verwendet. Mit dem Konto TVE (4917 Follower Stand 23.6.2010) werden Sendungen angekündigt, etwa was in der heutigen Folge einer Telenovela passieren wird. Weitere Konten, die zur Dachmarke RTVE gehören, sind La1, La2, Noticias 24h, TVE HD, Teledeporte, Cultural.es, Clan Infantil, Radio clásica RNE, Radio exterior RNE, Radio3 RNE, Radio4 RNE, Radio Nacional 1 RNE und Radio Nacional. Der Twitterauftritt von RTVE scheint wenig koordiniert zu sein und steht dem integrierten Kommunikationskonzept im Weg, das bei den anderen Promotionswerkzeugen gut funktioniert.

Der Sender vergibt im Jahr 2010 bereits zum zweiten Mal den *Preis für audiovisuelle Innovation im Internet* (Premios internacionales a la innovación audiovisual en internet INVI).[24] In den drei Kategorien Fiktion, Non-Fiktion und Bildung werden Projekte ausgezeichnet, die Videoinnovationen im Internet vorantreiben. Die Preisverleihung ist noch ein sehr junges Instrument, könnte sich aber für den Sender bei konsequenter Durchführung über mehrere Jahre zu einem wichtigen Kommunikationsinstrument entwickeln.

Die *RTVE iPhone-App*[25] unterstreicht die Positionierung des Senders als seriöser Informationskanal. Zahlreiche Nachrichtensendungen sowie Sportnachrichten können über das iPhone kostenlos empfangen werden. Mittels Streaming können Live-Sendungen rezipiert werden. Das Angebot wird durch On-Demand Nachrichtensendungen ergänzt, die jederzeit abgerufen werden können. Die RNE iPhone-App erlaubt dem Nutzer den Zugriff auf sämtliche Radiosender der öffentlich-rechtlichen Rundfunkstation. Eine eigens angepasste iPad-Applikation ist ebenfalls in Planung.

3   Handlungsempfehlungen

TVE sollte auch in Zukunft an seiner Positionierung als seriöser spanischer Informationssender festhalten, da dies eine klare Unterscheidung zu anderen Sendern im Land darstellt. Qualitative Information und Unterhaltung mit einem hohen Eigenproduktionsanteil sowie starke Format- und Personenmarken sind klar identifizierbare und einprägsame Merkmale, die den Sender kennzeichnen.

---

[23] Vgl. Twitter.com/RTVE, http://twitter.com/rtve
[24] Vgl. RTVE.es/premios-INVI, http://www.rtve.es/premios-invi/
[25] Vgl. itunes 2010

Eine klar strukturierte Programmpolitik muss Hand in Hand mit einer adäquaten, integrierten Kommunikationspolitik gehen. Diese muss folglich über alle Kanäle herausgearbeitet und gelebt werden. Speziell im Bereich der Onlinekommunikation gibt es hierbei Verbesserungspotenzial. Der Facebook-Auftritt gestaltet sich zwar einheitlich, ist mit nicht einmal 40.000 Nutzern in einem Land mit mehr als 46 Millionen Einwohnern aber noch stark ausbaufähig. Das soziale Netzwerk wird bis dato zu stark als „Verlinkungsmaschine" für die eigene Webseite gesehen. Das interaktive Potenzial der Plattform wurde zwar bereits erkannt und in Form von Umfragen auch schon genutzt, sollte im Sinne medialer Konvergenz aber noch forciert werden. Das Zusammenwachsen von Fernsehen und Internet macht dies für eine zukunftsorientierte integrierte Kommunikation unumgänglich.

Auch der Twitter-Auftritt birgt noch Verbesserungspotential. Es kann nicht im Sinne einer kohärenten Markenführung sein, dass sich der Rundfunkanbieter einerseits mit seiner 2008 implementierten Markenstrategie rühmt, die alle Submarken unter der Dachmarke RTVE integriert, und andererseits auf Twitter unter mehr als 20 verschiedenen Seiten auftritt. Eine Strukturierung ist unumgänglich, um die Markenstrategie auch im Onlinebereich durchzusetzen. Eine Möglichkeit wäre – gleich wie auf Facebook – auch auf Twitter mit einem einzigen RTVE-Konto aufzutreten. Der Microbloggingdienst lässt aber auch noch eine andere Variante zu. So könnte etwa jeder Tochtersender bzw. jede Tochterstation ein eigenes Konto bekommen und spezifische Inhalte bloggen, die zum jeweiligen Profil passen und das Programm unterstützen. In jedem Fall sollte der Twitter-Auftritt des Unternehmens der Markenstrategie angepasst und einheitlicher gestaltet werden.

Die Verleihung des INVI-Preises birgt ein großes kommunikatives Potenzial. Mittels Cross-Promotion sollte versucht werden, die Preise über die nächsten Jahre als fixen Bestandteil innovativer Videoproduktion zu etablieren. Die positive Konnotation des Preises mit Innovation könnte positiv auf die Dachmarke ausstrahlen.

Werbefreiheit ist eines der wesentlichen Unterscheidungsmerkmale, die TVE von seinen Konkurrenzsendern abgrenzt, aber als USP noch nicht in der Kommunikation thematisiert wird. Die hohen Reichweiten zeigen, dass die spanische Bevölkerung Sendungen ohne Werbeunterbrechungen wertschätzt und La 1 in der Folge mit höheren Zuseherzahlen belohnt. Mobiles Internet und vor allem Applikationen werden in Zukunft eine immer wichtigere Rolle in der Medienkonsumation spielen.[26] Ein Eingehen auf die speziellen Anforderungen dieses relativ jungen Kanals und seiner Endgeräte wird entscheidend für den zukünftigen Erfolg von Medienunternehmen sein. Die innovative Ausrichtung des Senders sollte La 1 dazu bewegen, Innovation in die Reihe seiner Markenwerte aufzunehmen und diesen Wert kontinuierlich umzusetzen. Wiederum sollte Cross-Medialität eine zentrale Rolle in diesem Prozess einnehmen.

---

[26] Vgl. Forrester Research 2010

Stefanie Scheucher

Antena 3: Fernsehen im Internet, am Handy und im TV

Der 1988 gegründete private TV-Sender wird landesweit terrestrisch ausgestrahlt und ist zusätzlich auch in bis zu 18 Ländern in Lateinamerika und den USA empfangbar.[27] Die erste Sendelizenz erhielt Antena 3 im Zuge der Einführung des dualen Rundfunks im jahr 1989. Antena 3 TV ist eines der Tochterunternehmen der Antena 3 Group. Der Sender zeichnet sich durch eine intensive crossmediale Strategie aus.

1   Die Antena 3 Group

Als Teil der Antena 3 Group befindet sich die Mehrheit von Antena 3 TV im Besitz der Verlagsgruppe Planeta de Agostini. Weitere Anteile haben die RTL-Gruppe und die Banc de Sabadell. Circa 30% der Antena 3 Group ist auf Aktionäre aufgeteilt und ein kleiner Teil ist in Eigenbesitz.[28]

Wie in Abbildung 1 ersichtlich, ist die Antena 3 Group ein Netzwerk aus Fernsehen, Film, Radio und Werbung. Das Tochterunternehmen Antena 3 Films produziert Serien und Kino- sowie Fernsehspielfilme. Es hatte im Jahr 2008 Einnahmen von über 21,5 Millionen Euro und lag somit unter den spanischen Filmproduktionsfirmen auf Platz zwei hinter Tele-cino Cinema S.A.U.[29] Antena 3 TV hat einen sehr hohen Anteil an Eigenproduktionen, die beinahe in jeder Prime Time ausgestrahlt werden.

Die Grupo Antena 3 verfügt ebenfalls über zwei Radioprogramme (Onda Cero und Europa FM), die dem Tochterunternehmen Uniprex angehören. Onda Cero ist Spaniens zweitgrößter Radiosender und bietet ein vielfältiges Programm an.[30] Der zweite Radiosender *Europa FM* spricht eher die Zielgruppe der 25- bis 35 jährigen an.[31] Weitere Tochterunternehmen der Grupo Antena 3 sind Antena 3 Multimedia, das unter anderem für den Onlinecontent zuständig ist, Movierecords, Atres Advertising und Antena 3 Eventos.

---

[27] Vgl. RTL-Group 2010b
[28] Vgl. Hans-Bredow-Institut 2009: 651
[29] Vgl. Ministerio de Culura 2009
[30] Vgl. RTL-Group 2010c
[31] Vgl. RTL-Group 2010d

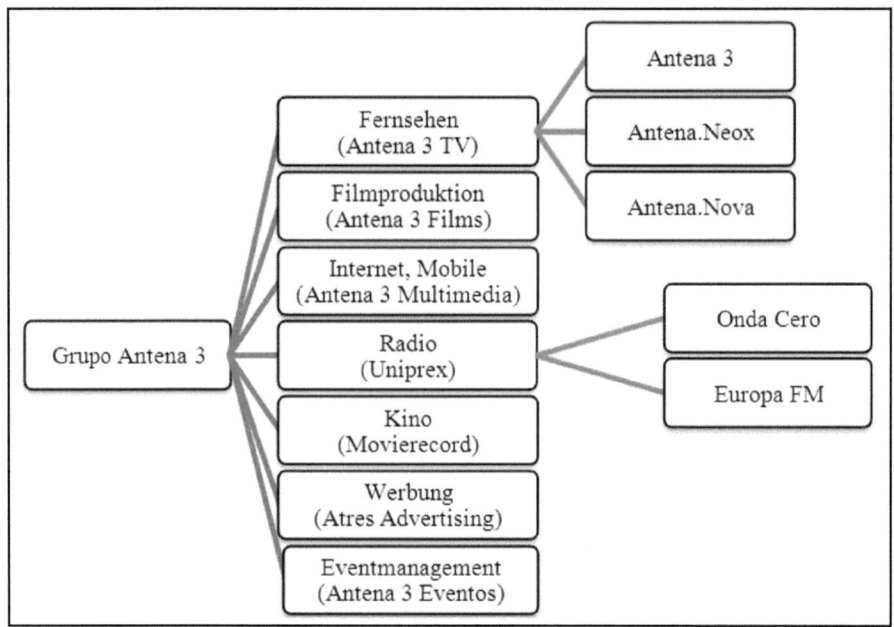

Abbildung 1: Die Tochterunternehmen der Antena 3 Group

Neben Antena 3 gibt es zwei *Spartenkanäle*: Antena.Neox und Antena.Nova. Beide wurden Ende 2005 erstmals ausgestrahlt und sind digital empfangbar. Der Spartenkanal Neox spricht hauptsächlich jüngere Zuschauer an. Nova ist hingegen ein Familiensender für überwiegend weibliches Publikum mit Programminhalten über Gesundheit, Lifestyle, Kochen, Reisen, Freizeit, Information und Unterhaltung.[32] Ende August 2010 ging ein weiterer Spartenkanal auf Sendung: Mit Antena.Nitro soll vor allem die männliche Zielgruppe im Alter von 35 bis 55 angesprochen werden.[33] Der neue Sender komplementiert die vorhandenen Kanäle, so dass unterschiedliche Zielgruppen erreicht werden können. Die Antena 3 Group hat somit drei Fernsehsender, die crossmedial auf drei Plattformen verfügbar sein sollen. So entstand die Strategie 3.0, die im nächsten Abschnitt genauer beschrieben wird.

---

[32] Vgl. RTL-Group 2010b
[33] Vgl. Broadband TV News

2 Die Strategie Antena 3.0

Die Strategie Antena 3.0 – im Mai 2009 gestartet – soll den Sender als ein Medienunternehmen positionieren, das auf *drei* Plattformen (Fernsehen, Internet und Mobilfunk) mit *drei* Sendern (Antena 3, Neox und Nova) präsent ist. Dabei soll der Content für jeden und jederzeit zur Verfügung stehen.[34] Mit Hilfe des Navigators 3.0 kann der Konsument einfach entscheiden wann, wo und wie er auf welchem Medium fernsehen will. Darüber hinaus werden die Zuschauer über ein Laufband auf das Programm der anderen Sender aufmerksam gemacht.[35] So soll mehr Interaktion und direkter Kontakt zu den Zuschauern sowie zu den Web-Usern hergestellt werden.[36]

- *Fernsehen:* Antena 3 verknüpft Fernsehen mit der Homepage. Die selbstprodu-zierte Serie El Internado ist die Serie mit dem höchsten Zuschaueranteil und wird auf allen drei Sendern gleichzeitig ausgestrahlt. Auf Antena 3 wird die Original-version und auf Antena.Neox eine Version mit zusätzlichen Hintergrundinforma-tionen gesendet. Während die Serie auf Antena.Nova ausgestrahlt wird, besteht online die Möglichkeit mit anderen Usern, über die Watch & Chat Applikation zu kommunizieren. Diese Nachrichten werden dann wiederum im Fernsehen ge-zeigt.[37]

- *Internet:* Die Premiere der ersten Folge der fünften Staffel von El Internado fand 36 Stunden vor der Erstausstrahlung im Fernsehen bereits online statt. Ende 2009 wurden bereits über 200 Millionen Videos auf www.antena3.com downgeloadet. Darüber hinaus wurden auf der Homepage über 60 Millionen Pageviews verzeich-net, mit einem monatlichen Durchschnitt von 3,5 Millionen Besuchern.

- *Mobiltelefon:* Der gesamte, auf der Homepage erhältliche Content ist so optimiert, dass dieser auch für Mobiltelefone abrufbar ist. Zusätzlich wurden mehrere iPho-ne-Applikationen entwickelt, so auch Antena 3 Noticias, welche einen Alert-Dienst anbietet, durch den die User immer aktuelle Informationen erhalten.

Antena 3 war zudem das erste europäische private Fernsehunternehmen, das mit der Video-plattform *YouTube* eine Partnerschaft schloss. Im Jahr 2007 wurde ein Vertrag abgeschlos-sen, der YouTube die Ausstrahlung des Contents des Fernsehsenders gestattete, denn viele Videos wurden bereits kostenlos angeboten.[38] Antena 3 und dessen Spartenkanäle sind überdies die ersten Sender weltweit, die ihre Eigenproduktionen mittels iPhone- und Smartphone-Applikationen über die *Sony PlayStation 3* empfangbar machen. Dazu muss über die Playstation 3 online eine Software und die Applikation heruntergeladen werden, um die Serien oder Filme auf der Videospielkonsole ansehen zu können.[39]

---

[34] Vgl. RTL-Group 2009b
[35] Vgl. Grupo Antena 3 2009: 32
[36] Vgl. Ebenda: 46
[37] Vgl. Ebenda: 46ff.
[38] Vgl. ORF.at 2010
[39] Vgl. RTL-Group 2009a

Weiters wurden Kooperationen mit mehreren Unternehmen geschlossen, um den Inhalt der Website mehr Menschen zugänglich zu machen:[40]

- Samsung: Video-On-Demand am TV-Gerät
- Sony Bavaria: Online-Content für Bavaria Internet Video Geräte
- Nintendo: Inhalte für Wii
- Vodafone: mobiles TV sowie einzigartige Vorabpremieren der Serien (24 Stunden vor Erstausstrahlung im TV)
- Nokia: Antena 3 Nachrichten im Ovi App Store.

3 Programmpolitik

Um die Programmpolitik zu analysieren, wird vorerst die Vielfalt der Sendungen dargelegt. Anschließend wird die zeitliche Zusammensetzung der gesendeten Programme aufgezeigt.

3.1 Programmprofil: Strukturelle Programmvielfalt

Nachstehend werden die Anteile der Sendungen am Gesamtprogramm aufgelistet und klassifiziert:

Art des Programms	Anteil am Gesamtprogramm in %	Klassifikation
Nachrichten	4,6	Information
Magazine	16,5	Infotainment
Information	2,8	Information
Service	0,0	Information
Reportagen	1,5	Infotainment
Dokumentation	0,4	Infotainment
Kultur	0,2	Unterhaltung
Bildungswissenschaft	0,0	Infotainment
Regionales, Lokales	0,0	Information
Theater, Kabarett usw.	0,0	Unterhaltung
Kinder-, Jugendprogramm	3,6	Infotainment
Musik	0,0	Unterhaltung
Sport	0,1	Unterhaltung
Spielfilm	9,3	Unterhaltung
Serie	9,8	Unterhaltung
Non-fiktionale Unterhaltung	19,2	Unterhaltung
Teleshopping	9,6	Sonstiges
Sonstiges (Werbung, Trailer, u.ä.)	20,9	Sonstiges

Tabelle 1: Anteil der Sendungen Antena 3

Die Tabelle wurde um die Rubrik Teleshopping und sonstiges Infotainment erweitert, da dieses auf La 1 nicht vorkommt. Im Vergleich zum öffentlich-rechtlichen Sender ist zu sehen, dass Antena 3 weder Bildung, Regionales, noch Theater im Programm hat.

---

[40] Vgl. RTL Group 2010a

Sport und Kultur kommen ebenfalls nur sehr kurz vor. Dies führte auch im Juni 2010 dazu, dass Antena 3 erhebliche Zuschaueranteile verlor, da kein einziges Spiel der Fußball WM in Südafrika übertragen wurde. Der Privatsender Tele5 hatte am Tag des Finales eine Einschaltquote von 34,4%. Die anderen Sender (La 1, LaSexta, Cuatro und Antena 3) hatten hingegen im Schnitt nur 7,4% Zuschaueranteil. Bis zum Jahr 2009 besaß Antena 3 noch die Übertragungsrechte der UEFA-Champions League und erzielte mit diesen Fußballereignissen die höchsten Zuschauerquoten.

Vergleicht man die Programmanteile von Antena 3 mit denen von La 1, ist deutlich zu erkennen, dass La 1 mit 29% einen deutlich höheren Anteil an Information hat (vgl. Abb. 2). Bei beiden Sendern überwiegen die Unterhaltungsprogramme. Teleshopping mit 9,6% und Werbung, Trailer mit einem Programmanteil von 18,7% wurden in die Rubrik sonstiges mit einbezogen. Dies erklärt auch den hohen Anteil von 30,5%. Da Antena 3 viele Magazine ausstrahlt, ist auch der Anteil an Infotainment relativ hoch.

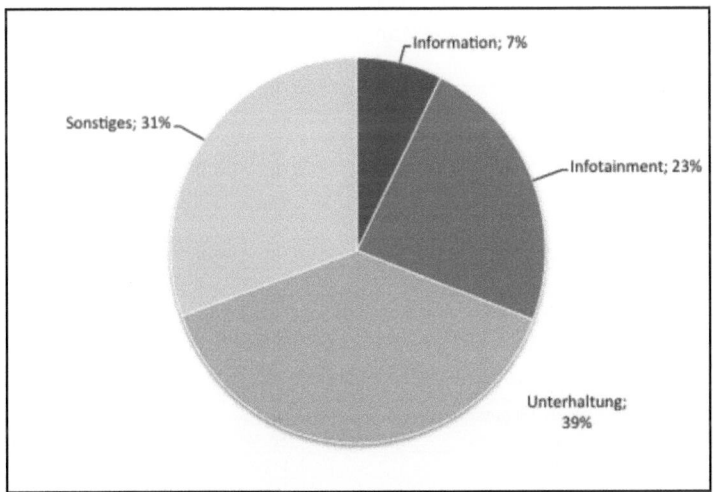

Abbildung 2: Programmprofil Antena 3

Die Unterhaltungsprogramme von Antena 3 sind geprägt von Serien und Filmen. Der Anteil an Eigenproduktionen ist dabei relativ hoch. So werden Montag bis Donnerstag jeden Abend zur Prime Time selbstproduzierte Serien gespielt. Ersichtlich ist dies durch die im Folgenden angeführte Programmanalyse.

3.2 Programmschema

Das Programm gestaltet sich von Montag bis Freitag folgendermaßen:

Zeit	Day Part	Art der Sendungen
7:00 - 10:00	Early Morning	Information und Magazine
10:00 - 17:00	Daytime	Shows, Serien und Filme sowie Information
17:00 - 21:00	Access Prime Time	Magazine und Talkshow
21:00 - 24:00	Prime Time (II)	Shows, Serien und Filme sowie Information
24:00 - 1:30	Late Night	Filme und Magazine
1:30 - 6:00	Over Night	Astro Show und Wiederholungen

Tabelle 2: Horizontale Programmierung Antena 3 Mo.-Fr.

Es ist ersichtlich, dass die Art der Programme in der Zeit von 10:00 bis 17:00 Uhr und von 21:00 bis 24:00 Uhr gleich sind. Dies liegt insbesondere daran, dass es, wie bereits erwähnt, zwei Prime Times gibt. In der Ersten werden ab 16:00 Uhr Filme gesendet. Ersichtlich wird dies in einer zweiten, der vertikalen Analyse der Programmierung.

Day Part	Zeit	Sendung	
Early Morning	6:30 - 8:45	las noticias de la manana	Information
	8:45 - 12:30	Espejo público	Magazin
Daytime	12:30 - 14:00	La ruleta de la suerte	Show
	14:00 - 14:30	Los Simpson	Serie
	14:30 - 15:00	Los Simpson	Serie
	15:00 - 15:50	Antena 3 Noticias 1	Information
	15:50 - 16:00	La previsión de las 4	Information
Prime Time I	16:00 - 17:45	Multicine	Film
Access Prime Time	17:45 - 19:15	3D	Magazin
	19:15 - 21:00	El diario	Talkshow
Prime Time II	21:00 - 21:45	Antena 3 Noticias 2	Information
	21:45 - 22:30	El club del chiste	Show
	22:30 - 00:30	Física o química	Serie
Late Night	00:30 - 2:00	Multicine	Film
Over Night	2:00 - 2:30	Total Impact	Wiederholungen
	2:30 - 4:30	Astro Show	Astro Show
	04:30	Únicos	

Tabelle 3: Vertikale Programmierung Antena 3

Die grau hinterlegten Felder stellen die Formate dar, die sich täglich wiederholen. Während der Woche werden in der zweiten Prime Time immer Serien gespielt, die sich aber täglich abwechseln. So wird zum Beispiel dienstags Física o química, mittwochs El Internado, donnerstags No Soy como tú, usw. gespielt. Das Programm Multicine besteht aus zuge-kauften sowie selbstproduzierten Filmen, die zur ersten Prime Time und auch des Öfteren zur Late Night ausgestrahlt werden.

138

3.3 Hoher Anteil an Eigenproduktionen

Wie bereits erwähnt, strahlt Antena 3 viele eigenproduzierte Serien aus, die vom Tochterunternehmen Antena 3 Films teilweise in HD und demnächst sogar in 3D produziert werden. Etliche davon wurden im Auftrag von Antena 3 produziert und an andere Produktionsfirmen vergeben, so dass die alleinigen Rechte dennoch beim Fernsehsender verbleiben. Dem hohen Anteil an eigenproduzierten Serien stehen zugekaufte Formate wie etwa Los Simpson, Without a Trace, Rex, un Policía Diferente gegenüber. Antena 3 Films produzierte im Jahr 2009 13 Spielfilme, nahm rund 21,5 Mrd. € ein und lag somit auf Platz 2 der spanischen Produktionsfirmen.[41]

Die Eigenproduktionen bieten dem Sender die Möglichkeit, zusätzliche Einnahmen durch den Verkauf von Lizenzen zu erzielen. Antena 3 nutzt bereits diese Gelegenheit und verkaufte Lizenzen von der Serie Fisíca o Química an französische sowie südamerikanische Fernsehsender. Seit Beginn des Sendebetriebes von Antena 3 im Jahre 1990 strahlte der Fernsehsender 336 verschiedene Eigenproduktionen aus.

4 Markenwerte und Markenpositionierung

4.1 Mission Statement

Das Mission Statement der Antena 3 Group lautet: "To be the leader and to gain the recognition of its clients, through the broadcast of an attractive offer, pluralistic and independent, combining information and entertainment to transform this value into advertising revenue".[42] Hieran ist ersichtlich, dass neben der Akquisition von Neukunden auch die Werbeeinnahmen eine beachtliche Rolle spielen. So wird versucht, neue Werbekunden auch durch die Strategie 3.0 zu akquirieren, indem etwa Angebote für alle drei Fernsehkanäle in Verbindung mit Fernsehen und Internet erstellt werden. Daher haben die Werbekunden weniger Ausgaben, werden aber auf Antena 3 und deren Spartenkanälen gesendet, sind auf der Homepage und mobil vertreten und erreichen damit die verschiedenen Zielgruppen.

4.2 Submarken und Markenversprechen

Formatmarken: Wie im bereits dargestellten Programmprofil ersichtlich, liegt das Augenmerk von Antena 3 auf Unterhaltung. Der Fernsehsender hat einen hohen Anteil an Serien und Filmen, die täglich gesendet werden: El Internado, Física o Química, Gavilanes, Doctor Mateo, Los Hombres de Paco, Los Simpsons, Hispania, Glee und Champs 12, um nur einige der Serien zu nennen. Mit Ausnahme der Simpsons werden diese meist Montag bis Donnerstag zur Prime Time um 22:00 Uhr gesendet. Zudem werden laufend neue Serien und Miniserien produziert.

---

[41] Ministerio de Cultura 2009
[42] Vgl. Grupo Antena 3 2009: 17

Die neue Eigenproduktion Hispania wird zurzeit gedreht. Der genaue Zeitpunkt der Erstausstrahlung ist noch nicht bekannt, jedoch existiert bereits eine eigene Homepage der Serie auf antena3.com. Weitere Serien sind: Miénteme, Pasión de Gavilanes, Without a Trace, American Dad, Star Wars: The Clone Wars, Rex un Policía diferente, Eli Stone, uvm., wobei manche nur auf den Spartenkanälen Neox oder Nova gesendet werden.

Im Oktober 2007 wurde die Auftragsproduktion El Internado als beste spanische Serie ausgezeichnet. Sie hatte durchschnittlich vier Millionen Zuschauer und einen Marktanteil von 23,8%. Damit war El Internado die meist gesehene Fernsehserie zur Prime Time. Ein Jahr später wurde El Internado mit dem Preis TP de Oro als beste nationale Serie ausgezeichnet. Mittlerweile gibt es schon sieben Staffeln dieser Produktion von Globomedia.[43] Aufgrund der neuen Mulitmedia-Strategie wird die erfolgreiche Serie seit Mai 2009 auf allen drei Sendern (Antena 3, Neox und Nova) ausgestrahlt. Ebenso werden Bücher, Videospiele sowie Zeitschriften von El Internado publiziert.[44] Eine weitere Eigenproduktion ist Fisica o Quimica. Diese Serie handelt von Schülern und Jugendlichen und deren alltäglichen Problemen und ist ebenfalls sehr erfolgreich. Die einzelnen Folgen der Serien sind auf der Antena 3 Homepage abrufbar. Darüber hinaus kann man viele, vom Sender selbst online gestellte Ausschnitte auf Youtube anschauen (vgl. Kap. 3.5.2). Mit diesen beiden Serien erzielt Antena 3 sehr hohe Einschaltquoten und sie können somit auch als Cash Cows bezeichnet werden. Dadurch entsteht eine hohe Kundenloyalität sowie Markentreue zu diesen Formatmarken.

Personenmarken: Antena 3 zeichnet sich auch durch starke Personenmarken aus. Es gibt viele Personen, die den Fernsehsender nach außen repräsentieren. Jorge Fernández moderiert zwei erfolgreiche Sendungen auf Antena 3: La ruleta de la suerte (Glücksrad) und Esta casa es una ruina. Er erhielt bereits einige Auszeichnungen, unter anderem als bester Fernsehmoderator, spielte in TV-Serien und ist auch ein bekanntes Gesicht in der Werbung.[45] Weitere Personenmarken von Antena 3 sind Susanna Griso, Hauptmoderatorin von Espejo Publico, Sandra Daviu, Moderatorin der Talkshow El Diario und Matias Prats, Nachrichtensprecher der Antena 3 Noticias, der ebenfalls schon einige Auszeichnungen erhielt. Dazu kommt das neue Gesicht der Antena 3.0 Strategie, Nerea Garmendia, eine bekannte Schauspielerin der Serie Los hombres de paco.

Aus dem Mission Statement und den Submarken ergibt sich folgendes Kernversprechen: Unterhaltung zu jeder Zeit. Die Filme und Serien sprechen vor allem eine jüngere Zielgruppe an. Deshalb gilt der Sender als modern und jung. Außerdem ist er aufgrund der neuen Strategie multimedial und äußerst innovativ, was wiederum junge Menschen anspricht.

---

[43] Vgl. RTL-Group 2007
[44] Vgl. Grupo Antena 3 2009: 56
[45] Vgl. Antena3.com 2010

4.3 Hauptmitbewerber: La 1 und Tele5

Im Einführungsartikel dieses Teils ist ersichtlich, dass La 1, Tele5 und Antena 3 die größten Zuschaueranteile aller spanischen TV-Sender auf sich vereinen. Daraus ergeben sich die Hauptmitbewerber von Antena 3. Auf die allgemeinen Unterschiede und Gemeinsamkeiten wird hier nicht mehr genauer eingegangen, da diese bereits in der Analyse von La 1 aufgezeigt wurden. Jedoch gibt es einen weiteren wichtigen Punkt: Antena 3 ist mit seiner multimedialen Strategie einzigartig positioniert. Weder La 1 noch Tele5 bieten ein so umfangreiches multimediales Angebot an. Der öffentlich-rechtliche Sender TVE offeriert zwar eine iPhone-Applikation, diese ist aber nicht für jedes Smartphone geeignet. Des Weiteren hebt sich Antena 3 durch die zahlreichen Eigen- sowie Auftragsproduktionen von den Mitbewerbern ab. Um weiterhin Innovationen anbieten zu können, wird die nächste Staffel der Serie Los Protegidos vollständig im 3D-Format aufgezeichnet. Antena 3 ist der erste Fernsehsender weltweit, der eine gesamte Staffel einer Serie in 3D aufnimmt und dadurch seiner Konkurrenz weit voraus ist. Zudem plant der Sender die ersten zwei Folgen im Kino zu spielen, und zwar noch bevor sie im TV ausgestrahlt werden.[46]

5 Kommunikationspolitik

Für die Analyse der Kommunikationspolitik des Fernsehsenders wird zunächst kurz auf das Corporate Design eingegangen und anschließend die On-Air- sowie die Off-Air-Kommunikation untersucht.

5.1 Corporate Design

Im Gegensatz zu RTVE verfolgt die gesamte Antena 3 Group keine integrierte Kommunikation. Die Werbeagentur Atres Advertising, die zwei Radiosender, das Fernsehen sowie die anderen Tochterunternehmen agieren getrennt und haben deshalb auch kein gemeinsames Corporate Design. Seit 2004 wird das gesamte Design von Antena 3 Television und Antena 3 Films durch die Farben Orange, Schwarz und Grau geprägt.

Abbildung 3: Antena 3 TV und dessen Spartenkanäle

Wie in der oben abgebildeten Grafik ersichtlich, ist das Corporate Design der Spartenkanäle überwiegend an Antena 3 angepasst. Lediglich der neue Sender Antena.Nitro hebt sich ab.

---

[46] Yahoo News 2010

Dies liegt womöglich darin, dass Antena 3, Neox sowie Nova hauptsächlich auf weibliche Zuseher ausgerichtet ist. Nitro ist hingegen ein Fernsehsender für Männer. Die Kombination der Farben Gelb und Schwarz einschließlich des eher kantigen Schriftzuges wirkt härter und aggressiver als die anderen Logos und spricht deshalb auch eher das männliche Publikum an.

Auch die *Werbetrenner*[47] sind im Corporate Design gehalten. Die orange, schwarze sowie graue Farbe und vier Töne tragen zur Wiedererkennung des Senders bei. Diese Elemente sind sowohl in Senderkennspots sowie in Trailern enthalten.

5.2 On-Air-Kommunikation

Die *Station IDs* sind an den Personenmarken ausgerichtet. „Stars" einzelner Formate, wie zum Beispiel El Internado oder auch Nachrichtensprecher, treten gemeinsam auf. In verschiedenen Station IDs tanzen die Personen zu Musik und dies endet, ähnlich wie bei den Werbetrennern, mit dem typischen Antena 3 Jingle und dem Logo. Die Hausfarben Orange und Schwarz sind hier jedoch nicht vorhanden.

Im Gegensatz zu den Station IDs beinhalten die *Trailer* Elemente des Corporate Designs. Zu Beginn werden spannende Ausschnitte der Sendungen oder Filme gezeigt. Im Anschluss oder auch manchmal dazwischen gibt ein Sprecher das Datum sowie die Sendezeit bekannt, was schließlich noch grafisch in oranger Schrift auf schwarzem Hintergrund dargestellt wird. Wie bei den Station IDs ist am Ende jeden Trailers der Antena 3 Jingle zu hören.

5.3 Off-Air-Kommunikation

Antena 3 zeichnet sich durch eine innovative Off-Air-Kommunikation aus. Neben der umfangreichen Homepage ist der Privatsender auch in etlichen Social-Networks vertreten.

Die *Homepage* (www.antena3.com) ist ebenfalls dem Corporate Design angepasst und besteht somit hauptsächlich aus den Farben Orange, Schwarz und Weiß. Auf der Startseite von antena3.com erscheinen viele Informationen über das Programm, Nachrichten sowie Storys über Stars. Durch die vielen Schlagzeilen und Bilder ähnelt sie dem Erscheinungsbild einer Zeitung. Für den User kann dies womöglich etwas verwirrend sein, da die Anordnung unstrukturiert wirkt und keine klare Gliederung vorhanden ist.

Antena 3 bietet für jedes Programm eine eigene Homepage, die über die Hauptseite www.antena3.com erreichbar sind. Hier werden viele zusätzliche Inhalte angeboten, die im TV nicht ausgestrahlt wurden. So sind zum Beispiel Interviews mit Schauspielern oder auch Teile von Serien nur online abrufbar. Auch die Interaktion mit den Usern spielt eine große Rolle. Die „Zone 3 Community" ermöglicht etwa den Usern, Inhalte zu kommentieren und sich mit anderen auszutauschen.

---

[47] Vgl. YouTube 2010c

Im *Modo Salón* wird dem User ein einfacher Zugang zu den Sendungen ermöglicht. Über einen Button, der auf der Startseite gut ersichtlich angebracht ist, gelangt der User in den Modo Salón. Dieser gliedert sich in Serien, Nachrichten, Sendungen und Filme und ermöglicht den Zuschauer werbefreies Fernsehen via Internet. Darüber hinaus bietet der Modo Salón viele Videos in HD-Qualität sowie Augmented Reality. Die Eigenschaften des Internet werden hier mit dem traditionellen TV-Konsum zu Hause verbunden

Die starke cross-mediale Ausrichtung des Senders wurde auch in der Website umgesetzt. Durch das spezielle Design ist diese für alle derzeit am Markt bestehenden Plattformen, IPTV, Smartphones und anderen mobilen Devices, BlueRay, Spielkonsolen sowie Tablet PC's, verfügbar. So ist das Design der Website auch an das iPad angepasst.[48]

Der Fernsehsender nutzt zudem *Facebook*[49] sehr aktiv in seiner Kommunikation. Vor allem Programmhinweise und Videoausschnitte aus Sendungen bzw. Talkshows werden auf der Plattform mehrmals täglich gepostet. Die Anzahl der Fans liegt bei 172.125 (Stand 28.08.2010) und zeigt eine hohe Interaktivität der User, denn fast jeder Beitrag wird kommentiert. Jede einzelne Serie von Antena 3 sowie die Nachrichtensendung ist ebenfalls auf der Social Media Plattform Facebook vertreten. So hat zum Beispiel El Internado seit seiner Gründung Ende 2009 bereits über 231.520 (Stand 28.08.2010) Facebook Fans. In den ersten sieben Monaten schrieben die Fans bereits über 13.500 Kommentare.[50]

Die Plattform *Twitter* wird ebenfalls intensiv genutzt. Jedoch erreicht die Anzahl der Follower von 6.566 (Stand 28.08.2010) bei weitem nicht die Menge an Fans auf Facebook. Alle Posts von Facebook werden automatisch als Tweets auf Twitter veröffentlicht. Mittels Cross-Promotion sollen die User auf die Antena 3 Website gelangen. Auch Serien wie El Internado oder Fisica o Quimica sind auf Twitter vertreten. Auf diesen Profilen wird inhaltlich abgestimmter Content veröffentlicht und gepostet.

Wie in Kapitel 2 bereits erwähnt, ging Antena 3 mit der Videoplattform *YouTube* eine strategische Partnerschaft ein. Mit 33.431 Abonnenten und insgesamt über 170 Millionen Upload-Aufrufen (Stand 28.08.2010) ist die Site sehr gut besucht. Der Fernsehsender stellt fast täglich Videos, Ausschnitte aus Serien, Sendungen oder Nachrichten online. Durch den Button „capitulos completos" gelangen die User in den Modo Salón auf der Antena 3 Website, wo die gesamte Serie zu Verfügung steht.

6   Antena 3 – Quo Vadis?

Antena 3 ist ein innovativer Sender mit innovativen Verbreitungswegen. Der Sender kämpft jedoch mit einem sinkenden Zuschaueranteil. Einst der einzige Privatsender Spaniens und häufig an der Spitze der täglich höchsten Einschaltquote, liegt Antena 3 heute auf dem dritten und vereinzelt sogar auf dem vierten Platz der meist gesehenen Fernsehsender.

---

[48] Vgl. RTL Group 2010a
[49] Vgl. Facebook.com 2010b
[50] Vgl. Antena 3.com 2010

Mit der Strategie 3.0 versucht Antena 3 vor allem die jüngere Zielgruppe anzusprechen und mehr Zuseher zu generieren. Ein Jahr nach Einführung dieser Strategie zeigt sich aber noch keine wesentliche Veränderung bezüglich der Einschaltquoten im TV. Es wurde aber seit einigen Jahren wieder ein Umsatzplus verzeichnet und die Anzahl der Besucher der Website ist ebenfalls stark angestiegen.

Der größte Konkurrent TVE hat nun den großen Vorteil der Werbefreiheit. Es ist denkbar, dass viele Zuseher den öffentlich-rechtlichen Sender deshalb bevorzugen. Denn das spanische Privatfernsehen ist durch die hohe Anzahl an Werbeminuten geprägt und dadurch fühlen sich viele Spanier belästigt.

Vielleicht gelingt es jedoch mittels des Modo Salón und den innovativen Verbreitungswegen mehr Zuseher zu erlangen und deren Loyalität zu gewinnen.

Literaturverzeichnis

AIMC (2010): EGM Resumen General Abril de 2009 a Marzo de 2010. http://download.aimc.es/aimc/02egm/resumegm110.pdf, Stand 05.05.2010

Antena 3.com (2010): http://www.antena3.com/, Stand 24.08.2010

Blum, R. (2005): Bausteine zu einer Theorie der Mediensysteme. In: Medienwissenschaft Schweiz 2/2005. 2. S. 5-11.

Broadband TV News (2010): Antena 3 launches new terrestrical channel. http://www.broadbandtvnews.com/2010/07/09/antena-3-launches-new-terrestrial-channel/, Stand 16.07.2010

Bundeskanzleramt Rechtsinforamationssystem (1998): EMRK, Art. 10. http://www.ris.bka.gv.at/ Dokument.wxe?Abfrage=Bundesnormen&Dokumentnummer=NOR12016941, Stand 05.05.2010

CIS – Centro de Investigaciónes Sociológicas (2010): Barómetro de Mayo. http://www.rtve.es/ contenidos/documentos/cis_mayo_2010.pdf, Stand 21.06.2010

De Mateo, R. (2009): Das Mediensystem Spaniens. In Hans-Bredow-Institut (Hrsg.): Internationales Handbuch Medien 2009. Baden-Baden 2009.

Facebook.com (2010a): RTVE.es fanpage. http://www.facebook.com/home.php?#!/rtve?ref=search, Stand 02.07.2010

Facebook.com (2010a): Antena 3 fanpage, http://www.facebook.com/#!/antena3, Stand 25.08.2010

Forrester Research (2010): Tablets to Outsell Netbooks by 2012. See http://www.forrester.com/ER/Press/Release/0,1769,1340,00.html (18 June 2010)

Grupo Antena 3 (2009): Anual and corporate responsibility report 2009

Hans-Bredow-Institut (Hrsg.): Media Systems (Country Reports) 2006, http://ec.europa.eu/avpolicy/docs/library/studies/coregul/annex_4_en.pdf, Stand 08.03.2010

InfoAdex (2010): Resumen Estudio Inversiones 2010, http://www.infoadex.es/estudios/resumen2010.pdf

iTunes(2010): RTVE Noticias y Directos. http://itunes.apple.com/ch/app/rtve-noticias-y-directos/id344472880?mt=8#, Stand 02.07.2010

ITVE (2005): Television International Key Facts 2005. http://www.ipb.be/upload/album/AP_4077.pdf, Stand 08.05.2010

ITVE (2008): Economic analysis of television in Spain 2008. http://www.international-television.org/tv_market_data/tv-market-spain.html, Stand 27.5.2010

ITVE (2009): Television International Key Facts 2009. http://www.international-television.org/tv_market_data/international-tv-key-facts.html, Stand 08.05.2010

IRIS Merlin (2006): Spanien. Neues Gesetz zum landesweiten öffentlich-rechtlichen Hörfunk und Fernsehen. http://merlin.obs.coe.int/iris/2006/6/article19.de.html, Stand 05.05.2010

IRIS Merlin (2010a): Spanien. RTVE-Finanzierungsgesetz verabschiedet. http://merlin.obs.coe.int/iris/2010/1/article18.de.html, Stand 05.03.2010

IRIS Merlin (2010b): Spanien. Neues spanisches audiovisuelles Gesetz. http://merlin.obs.coe.int/iris/2010/4/article21.de.html, Stand 03.05.2010

IRIS Merlin (2010c): Spanien. Entwurf eines Gesetzes für AV Medien. http://merlin.obs.coe.int/iris/2010/1/article19.de.html, Stand 03.05.2010

Köster, I. (2008): Fernsehkultur. Kulturelle und ökonomische Einflüsse auf institutionelle Strukturen im westeuropäischen Fernsehen. Berlin, LitVerlag.

Ministerio de Cultura (2009): http://www.mcu.es/cine/MC/CDC/Anio2009/CineProductoras.html, Stand 26.07.2010

Nielsen (2010): Global AdView Pulse Report Presseaussendung. http://de.nielsen.com/news/ NielsenPressemeldung06.04.2010-GlobalAdView2009.shtml, Stand 14.06.2010

ORF.at (2010): YouTube Europa vor dem Start. http://futurezone.orf.at/stories/200806, Stand 20.07.2010

RTL-Group (2007): TV- und Radioprogramme der Antena 3 Group gewinnen zwei Ondas Awards. https://backstage.rtlgroup.com/public/htm/ge/dailynews_C8BDA1C0FF244616945E91FF854F7B3E.aspx, Stand 26.07.2010

RTL-Group (2009a): Antena 3 ab sofort auch auf der Playstation 3. https://backstage.rtlgroup.com/public/htm/ge/dailynews_1689F61A3AB74CA2A84F583239009238.aspx, Stand 20.07.2010

RTL-Group (2009b): Die Implementierung der 3.0 Strategie. http://www.rtlgroup.com/www/htm/home_news.aspx?ID=54648F7219554DFA988A8AAA1AA815F6, Stand 20.07.2010

RTL-Group (2010a): Auf allen Plattformen verfügbar. https://backstage.rtlgroup.com/public/htm/ge/dailynews_1BD7CE1EF2924F67AFCBAEF301BE8F5D.aspx, Stand 24.08.2010

RTL-Group (2010b): Television. http://www.rtlgroup.com/www/htm/operationstelevision.aspx, Stand 20.07.2010

RTL-Group (2010c): Radio Onda Cero. http://www.rtlgroup.com/www/htm/operationsradio_D6081B5C379F4AC5B19B1CD3881381F6.aspx, Stand 25.07.2010

RTL-Group (2010d): Radio Europa FM. http://www.rtlgroup.com/www/htm/operationsradio_B912DE30F686496CB5E7920D49AA0416.aspx, Stand 25.07.2010

RTVE.es (2008): RTVE presenta su nueva imagen corporativa. http://www.rtve.es/noticias/20080607/rtve-presenta-nueva-imagen-corporativa/79590.shtml, Stand 21.06.2010

RTVE.es(2010): Arranca la 2a edición de los premios INVI. http://www.rtve.es/premios-invi/, Stand 02.07.2010

Teletexto.com: Programación de LA 1. http://www.teletexto.com/teletexto.asp?tv=n&programacion=LA 1&f=07/06/2010, Stand 08.06.2010

Twitter (2010): RTVE Seite. http://twitter.com/rtve, Stand 02.07.2010

Antena 3 Seite. http://twitter.com/antena3com, Stand 28.08.2010

Yahoo News (2010): Spanish channel announces 'world's first 3-D TV series'. http://ca.news.yahoo.com/s/afp/100719/entertainment/entertainment_spain_television_technology_tv, Stand: 25.07.2010

YouTube (2010a): TVE-1. Cortinillas (2010). http://www.youtube.com/watch?v=Y3dw-2HAXkY&feature=related, Stand 21.06.2010

YouTube (2010b): Kanal von Antena 3. http://www.youtube.com/user/antena3#p/u, Stand 28.08.2010

YouTube (2010c): Cortinilla Antena 3. http://www.youtube.com/watch?v=DbwXUL09skg&feature=related, Stand 28.08.2010.

IV. Vielfalt, Wettbewerb und die Suche nach der Lücke: TV-Markenführung in Deutschland

Krista Aumüller, Christina Hirsch, Elisabeth Hofstätter
Rahmenbedingungen

1   Bundesländer regieren Rundfunk
2   Technologische Entwicklungen
3   Rezipientenmarkt
4   Angebotsstruktur

Christina Hirsch, Kati Förster
ZDF – Ihr gutes öffentliches Recht?

1   Das ZDF als öffentlich-rechtlicher TV-Sender
2   Strategische Markenanalyse ZDF
   2.1   Markenidentität
   2.2   Markenwerte
   2.3   Positionierung durch öffentlich-rechtlichen Auftrag
   2.4   Format- und Genremarken des ZDF
3   Programmanalyse ZDF
   3.1   Programmprofil – Schwerpunkt Information
   3.2   Programmschema – Nachrichten und Schwerpunkttage
   3.3   Programmportfolio – Erfolgsfaktor Eigenproduktion
4   Kommunikationsanalyse ZDF
   4.1   Corporate Design
   4.2   On-Air-Kommunikation
   4.3   Off-Air-Kommunikation
5   Fazit

Krista Aumüller
"Made by RTL"

1   Die RTL-Group: Gute Unterhaltung in zehn Ländern
2   Von „Erfrischend anders" zu „Mein RTL"
   2.1   Markenidentität und Markenphilosophie
   2.2   RTL als Sender für die ganze Familie: Markenpositionierung und -versprechen
   2.3   Submarken von RTL

Elisabeth Hofstätter

ProSieben: Die Entertainmentwelt von Stefan Raab

Thomas Fröhlich

Sky Deutschland - Programmvielfalt im deutschen Medienmarkt?

Krista Aumüller, Christina Hirsch, Elisabeth Hofstätter

Rahmenbedingungen

1 Bundesländer regieren Rundfunk

Deutschland beheimatet auf einer Fläche von 357.104 km² etwa 82,2 Millionen Menschen.[1] Die Medienlandschaft in Deutschland wurde vor allem durch den zweiten Weltkrieg bzw. die alliierten Siegesmächte geprägt. Nachdem die Nationalsozialisten zwischen 1933 und 1945 die Kontrolle über die Medien innehatten, sorgten die Alliierten nach Kriegsende für eine Neuordnung des Mediensystems. In der DDR war das Mediensystem zentralistisch organisiert und stand unter der Kontrolle der Abteilung für Agitation und Propaganda der Sozialistischen Einheitspartei Deutschlands (SED). Selbst die Nachrichtenagentur ADN war während dieser Zeit in staatlichem Eigentum. Nach der deutschen Vereinigung wurden in den neuen Bundesländern die Rahmenbedingungen für Medien gemäß dem Grundgesetz und der Rechtsprechung des Bundesverfassungsgerichtes adaptiert und weisen nun mit jenen in den alten Bundesländern eine hohe Ähnlichkeit auf.[2]

Auch das Mediensystem in Deutschland unterliegt europäischen Regelungen. Für den TV-Markt ist vor allem die audiovisuelle Mediendienstrichtlinie zu nennen, die seit 2007 die Mindeststandards für alle europäischen Länder regelt.[3]

Auf nationaler Ebene sind im Gegensatz zu anderen Ländern in Deutschland die Bundesländer für Kultur und Medien zuständig. Die Landesrundfunkgesetze bilden die rechtliche Grundlage für den öffentlich-rechtlichen Rundfunk, die Landesmediengesetze übernehmen diese Funktion für den privaten Rundfunk. Da den einzelnen Ländern die Verantwortung der Medien obliegt, werden die Vereinbarungen zwischen den Bundesländern durch Staatsverträge geregelt. Treten Streitigkeiten bezüglich der Verfassungsmäßigkeit von Gesetzen oder Staatsverträgen auf, ist das Bundesverfassungsgericht zuständig.[4] Deutschland verfügt über kein „Bundesrundfunkgesetz". Das *Grundgesetz* übt jedoch einen starken Einfluss auf die Entwicklung des Rundfunks aus. Es garantiert Meinungs- und Rundfunkfreiheit und verhindert den staatlichen Einfluss auf den Rundfunk. Neben dem Grundgesetz sind vor allem die Landesrundfunkgesetze, der Staatsvertrag für Rundfunk und der Jugendmedienschutz-Vertrag von Bedeutung.[5]

---

[1] vgl. o.V. o.J.
[2] vgl. Dreier 2006: 257
[3] vgl. ebd.: 261
[4] vgl. ebd.
[5] vgl. ebd.: 257

Für den privaten Rundfunk spielt das Modell des *Außenpluralismus* eine wichtige Rolle, im Gegensatz zum öffentlich-rechtlichen, für den der *Binnenpluralismus* von Bedeutung ist: Ein vielfältiges Angebot soll im privaten Rundfunk durch eine Vielzahl an unterschiedlichen Anbietern erreicht werden (Außenpluralismus). Die Aufsicht über den privaten Rundfunk obliegt den 14 Landesmedienanstalten, wobei jedes Bundesland über eine eigene Anstalt verfügt. Ausgenommen davon sind Berlin und Brandenburg sowie Hamburg und Schleswig-Holstein, die sich je eine gemeinsame Landesmedienanstalt teilen. Die einzelnen Landesmedienanstalten sind für die Lizenzierung der Veranstalter und die Kontrolle der Einhaltung der gesetzlichen Bestimmungen sowie die Beobachtung der Entwicklung des Rundfunkangebotes bezogen auf die Ausgewogenheit und Vielfalt verantwortlich. Finanziert werden diese Anstalten durch einen Anteil von 2% der Rundfunkgebühren.[6]

2 Technologische Entwicklungen

Digital TV: Laut Digitalisierungsbericht 2009[7] verwendeten mehr als die Hälfte der deutschen TV-Haushalte (55%) zur Jahresmitte 2009 mindestens eine digitale Empfangsmöglichkeit. Bei einer linearen Fortschreibung dieser Entwicklung könnte der Vollumstieg spätestens zum Jahr 2014 vollzogen sein. Durch die Digitalisierung wird die Medienlandschaft zunehmend komplexer, da das Angebot an Kanälen steigt und somit auch die Wettbewerbsintensität zunimmt.

Mobile TV: Insgesamt muss festgestellt werden, dass sich das Geschäftsmodell Mobile TV noch nicht am Markt bewährt hat.[8] Ein deutsches Mobile TV Angebot der Firma „Mobiles Fernsehen Deutschland" wurde 2005 gestartet; es umfasste fünf Fernsehprogramme (ZDF, N24, ProSiebenSatEins-Mobile, MTV, BigFM) und verbuchte 15.000 Kunden. Im Mai 2008 wurde das Angebot allerdings wieder eingestellt und die DVB-H-Lizenzen an die Landesmedienanstalten zurückgegeben. Eine mobile Übertragung via DVB-T ist theoretisch in ganz Deutschland möglich, wird jedoch wenig und hauptsächlich auf Notebooks genutzt. Bisher gibt es nur eine geringe Nachfrage und eine schwache Zahlungsbereitschaft, wodurch kostenpflichtige Angebote nur schwer durchzusetzen sind.

IPTV: IPTV ist die Übertragung von audiovisuellen Inhalten am Fernsehgerät über das Internetprotokoll. Der Mehrwert liegt in interaktiven Anwendungen und einer zeitunabhängigen Nutzung. Nach Angaben des Branchenverbandes BITKOM nutzten Ende 2008 lediglich 536.000 Kunden IPTV. Das Marktpotenzial wird als eher gering eingeschätzt, da eine hohe Anzahl an Programmen auch bisher frei verfügbar ist, also keine Zahlungsbereitschaft für IPTV gegeben ist, aber Kosten für eine Umrüstung anfallen.

Web TV: Im Unterschied zu IPTV werden hier Bewegtbilder auf Webseiten angeboten und am Computer konsumiert. Die Qualität dieser Angebote ist im Vergleich schlechter. Als Beispiel für Web-TV in Verbindung mit User-Generated Content kann YouTube genannt werden.[9]

---

[6] vgl. ebd: 261
[7] vgl. ZAK 2009
[8] vgl. o. V. (11.02.2009)
[9] vgl. o. V. (o. J.)

3 Rezipientenmarkt

Aus der *ARD-ZDF* Onlinestudie ist ersichtlich, dass sich die Fernsehnutzung seit 1997 kontinuierlich gesteigert hat. Im Jahr 2006 erreichte der Fernsehkonsum mit 235 Minuten seinen Höhepunkt. In den darauffolgenden Jahren blieb die Fernsehnutzung nahezu unverändert. Im vergangenen Jahr lag die durchschnittliche Nutzung bei 228 Minuten. Damit liegt Fernsehen deutlich vor dem Hörfunk und dem Internet und bleibt das beliebteste Medium der Deutschen.

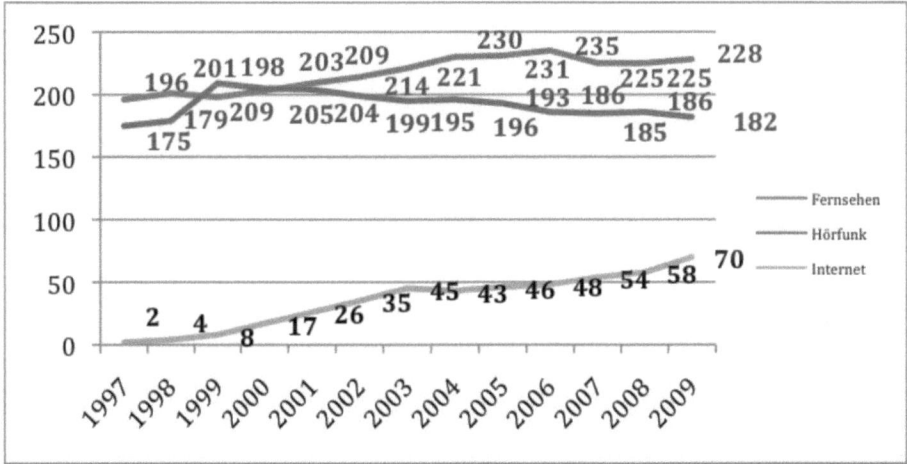

Abbildung 1: Mediennutzung von 1997 bis 2009

(Basis: Onlinenutzer ab 14 Jahre in Deutschland (2009: n=1212, 2008: n= 1186, 2007: n=1142, 2006: n=1084, 2005: n= 1075, 2004: n=1002, 2003: n=1046, 2002: n=1011, 2001: n=1001, 2000: n=1005, 1999: n=1002, 1998: n=1006, 1997: n=1003) Quellen: (1) AGF/GfK, jeweils 1. Halbjahr (2) MA 98/I, MA 99, MA 2000, MA 2001/I, MA 2002/I, MA 2003/I, MA 2004/I, MA 2005/I, MA 2005/II, MA 2006/II, MA 2007/II, MA 2008/I, MA 2009/I (3) ARD-Onlinestudie 1997, ARD/ZDF-Onlinestudie 1998 – 2009, Quelle: o.V. 2010)

4 Angebotsstruktur

Wie in beinahe allen europäischen Ländern herrscht auch in Deutschland ein duales Rundfunksystem: Öffentlich-rechtliche Rundfunkanstalten stehen privatwirtschaftlichen Medienunternehmen gegenüber. Letztere haben sich aus dem Printbereich heraus entwickelt und sind bereits international aktiv. Die größten Medienunternehmen in Deutschland sind die Bertelsmann AG, gefolgt von Springer, Holtzbrinck, Bauer und Burda.[10]

---

[10] vgl. ebd.: 257f.

Der *öffentlich-rechtliche* Rundfunk orientierte sich in seiner Struktur stark an der britischen BBC. Von etwa 40.000 Personen, die im Rundfunk beschäftigt sind, arbeiten drei Viertel bei öffentlich-rechtlichen Veranstaltern. Im Gegensatz zu privaten Rundfunkveranstaltern, die sich vor allem in Bayern, Nordrhein-Westfalen und Berlin/Brandenburg befinden, sind die öffentlich-rechtlichen regional in allen Bundesländern verteilt.[11] Die Aufgabe des öffentlich-rechtlichen Rundfunks ist die *Grundversorgung* der deutschen Bevölkerung mit Rundfunkprogrammen. Dies erfolgt mittels der beiden national ausgestrahlten Vollprogramme ARD und ZDF. Weiters gibt es acht werbefreie und regionale dritte Programme, die ursprünglich auf Bildung und Kultur ausgerichtet waren. Zum öffentlich-rechtlichen Rundfunk in Deutschland zählen auch die Spartenkanäle Phoenix und der Kinderkanal. Außerdem gibt es Kulturprogramme, die mit ausländischen Partnern betrieben werden, wie beispielsweise 3Sat (Kooperation von ARD, ZDF, ORF, SRG) oder der deutsch-französische Kulturkanal Arte (Kooperation von ARD, ZDF und der französischen La Sept).[12] Die Spartensender und auch die Dritten Programme des öffentlich-rechtlichen Rundfunks fokussieren sich auf Kultur, Bildung und Information. ARD und ZDF, die beiden nationalen Vollprogramme, hingegen zeichnen sich vor allem durch Nachrichten und Informationssendungen aus. Daher konkurrieren sie auch mit den privaten TV-Sendern im Unterhaltungsbereich.[13]

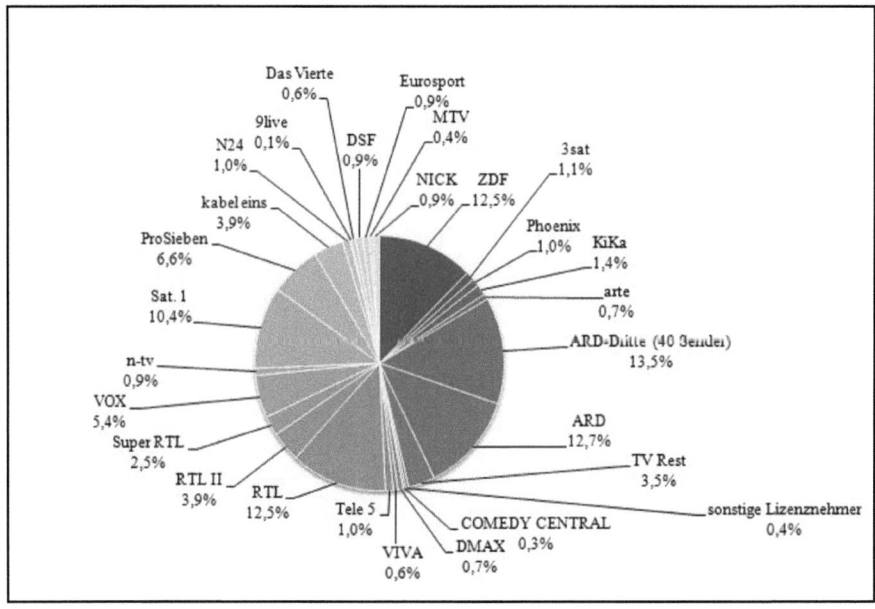

Abbildung 2: Marktanteile der AGF- und Lizenzsender im Tagesdurchschnitt 2009, (Basis: Zuschauer ab 3 Jahren, Montag-Sonntag, 03:00-03:00 Uhr, TV Gesamt: 212 Minuten); Quelle: AGF/GFK Fernsehforschung, TV Scope, Fernsehpanel D+EU

---

[11] vgl. Dreier 2006: 263
[12] vgl. ebd.: 264
[13] vgl. ebd.

Das Besondere im deutschen TV-Markt ist die Vielzahl der kommerziellen, frei empfangbaren Rundfunkprogramme. Wie aus dem Diagramm ersichtlich ist, sind RTL, Sat.1 und ProSieben die Marktführer unter den Privaten. Die öffentlich-rechtlichen Sender ARD und ZDF erreichten 2009 einen höheren bzw. gleichen Marktanteil als bzw. wie die privaten TV-Sender. Der Markt der Privatsender ist dabei vor allem durch zwei Medienunternehmen geprägt: Die Mediengruppe RTL Deutschland und die ProSiebenSat1 Media AG. In der folgenden Markenanalyse werden das ZDF als öffentlich-rechtlicher Sender, RTL und ProSieben als wichtige Privatsender sowie Sky als Pay-TV-Sender näher betrachtet.

Literaturverzeichnis

Dreier, H. (2006): Das Mediensystem Deutschlands, in: Hans-Bredow Institut (Hrsg.): Medien von A bis Z, Wiesbaden, S. 257-267

Kommission für Zulassung und Aufsicht (ZAK) der Landesmedienanstalten (Hrsg.) (2009): Digitalisierungsbericht 2009, http://www.alm.de/fileadmin/forschungsprojekte/GSDZ/ Digitalisierungsbericht_2009/2009-09_Digitalisierungsbericht.pdf, zuletzt aufgerufen am 28.8.2010

o. V. (11.02.2009): Mobile-TV: Halbe Mrd. Nutzer bis 2013, http://www.innovations-report.de/html/berichte/kommunikation_medien/mobile_tv_halbe_mrd_nutzer_2013_127167.html, zuletzt aufgerufen am 28.8.2010

o.V. (2010): ARD-ZDF Onlinestudie Mediennutzung, http://www.ard-zdf-onlinestudie.de/index.php?id=190, zuletzt aufgerufen am 31.08.2010.

o. V. (o. J.): Mobile TV, IPTV, Web TV, http://www2.uni-jena.de/oeko/Medienwirtschaft/ Sattelberger/Referat%20Mobile%20TV.pdf , zuletzt aufgerufen am 28.8.2010

o.V. (o.J.): Deutschland auf einen Blick, http://www.deutschland.de/ Deutschland_auf_einen_Blick.8+M54a708de802.0.html?&no_cache=1&sword_list[0]=einwohner, zuletzt aufgerufen am 29.08.2010

Christina Hirsch, Kati Förster

ZDF – Ihr gutes öffentliches Recht?

"Guten Abend meine Damen und Herren. Ohne eine feierliche Eröffnung, inmitten aus dem Alltag der Arbeit, begrüße ich Sie als die Zuschauer des Zweiten Deutschen Fernsehens."

Intendant Karl Holzamer 1963 zur Begrüßung der ZuschauerInnen

1   Das ZDF als öffentlich-rechtlicher TV-Sender

Das ZDF, gegründet 1963, ist ein öffentlich-rechtlicher Fernsehsender in Deutschland (mit Sitz in Mainz) und zählt zu den größten TV-Unternehmen in Europa. Als ein nahezu reines Fernsehunternehmen gestaltet das ZDF, anders als die ARD, keine Radioprogramme.[14] Dafür ist es umso mehr im Internet engagiert und veröffentlichte zum Beispiel 2007 die Mediathek, welche den Hauptbestandteil des ZDF-Onlineangebots bildet. Auf der Plattform stehen die Sendungen der letzten sieben Tage zur Verfügung. Außerdem betreibt das ZDF mehrere digitale Spartenkanäle:

- Der *ZDFinfokanal* bietet Wissenswertes aus den Bereichen Kultur, Wirtschaft und Wissenschaft sowie Nachrichten.
- *ZDFneo* präsentiert eine Mischung aus Factual Entertainment-Formaten, Servicesendungen, Dokumentationen, Musiksendungen, Spielfilmen, internationalen Serien und Comedys. ZDFneo soll als attraktive öffentlich-rechtliche Alternative für jüngere Zuschauer fungieren und wird als erster großer Schritt zur Bildung einer Senderfamilie angesehen.
- Der *ZDFtheaterkanal* liefert einen umfassenden Einblick in die Welt des Theaters.[15]

Gemäß ZDF Staatsvertrag sind die Länder Träger der gemeinnützigen Anstalt des öffentlichen Rechts mit dem Namen "Zweites Deutsches Fernsehen (ZDF)" und sichern die finanziellen Grundlagen des ZDF. Das ZDF betreibt (neben seinem Hauptprogramm) in Zusammenarbeit mit anderen Rundfunk- bzw. Fernsehanstalten folgende Fernsehprogramme: ZDF HD, 3sat, Phoenix, ARTE, KI.KA. Laut ZDF Staatsvertrag §29 deckt der Sender seine Ausgaben durch Erträge aus der Fernsehgebühr, aus Werbung sowie aus sonstigen Erträgen. Im Jahr 2009 betrug das Operating Budget 2,049 Mio. Euro; davon stammten 86% aus Gebühreneinnahmen und jeweils etwa 7% aus Werbung/ Sponsoring sowie sonstigen Erträgen.[16] Heute zieht die Gebühreneinzugszentrale (GEZ) einen Gesamtbetrag von 17,98 EUR monatlich pro Haushalt ein, von denen 4,74 EUR zum ZDF gelangen.[17] Werktäglich dürfen höchstens bis zu 20 Minuten Werbung ausgestrahlt werden. Nach 20 Uhr und an Sonn- und Feiertagen ist es für das ZDF generell verboten, Werbung zu senden.[18]

---

[14]Vgl. Anschlag/ Bartels 2010
[15]Vgl. o. V. 2010
[16]Vgl. o.V. 2010b
[17]Vgl o. V. 2010c
[18] Vgl. o. V. 2010d

2 Strategische Markenanalyse ZDF

2.1 Markenidentität

Zur Beschreibung der Markenidentität wird das Modell von Meffert et al. verwendet und in einer Outside-in-Perspektive auf die Sendermarke ZDF übertragen:[19]

Marke als Produkt:
- Geografische Verankerung: „Made-in Deutschland" ist wesentlich für die Programme des Senders: Das ZDF verbucht den höchsten Anteil an in Deutschland produzierten Inhalten.[20]
- Technisch-qualitative Gestaltung: Das ZDF möchte als Vorreiter der Digitalisierung und der Online-Angebote gelten. Dazu wurde unter anderem die Mediathek eingeführt.
- Visuelle Gestaltung: Die visuelle Gestaltung des ZDF bleibt trotz vieler Neuerungen seriös und qualitativ hochwertig. Durch einen Styleguide sollen alle Auftritte vereinheitlicht und das Erscheinungsbild bei den Zuschauern verankert werden.

Marke als Organisation:
- Unternehmenstradition: Das ZDF blickt auf eine lange Tradition zurück, der es einen fixen Platz in Deutschlands TV-Haushalten verdankt.
- Konzernzugehörigkeit: Das ZDF wird als Dachmarke geführt und betreibt neben dem Hauptprogramm noch die digitalen Spartenkanäle. Mit dem neu formierten Digitalkanal ZDFneo begann die Bildung einer Senderfamilie, die unterschiedliche Zielgruppen unter dem Dach des ZDF vereinen soll.[21]

Marke als Symbol:
- Markenhistorie: Es gibt eine lange Tradition der Marke ZDF, in der Glaubwürdigkeit und Qualität langfristig aufgebaut wurden. Allerdings findet kein explizites Story Telling statt.
- Name, Zeichen: Das ZDF Logo wirkt durch die Farbe orange frisch und modern. Auch die Zahl 2 – das ZDF startete als zweites Programm nach der ARD – wurde integriert.

Marke als Person:
- Typische Verwender: Typische ZuschauerInnen sind Menschen ab 50, die kultur- und/oder sportinteressiert sind und sich informieren und unterhalten werden wollen.
- Kulturelle Verankerung: Das ZDF hat durch sein langes Bestehen einen fixen Platz in der deutschen Medienlandschaft. Die in Deutschland produzierten und auf das deutsche Publikum ausgerichteten Programme spiegeln die deutsche Gesellschaft wider.
- Markteintrittszeitpunkt: Das ZDF war kein First Mover sondern Follower. Diese Tatsache wird auch in die Kommunikation eingebaut. Zu Beginn war die Assoziation mit „Das Zweite" negativ behaftet, es gab ohnehin nur zwei Sender, heute hat sich das geändert und bei der großen Anzahl an Sendern an der zweiten Stelle zu stehen, ist positiv zu bewerten.

---

[19] Vgl. Meffert/Burmann/Koers 2002: 51
[20] Vgl. Krüger 2010: 176ff
[21] Vgl. Promedia 2010

Zur besseren Darstellung der Marke ZDF soll eine kurze *Persona*-Beschreibung dienen. Diese wurde im Rahmen eine qualitativen, projektiven Untersuchung mit 21 in Österreich wohnhaften Probanden vorgenommen (starke TV-Nutzung, geringes Einkommen, durchschnittlich 21,75 Jahre). Obgleich diese Untersuchung nicht als repräsentativ gelten kann, so gibt sie doch einen ersten Einblick in die Wahrnehmung des Senders. Im ersten gewählten Verfahren – der *Personifizierung* – wurden die ProbandInnen gebeten, den Sender als Person zu zeichnen und verschiedene Fragen zum Aussehen, Verhalten und sozialen Umfeld zu beantworten: Alle vier Probanden, die das ZDF als Person darstellen sollten, waren sich einig, dass es sich hierbei um einen mindestens 45-jährigen Mann mit grauen Haaren handelt. Diese männliche Person wird als eher einkommensstark mit mindestens € 3.000 pro Monat mit einem eher traditionellen Beruf, wie Bankangestellter oder Steuerberater beschrieben. Die Befragten sehen das ZDF außerdem in Business- bzw. konservativer Kleidung und als Brillenträger. Außerdem meinen 75% der Befragten, dass das ZDF ein Handy der Kategorie „Fashion" besitzt und nennen Stichworte wie „Iphone", „Blackberry" oder „Smartphone". Diese Aussagen lassen das ZDF einerseits als eher konservativ erscheinen. Andererseits kann hier auch eindeutig eine Assoziation zu Intelligenz und auch Erfolg gesehen werden. Dadurch entsteht der Eindruck, dass das ZDF zwar als älterer Herr gesehen wird, der allerdings durchaus versucht, auf dem Stand der Technik zu sein. Betrachtet man die dem ZDF zugeordneten Hobbies, so fällt auf, dass dem Sender eine hohe soziale Orientierung zugeschrieben wird: Vor allem sportliche Freizeitaktivitäten, wie Fußball, Eishockey, Tennis, Skifahren oder Golfspielen, werden häufig genannt. Außerdem interessiert sich die Person für Politik- und Börsennachrichten, Musik, raucht gerne Zigarren und trinkt Wein und Cognac. Auch hier zeigt sich wieder das Bild des älteren Mannes, der durchaus aktiv, interessiert und zeitgemäß ist.

Auch weitere assoziative Verfahren zeigten ähnliche Ergebnisse. Besonders auffällig – im Vergleich zu anderen Sendern – bei der Auswertung der Projektiven Verfahren ist, dass die ProbandInnen, die angaben, kein klares Bild vom ZDF zu haben, weil sie den Sender nicht häufig ansehen, das ZDF als deutlich altmodischer, konservativer und für sie selbst uninteressanter einschätzten. Die Probanden, die den Sender häufiger oder regelmäßig nutzen, empfanden das ZDF durchaus als aktuell, trendorientiert, interessant und relativ modern. Es stellt sich also die Frage, inwiefern das Programm des Senders eine junge Zielgruppe anzusprechen vermag oder mit anderen Worten, inwiefern das eher konservative Image des Senders durch die derzeitige Programm- und Kommunikationspolitik widergespiegelt wird.

2.2 Markenwerte

Das ZDF veröffentlicht auf seiner Website ein umfangreiches Dokument zum „Wert des ZDF für die Menschen in Deutschland", der sich dadurch ergibt, dass sich das ZDF als öffentlich-rechtliches Programmangebot von kommerziellen Angeboten durch die Werte unterscheidet, die es für den Einzelnen und für die Gesellschaft schafft. In verkürzter Form liefert das ZDF, nach eigenen Angaben, der deutschen Gesellschaft folgende Werte:

- Demokratischer Wert: Das ZDF fördert offenen Interessens- und Meinungsaustausch.
- Integrations-Wert: Das ZDF berichtet umfassend, unparteiisch und unabhängig über politische und gesellschaftliche Hintergründe.
- Preis-Wert: Das ZDF bietet freien Zugang zu Medienangeboten und die Garantie eines kostengünstigen Angebots auf allen technischen Verbreitungsplattformen.
- Orientierungs-Wert: Das ZDF bietet Information und Orientierung in einer komplexen Welt.
- Kultureller, innovativer Wert: Das ZDF hält das kulturelle Erbe der Gesellschaft lebendig.
- Unterhaltungs-Wert: Das ZDF zeigt mitreißende Unterhaltung und einzigartige Erlebnisse.
- Wissens-Wert: Das ZDF erweitert Horizonte und trägt zum Verständnis der modernen Welt bei.
- Zukunfts-Wert: Das ZDF fungiert als Wegbereiter und Wegbegleiter in eine digitale Medienzukunft. [22]

2.3 Positionierung durch öffentlich-rechtlichen Auftrag

Das ZDF positioniert sich als seriöser Informations- und Unterhaltungssender für ganz Deutschland: „Grundsätzlich richtet sich das Programm des ZDF als öffentlich-rechtlicher Sender ausdrücklich nicht an eine bestimmte Zielgruppe, sondern an die gesamte Bevölkerung jeden Alters, denn öffentlich-rechtliche Rundfunkanstalten sind gemäß § 11 (1) des sog. Rundfunkstaatsvertrags dazu angehalten, "... durch die Herstellung und Verbreitung ihrer Angebote als Medium und Faktor des Prozesses freier individueller und öffentlicher Meinungsbildung zu wirken und dadurch die demokratischen, sozialen und kulturellen Bedürfnisse der Gesellschaft zu erfüllen." In diesem Zusammenhang haben unsere Angebote der Bildung, Information, Beratung und Unterhaltung allen Bevölkerungsschichten zu dienen."[23] Die Zielgruppe betreffend, schafft es das ZDF in der Realität allerdings nicht, alle Altersschichten gleichermaßen anzusprechen, sondern erreicht zunehmend ältere Zuschauer. So sind 75,1 Prozent der ZDF Zuschauer älter als 50 Jahre.[24] Der Durchschnittszuschauer des ZDF ist 61 Jahre alt.[25]

Das ZDF galt von Beginn an als der zweite Sender Deutschlands. Diese Verankerung blieb bis heute und wird seit 1999 auch vom ZDF selbst mit dem Claim „Mit dem Zweiten sieht man besser" kommuniziert. Auch das Key-Visual der Kampagne, der „Zwei-Finger-Gruß" verdeutlicht diese Positionierung.[26] Bei der damaligen Gesamtzahl von zwei Sendern war diese zweite Stelle noch negativ behaftet. Heute, bei der Vielzahl an Sendern, ist das ZDF stolz darauf. Zu den Konkurrenten des ZDF zählen die privaten TV-Sender Deutschlands und – wenngleich auf einer anderen Ebene – die ARD.

---

[22] Vgl. o. V. (o. J.)
[23] Leist (2010)
[24] Vgl. o. V. (2005)
[25] Vgl. o. V. (2008)
[26] Vgl. Birkigt/Stadler/Funck (2002), S. 481

Als *Ähnlichkeiten* (Points of Parity) zu den Mitbewerbern lassen sich insbesondere die folgenden Aspekte anführen: gemeinsames Ziel hoher Einschaltquoten, Angebot von Unterhaltungsshows, Daily Soaps, Fernsehfilmen, Nachrichten, Dokumentationen. Die wesentlichen *Unterschiede* (Points of Difference) sind in der folgenden Tabelle gegenübergestellt:

ZDF	Wettbewerber
- Themen von gesellschaftlichem Interesse auch außerhalb einer werberelevanten Zielgruppe - Spricht auch Minderheiten an - Programme auch abseits des Massengeschmacks - Im Vergleich aller Vollprogramme hat das ZDF den höchsten Anteil an Berichten über Gesellschaft, Politik, Wirtschaft und über das kulturelle Geschehen - Information hat einen höheren Stellenwert in Umfang und Qualität - Hoher Anteil an Eigenproduktionen	- Gewinnorientierung bzw. Programmgestaltung nach wirtschaftlichen Steuerungsmechanismen - Keine Nischenprogramme, da an Einschaltquoten, Werbeeinahmen orientiert - Dominanz amerikanischer Produktionen - Hoher Grad an Entpolitisierung - Hohe Ähnlichkeit der Programme

Tabelle 1: Points of Difference

Daraus lässt sich das zentrale Markenversprechen für den Sender ableiten: Das ZDF bietet Information, Bildung, Kultur, Unterhaltung und Sport für das deutsche Publikum. Im Einzelnen bedeutet dies: Das ZDF..

.. sendet verantwortungsbewusstes Fernsehen für Kinder.

.. sendet unterhaltsame Dokumentationen und fördert Wissen.

.. fördert Kultur durch anspruchsvolle Kultursendungen.

.. informiert Deutschland über aktuelle Ereignisse weltweit.

.. sendet umfangreiche Sportberichterstattung.

2.4 Format- und Genremarken des ZDF

Das ZDF hat einerseits durch seine lange Tradition, andererseits durch seine erfolgreiche Kommunikationspolitik einige Submarken aufgebaut. Eine Spezialisierung liegt hier nach eigenen Angaben auf den Genres Dokumentationen, Wissenschaftssendungen, Kultursendungen, deutsche Fernsehfilme und Unterhaltungsshows. Hier sollen nur einige Beispiele angeführt werden:

ZDF tivi: „Hier werden Kinder ernst genommen"[27] Das Kinderprogramm des ZDF bietet verantwortungsbewusstes, aktuelles und modernes Kinderfernsehen mit langer Tradition und unterschiedlichen Programmformaten, die für Kinder zwischen 3 und 13 Jahren konzipiert sind. Zu den erfolgreichsten Programmen gehören Sendungen wie *Löwenzahn, Heidi, Wickie, Biene Maja* und *Pippi Langstrumpf.* Das Unterhaltungsformat *1,2 oder 3* wird schon 33 Jahre alt und *Tabaluga tivi* feiert bereits den 13. Geburtstag. Der Schriftzug tivi ist während der gesamten Sendestrecke eingeblendet, um das Kinderprogramm deutlich zu kennzeichnen.[28]

Samstagskrimi: Bereits seit den 90er Jahren erfolgreich, verbucht der Samstagskrimi weiterhin einen hohen Marktanteil von über 18 Prozent und damit fast 5,5 Millionen Zuschauer. Die Krimis spiegeln verschiedene Milieus an deutschen Schauplätzen wider. In der Zielgruppe der 30- bis 59-Jährigen beträgt der Marktanteil 15 bis 16 Prozent, bei den 10- bis 49-Jährigen zehn Prozent. Unter der Marke Samstagskrimi laufen verschiedene Krimiformate an einem fixen Sendeplatz.[29]

ZDF heute: Die Nachrichten des ZDF stehen für Qualität, Seriosität und eine hohe Glaubwürdigkeit. Die Hauptnachrichten werden täglich um 19.00 Uhr ausgestrahlt und richten sich an eine Zielgruppe ab 29 Jahren.[30] Die Marke „heute" wurde bereits für Markenerweiterungen genutzt (z.B. *heute in Europa*, das *heute Journal, heute Sport, heute Nacht).*

Terra X: ist die erfolgreichste Dokumentationsreihe im deutschen Fernsehen, welche seit mehr als 27 Jahren ausgestrahlt wird und seit 2008 zur Dachmarke für Kulturdokumentationen ausgebaut wurde.[31] Soweit es möglich ist, soll stets die Dachmarke im Vordergrund stehen und nur die prägnanten und originären Reihen bleiben bestehen. Themenbereiche der Terra X Reiche sind Archäologie, Historie, Naturgeschichte, Kulturvölker und Tiere. Die avisierte Zielgruppe sind Erwachsene ab 35 und der konstante Sendetermin ist sonntags um 19:30 Uhr.[32]

WISO: Das renommierte ZDF-Magazin WISO ist seit vielen Jahren das erfolgreichste Wirtschaftsformat im deutschen Fernsehen. Die Sendung berichtet jeden Montag über wirtschafts- und sozialpolitische Themen und richtet sich vorwiegend an männliche Erwachsene ab 35.[33] Für ein doch eher anspruchsvolleres Magazin erreicht WISO trotzdem bis zu 3 Millionen Zuseher.

Das Traumschiff: gehört seit über 20 Jahren zu den erfolgreichen und unverwechselbaren ZDF-Marken und erreichte schon Spitzenwerte von bis zu 25 Millionen Zuschauern.[34]

---

[27] Vgl. o. V. 2007
[28] Vgl. ZDF Enterprises 2010
[29] Vgl. van Endert 2008
[30] Vgl. ZDF Enterprises 2010b
[31] Vgl. Hesse 2008
[32] Vgl. ZDF Enterprises 2010c
[33] Vgl. ZDF Enterprises 2010d
[34] Vgl. ZDF Enterprises 2010e

3 Programmanalyse ZDF

Im Zuge der Programmanalyse wird zunächst das Programmprofil näher betrachtet, Schwerpunkte identifiziert und Unterschiede zu anderen deutschen Sendern herausgearbeitet. Darauf folgt eine Analyse des Programmschemas und des Programmportfolios.

3.1 Programmprofil – Schwerpunkt Information

Das Programmprofil des ZDF blieb in den letzten Jahren stabil, wobei im Jahr 2009 ein Informationsanteil von 49,6 Prozent erreicht wurde, was 714 Minuten pro Tag entspricht. Der Fictionanteil betrug dagegen 25,5 Prozent (367 Min./Tag). Die übrige Sendedauer verteilte sich auf nonfiktionale Unterhaltung (10,1 %), Sport (5,4 %), Kinderprogramm (4,8 %) und Musik (1,1 %). Hinzu kommen die Anteile für Sonstiges (2,3 %) und Werbung (1,4%). [35] Der Schwerpunkt des Programmes liegt also augenscheinlich im Informationsangebot (vgl. Abb. 1).

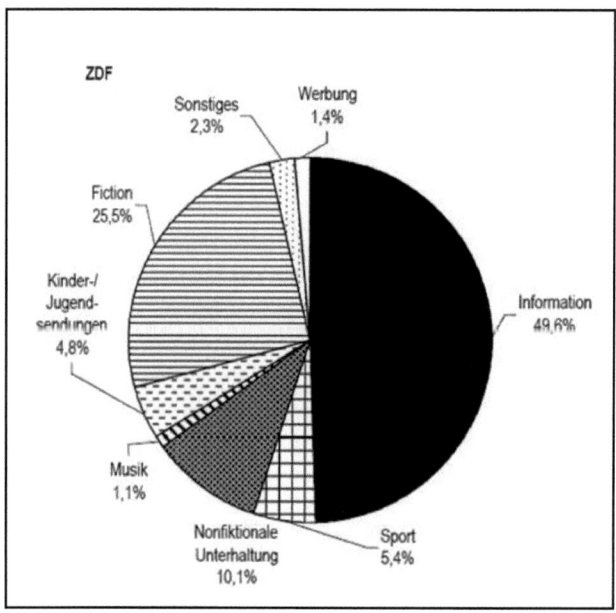

Abbildung 1: Programmsparten 2009, Anteil an Sendedauer in %[36]

---

[35] Vgl. Krüger 2010: 161f
[36] Krüger 2010: 162

Mehrere Analysen haben gezeigt, dass journalistische Berichterstattung und Nachrichten in den öffentlich-rechtlichen Sendern, so auch im ZDF, bei Weitem mehr Sendezeit als bei privaten TV Sendern finden. Dagegen verwenden die Privatsender mehr Sendezeit für neuere Formen, in denen mehr dargestellt als berichtet wird.[37]

Während 2009 der Anteil der *Nachrichten* im ZDF mit einem Tagesdurchschnitt von 137 Minuten knapp ein Zehntel der Gesamtsendezeit betrug, machte er bei Konkurrenten wie RTL (4,0%) weniger als die Hälfte aus und erreichte bei Sat.1 (1,2%) sowie ProSieben (0,9%) nur noch einen minimalen Umfang.[38]

Etwa ein Drittel des Programms füllte das ZDF 2009 mit *Magazinformaten* und hatte im Vergleich zu etwa RTL beinahe keine Dokusoaps (ZDF: 2,2%, RTL: 16,3%). Das ZDF hat somit das zeitlich umfangreichste Magazinangebot im deutschen Fernsehen. Während Dokumentationen und Reportagen bei den privaten Sendern nur unter 3 Prozent ausmachen, füllt das ZDF beinahe 10% seines Programms damit und wird nur von der ARD überholt.[39]

Ein auffälliger Unterschied beim Vergleich der Inhaltsprofile der deutschen Sender liegt auch darin, dass sich die Vermittlung von Themen aus Politik, Wirtschaft, Gesellschaft und Zeitgeschichte in hohem Maße auf die öffentlich-rechtlichen Sender beschränkt. Die Angebote mit politisch und gesellschaftlich relevanten Themen finden sich im Wesentlichen in der ARD und dem ZDF, wohingegen es bei den privaten Sendern einen hohen Entpolitisierungsgrad zu verzeichnen gibt. Bei den Nachrichtensendungen der ARD und des ZDF macht die Politikberichterstattung annähernd die Hälfte der Sendezeit aus, bei RTL zum Beispiel hingegen nur rund ein Fünftel.[40]

Auch in der Selbstverpflichtungserklärung des ZDF kommt diese Programmgestaltung zum Vorschein: „Die ZDF-Programme tragen zur Vermittlung und Aneignung von Wissen und Bildung bei. Sie vermitteln Kenntnisse über Wissenschaft, Technik und Natur. Das ZDF produziert Programme von eigenem, bleibendem kulturellen Wert."[41] Die umfangreiche Sendezeit, die der Information zur Verfügung gestellt wird und die Qualität der einzelnen Formate begründen eine *Erklärkompetenz,* die dem ZDF zugeschrieben wird und die das ZDF von anderen deutschen Sendern stark abhebt.

Durch seine Programmgestaltung behauptet sich das ZDF – neben der ARD – als führender Informationsanbieter mit großem Abstand zu den privaten Sendern. Diese zugeschriebenen Kompetenzen stellen eine wichtige Komponente für das Markenkapital des ZDF dar.

Ein weiterer wichtiger Aspekt unterscheidet die öffentlich-rechtlichen Sender von privaten Sendern. ARD und ZDF sendeten auch 2009 die meisten Fictionangebote aus *deutscher Produktion* oder *in deutscher Koproduktion* mit anderen Ländern. Dieser Anteil stieg im ZDF von 61 auf 70 Prozent. Damit erreichte das ZDF hier die Höchstquote. Bezogen auf die Markenidentität und Positionierung spiegelt sich somit die Deutschland-Orientierung auch sehr gut im Programm des Senders wider.

---

[37] Vgl. ebenda
[38] Vgl. ebenda
[39] Vgl. ebenda: 169
[40] Vgl. ALM 2010): 270
[41] Schächter 2008: 7

Betrachtet man in diesem Zusammenhang die Markenversprechen des ZDF, so werden diese durch das Programmprofil eingelöst. Das ZDF bietet zwar auch Unterhaltung, jedoch sind es die Informationsinhalte, durch die es sich von anderen Sendern abgrenzt.

3.2 Programmschema – Nachrichten und Schwerpunkttage

Zur Darstellung des Programmschemas dient die folgende Tabelle:

Day Part	Zeit	Genre	Formate
Early Morning	07:00 – 10:00	Magazine, Nachrichten	Morgenmagazin, Tagesschau, Volle Kanne SA, SO Kinderprogramm
Daytime	10:00 – 17:00	Serien, Nachrichten, Magazine	Hanna – Folge deinem Herzen, Reich und Schön, heute/Tagesschau, drehscheibe Deutschland, Mittagsmagazin, heute – in Dtl., Kochshow, heute – Sport, Tier-Soap, heute – in Europa, Telenovela
Access Prime Time	17:00 – 20:00	Nachrichten, Serien, Doku	SOKO Reihe 18:00 Leute Heute, Hallo Dtl., 19:00 Heute 19.25 Mo WISO Di-Sa Serien So Terra X
Prime Time	20:00 – 23:00	Filme oder Dokumentationen Je nach Schwerpunkt	MO Fernsehfilm der Woche DI Doku MI Aktenzeichen XY/ Spielfilm/Show DO Serie, ZDF Reporter FR Freitagskrimi SA Samstagskrimi / Show SO Sonntagsfilm
Late Night	23:00 – 00:30	Je nach Schwerpunkt	MO Montagskino DI Doku, Serie Mi Reportage, Talk Do Talk FR Show, Kochen SA Spielfilm SO Krimireihen, Show, Nachtstudio
Over Night	00:30 – 06:00	Serien, Filme, Wiederholungen	

Tabelle 2: Horizontale Programmierung des ZDF[42]

---

[42] Vgl. auch o. V. (2009)

162

In der Analyse des Programmschemas zeigt sich, dass die Nachrichten im Programm des ZDF einen fixen Sendezeitpunkt haben. Die *Tagesschau/ heute* findet täglich um 9.00 bzw. 12 Uhr ihren Platz, worauf das *Mittagsmagazin* und *heute in Deutschland* folgen. Jeweils um 15.00 Uhr wird *heute Sport*, um 16.00 Uhr *heute in Europa*, um 17.00 *heute Wetter* und um 19.00 Uhr die Hauptnachrichten *heute* ausgestrahlt. Insgesamt weist das ZDF sowohl eine strikte horizontale als auch vertikale Programmierung auf und erleichtert so den Zuse-herInnen die Orientierung.

Grundsätzlich richten sich alle ZDF-Sendungen von Nachrichten, Dokumentationen über Krimireihen, Familienserien, Volksmusikshows bis zum Kinderprogramm an Zuschauer jeden Alters. Tatsächlich werden sie derzeit aber vor allem von älteren Zuschauern gese-hen, die Altersstruktur des ZDF-Publikums ist nicht bevölkerungsrepräsentativ. Dieser Tatsache will das ZDF auch mit Veränderungen in der Programmierung begegnen: Der ZDF.dokukanal wurde zu ZDFneo weiterentwickelt und richtet sich insbesondere an junge Familien. „Die Besonderheit dieses Programms ist es, dass es sich an der Lebenswelt jun-ger Familien und den Nutzungsgewohnheiten der Zuschauer zwischen 25 und 49 Jahren orientiert."[43] Das Ziel, mehr Zuschauer zwischen 30 und 50 Jahren zu erreichen, soll auch durch neue Erklärdramaturgien in den Hauptnachrichten sowie durch neue Programminhal-te erreicht werden. Geplant sind hierfür neue Serien, eine neue Telenovela, neue Themen-shows und die Erprobung von neuen Service- und Reportagesendungen wie zum Beispiel der Videoblog-Reportagen. Außerdem werden neue Factual-Entertainment-Formate und ein Comedy-Format vorbereitet.[44]

3.3 Programmportfolio – Erfolgsfaktor Eigenproduktion

Eigenproduktionen dienen dem ZDF als Differenzierung zu anderen Sendern; zugleich sind diese exklusiven Produktionen zugleich die erfolgreichsten Formate. Wie bereits erwähnt, machen Eigen- und Koproduktionen 70 Prozent des Programms des ZDF aus. Sie sind somit nicht nur Mittel zur Differenzierung gegenüber den Mitbewerbern, sie bilden auch die wichtigsten Programminhalte des ZDF. Zu den erfolgreichen Eigenproduktionen des ZDF zählen: Der Bergdoktor, Wetten, dass ... ?, die SOKO-Reihe, Hanna – Folge deinem Herzen, Das Traumschiff, Aktenzeichen XY. Eine weniger erfolgreiche Eigenproduktion ist etwa die Heute-Show.

Legt man nun der Portfolio-Analyse das *Lebenszyklusmodell* mit seinen Phasen der Markt-einführung, des Wachstums, der Reifung, Sättigung und Degeneration zu Grunde, so lassen sich hier die einzelnen Sendungen unterschiedlich einordnen:
Keine andere deutsche Serie weist eine vergleichbare Historie wie die *SOKO* Reihe auf, denn das Original *SOKO 5113* ist bereits seit 1978 ein fester Bestandteil des ZDF-Vorabends. Inzwischen gibt es sieben Ableger und das ZDF strahlt jeden Wochentag eine Folge der SOKO Reihe aus.

---

[43] o. V. 2009e
[44] Vgl. Schächter 2008: 16

SOKO Köln belegt im Jahr 2008 nach eigenen Angaben mit 3,83 Millionen Zuschauern ab 14 Jahren (20,8% Marktanteil) Platz 1 der meistgesehenen Vorabendserien im deutschen Fernsehen.[45] Grundsätzlich erreichen alle Ableger der SOKO Reihe gute Quoten, es scheint sich eine feste SOKO-Fangemeinde gebildet zu haben.[46] Ein Ende der Erfolgsreihe scheint bisher nicht in Sicht. Aus diesem Grund und durch die konstant hohen Quoten kann die SOKO Reihe im Lebenszyklusmodell einer Sendung an den Anfang der Phase der *Sättigung* eingeordnet werden.

Die Dokumentations-Dachmarke des ZDF *Terra X* erfreut sich ebenfalls großer Beliebtheit und erreicht auch viele jüngere Zuschauer. Terra X verbucht das größte junge Publikum am Tag der Ausstrahlung (Sonntag).[47] Auch aufgrund der Tatsache, dass die Marke Terra X weiter ausgebaut werden soll, kann sie in die Phase der *Reifung* eingeordnet werden.

Für sinkende Quoten und Negativrekorde sorgte *Wetten, dass...?* in den letzten Ausgaben der Samstagabendshow.[48] Ein Publikum von 7,8 Millionen Zuschauern mag für andere Shows für Freudensprünge sorgen, für Wetten, dass...? bedeutet das jedoch im Februar 2010 so wenig Zuschauer wie nie.[49] Dennoch konnte sich Wetten, dass...? bisher immer noch gegen Konkurrenten zur gleichen Sendezeit durchsetzen, was für einen hohen Wert der Marke spricht. Diese Tendenzen lassen darauf schließen, dass sich die Show bereits in Richtung der Phase der *Degeneration* befindet,[50] so dass entweder über einen Relaunch oder aber über eine Eliminierung der Sendung entschieden werden sollte.

4 Kommunikationsanalyse ZDF

4.1 Corporate Design

Das ZDF veröffentlicht einen sehr umfangreichen *Styleguide,* der wesentliche Richtlinien zum visuellen Erscheinungsbild in den Bereichen On-Air, Off-Air und Online festlegt. Das Corporate Design des ZDF soll dazu beitragen, „Orientierung herzustellen und mit einer klaren Formensprache durch das Programm und die begleitenden Service- und Multimedia-Angebote zu führen."[51]

Lange war das Image des ZDF durch die Farbe Blau geprägt, was auf die Zuschauer eher kühl und distanziert wirkte. Aus diesem Grund entschied man sich 2001 für ein warmes, lebendiges Orange, um eine deutlichere Differenzierung und eine visuelle Ansprache auch jüngerer Zielgruppen zu erreichen.

---

[45] Vgl. ZDF Werbefernsehen (o. J.)
[46] Vgl. Niemeier (2010)
[47] Vgl. Krei (2009); Sanchez (2010)
[48] Vgl. o. V. (2010e); o. V. (2010f)
[49] Vgl. Miklis (2010)
[50] Vgl. Richter 2009; Karstens/ Schütte 2010: 101
[51] o. V. 2010g

Das neue ZDF-Orange verkörpert nach eigenen Angaben „die Emotionalität und Dynamik, die das ZDF den Zuschauern als modernes Medienunternehmen vermittelt." Die Farbe Orange war im Konkurrenzumfeld noch nicht belegt und hebt dadurch das ZDF unter den Mitbewerbern heraus.[52] Allerdings wird auch festgelegt, dass diese Farbe wegen seiner starken Auffälligkeit nur als Akzentfarbe verwendet wird. Zusätzlich zum Orange gilt deshalb auch Silber als Hausfarbe.

Das neue *Logo* des ZDF verbindet die beim Zuschauer verankerte Begrifflichkeit des „Zweiten" mit dem ebenso vertrauten Buchstabenkürzel ZDF durch ein Spiel zwischen „Z" und „2". Das Logo soll außerdem den Anspruch, mit Dynamik und neuen Schwung in die Zukunft zu blicken, verdeutlichen. Überdies wurde ein Design-Paket eingeführt, das jeder Programmsparte eine eigene Farbe zuweist und dem Zuschauer Orientierung bietet. Blau steht für Information,

Abbildung 2: ZDF-Logo

Rot für Unterhaltung und Grün für Sport. Qualitative Wirkungsanalysen zum neuen ZDF-Logo haben ergeben, dass mit dem neuen Erscheinungsbild folgende drei Ziele erreicht werden: (1) Höchste Prägnanz und Auffälligkeit im Konkurrenzumfeld, (2) Deutliche Dynamisierung und Modernisierung des ZDF, (3) Hohe Aufmerksamkeitsbindung.[53] Der *Claim* des ZDF lautet: „Mit dem Zweiten sieht man besser..." und kommuniziert das Selbstverständnis des ZDF auch verbal.

Das 2009 um 30 Millionen Euro neu gestaltete virtuelle *heute*-Nachrichtenstudio des ZDF sorgte für Aufsehen: Mit dem immerhin 700 Quadratmeter großen Studio möchte das ZDF mithilfe von 3-D-Modellen, 3-D-Animationen und einem neuen Design seine bereits erwähnte Erklärkompetenz noch stärker herausstellen. Die Markenwerte der ZDF-Nachrichtenfamilie, nämlich *akkurat, erklärend, tiefgründig und auserzählend*, werden durch das neue Studio transportiert.[54] Kritikern ist es zu steril, zu künstlich und zu virtuell.[55] Das ZDF betont dabei, dass es von entscheidender Bedeutung sei, dass die Nachrichtenvermittlung im virtuellen Raum nicht an Glaubwürdigkeit verliert. Das Corporate Design findet sich in der Umsetzung des Studios wieder: Orange fungiert harmonisch als Akzentfarbe zur Wiedererkennung, der Rest erscheint seriös in Blau (als Farbe für den Schwerpunkt Information) und Grau. "Diese gewaltige Investition ist ein klares Bekenntnis zur Positionierung des ZDF als der erklärende Qualitätssender schlechthin und ein großer innovativer Schritt auf dem Weg zur Marktführerschaft im Informationsbereich."[56]

---

[52] Vgl. Birkigt/ Stadler/ Funck 2002: 481
[53] Vgl. ebenda
[54] Vgl. Grimm 2009
[55] Vgl. Schaffrinna 2009
[56] Grimm 2009

4.2 On-Air-Kommunikation

Als *Werbetrenner* fungieren im ZDF schon seit jeher die berühmten Mainzelmännchen. Sie sind inzwischen zu Kult gewordene sechs individuelle Persönlichkeiten – Anton, Berti und Conni, Det, Edi und Fritzchen – die im ZDF seit 1963 die Werbung ankündigen. Ihr Name geht auf die Stadt Mainz, den Sitz des ZDF zurück. Die Mainzelmännchen sind das Markenzeichen des ZDF-Werbefernsehens und mittlerweile auch das des ZDF.[57] Mit dem Relaunch der neuen Mainzelmännchen-Generation zum Jahreswechsel 2003/2004 wurden die Männchen moderner gestaltet, wodurch sie auch als strategisches Instrument wieder aufgewertet wurden. Eine Studie des ZDF schreibt den Mainzelmännchen ein emotionales Aktivationspotenzial und eine bessere Markenerinnerung der darauffolgenden Werbung zu.[58] Das begründet das ZDF durch ein hohes und emotional positives Niveau, welches im Verlauf des Werbeblocks fortgeführt wird und so die Zuschauer zum Dranbleiben auffordert.[59] In der folgenden Abbildung sind die einzelnen Charaktere abgebildet und in ihren Eigenschaften beschrieben. Es ist erkennbar, dass mit diesen Charakteren eine möglichst große Varianz an Werten und Lebensstilen angesprochen werden soll.

Anton, der Genießer	Berti, der Kommuni- kationsprofi	Conni, der Innovative	Det, der Schlaue	Edi, der Schöngeist	Fritzchen der Sportler
• Lustbetont • Bodenständiger Lebemann • Moderner Mainstream • Klein wenig „prollig", klein wenig Konsumfeteschist • Technikaffin	• Webmaster, Hacker • Tüftler in der virtuellen Welt	• Vertreter der Jugendkultur • Rapper, Künstler • experimentier-freudig, chaotisch • Schnelllebig und etwas unstet	• Chef der Mainzelmännchen • fast väterlicher, gutmütiger Besserwisser • Neue Medien fremd • Traditionalist • Bücheraffin	• Genuss des Lebens und der Welt auf subtile und sensible Art • Sinn für Wellness und Ästhetik • hedonistischer, sensibler Schöngeist • Körperbewusst	• Aktiver, dynamischer Trendsportler

Abbildung 3: Charakterisierung der Mainzelmännchen (Basis: ZDF, 2010)

Sound: Das ZDF veröffentlicht die drei Noten ihres mnemonischen akustischen Markensignals, das immer gemeinsam mit dem Logo in der Sender-ID gesendet wird.[60] Sie fügen sich harmonisch in das Gesamtkonzept des Senders ein, können aber nicht als Abgrenzung zu anderen Sendern gesehen werden.

---

[57] Vgl. ZDF Werbefernsehen 2005: 3
[58] Vgl. ebenda: 5
[59] Vgl. ebenda: 7
[60] Vgl. o. V. 2010h: 42

166

Sender-IDs: Die Sender-IDs stellen die Verbindung zwischen dem ZDF-Logo und Situationen aus dem Leben der Deutschen her. Dabei sieht man jeweils ZDF-Zuschauer, die ihre eigenen Versionen des ZDFLogos darstellen, was die Verbindung zum Zuschauer herstellen soll.[61] Die Hinführung von zwei Fingern zum Auge visualisiert den Claim „Mit dem Zweiten sieht man besser...".

4.3 Off-Air-Kommunikation

Das ZDF setzt nicht nur auf klassische Off-Air-Kommunikation, sondern nutzt auch – vor allem zur Ansprache der angestrebten jüngeren Zielgruppe – unkonventionelle Instrumente. In einer Phase, in der sich das ZDF zu einer Programmfamilie entwickelt, möchte man „aktiv, offensiv und ehrlich informieren"[62] und einzelne Angebote nicht mehr abgegrenzt voneinander kommunizieren.

B2B-Kampagne: Unter dem Titel „ZDF Backstage" rückte diese Kampagne das ZDF als unverzichtbares Werbemedium in das Bewusstsein von Media-Entscheidern.[63] Dabei lag der Fokus weniger auf einzelnen Programminhalten, sondern auf der Dachmarkenidentität des ZDF.

Nachrichtenkampagne: Zum Relaunch des *heute* Nachrichtenstudios führte das ZDF eine Kampagne durch, welche die *heute* Sendung als das beste Format für Nachrichten kommunizierte und die Erklärkompetenz und Nachrichtenqualität des ZDF herausstellte. In diesem Sinn war die Kernbotschaft der Kampagne: „Für den Austausch flüchtiger Neuigkeiten sind der nachbarschaftliche Gartenzaun, ein Friseursalon oder der Marktplatz bestens geeignet. Für echte Nachrichten gibt es eben keinen besseren Ort als das ZDF." Die Kampagne bestand aus Trailern, Außenwerbung, Anzeigen und redaktioneller Audio-PR sowie Onlinewerbung. Zusätzlich gab es eine 20-seitige Beilage im Magazin *Der Spiegel* zur Geschichte der Nachrichtenvermittlung – von der ersten Höhlenmalerei über die Erfindung des Buchdrucks bis hin zum virtuellen Studio. Im eigenen Medium (On-Air) wurde erst mit kurzen Werbetrennern Aufmerksamkeit generiert und dann adaptierte Trailerversionen, passend zu den Printanzeigen, gesendet. Die Kampagne lief zwischen Juni und Juli 2009.[64]

Gemeinsam mit der ARD setzte das ZDF 2009 zudem eine *Wissenskampagne* um. Diese 360° Kampagne soll auf die Rolle der öffentlich-rechtlichen TV-Sender als Wissensvermittler in der Gesellschaft aufmerksam machen. Die zentrale Botschaft dabei lautet: „Die Welt wird immer komplexer. Deshalb erklären wir Politik, Wirtschaft und Kultur so, dass es jeder versteht. ARD und ZDF. Ihr gutes öffentliches Recht." Mit dieser Gemeinschaftskampagne, die seit 2007 läuft, werden die große Angebotsvielfalt und der Mehrwert der öffentlich-rechtlichen Programme kommuniziert. Die Mediastrategie beinhaltet Print, TV, Radio und Internet. Weitere Schwerpunkte bilden „Das Recht auf Kulturvielfalt" und „Das Recht auf freien Zugang zu Information".[65]

---

[61] Vgl. ebenda: 43
[62] Krischer 2009
[63] Vgl. ZDF Werbefernsehen o. J.b
[64] Vgl. Grimm 2009
[65] Vgl. o. V. o. J.b

Das crossmediale Zusammenspiel zwischen TV und Internet funktioniert im Fall des ZDF gut. Eine Vielzahl an Online-Aktivitäten fügt sich in das Gesamtbild des Senders. Auf der Social Media Plattform *Facebook* betreibt das ZDF einige Fanpages, die zum einen einzelne Programme zum anderen auch den Sender selbst repräsentieren. Auch auf der Videoplattform *Youtube* betreibt das ZDF einen eigenen ZDF Kanal.[66] Bei *Blogs* bietet das ZDF eine Vielzahl von unterschiedlichen Themen, die aktuell betreut werden. Einziges Manko hier ist lediglich, dass die einzelnen Blogs untereinander nicht vernetzt sind und das Blogverzeichnis auf der Website schwer zu finden ist.[67] Ein Beispiel für gutes *Onlinemarketing* mit viralen Elementen und Social Media bot das ZDF bei der Bewerbung des Films „Ein Mann, ein Fjord!". Hape Kerkeling, Hauptdarsteller des Films, schlüpfte in verschiedene Rollen, die mit kurzen Videos im Web präsent waren und von denen Interessierte Facebook-Fans werden konnten. Dadurch wurde bereits umfangreich kommuniziert, noch bevor bekannt wurde, um welchen Film es sich handelte. Der Erfolg der Kampagne zeigte sich in den 7,17 Millionen Zuschauern und einem Marktanteil von 21,5%.[68]

Abbildung 4: Ambient Media des ZDF - Montagskino[69] und Batman[70]

---

[66] Vgl. http://www.youtube.com/user/zdf?blend=1&ob=4
[67] Vgl. http://chatsundforen.zdf.de/ZDFde/inhalt/30/0,1872,3982142,00.html
[68] Vgl. o. V. 2009b; o. V. 2009c
[69] Vgl. o. V. o. J.c
[70] http://adsoftheworld.com/media/ambient/zweites_deutsches_fernsehen_batbus; www.blissblog.de/upload_images/zdf_1_normal.jpg

Neben klassischen Anzeigen setzt das ZDF in letzter Zeit vermehrt auf unkonventionelle Außenwerbung und *Ambient Media*. So nutzte man zur Bewerbung des Montagskinos eine überdimensionale, plastische Außenwerbung[71] und zur Ankündigung der Ausstrahlung des Batman Filmes setzte man auf sehr kreative Ambient Media Ideen, wie den Batbus.[72]

5 Fazit

Das ZDF positioniert sich als Informationssender für ganz Deutschland. Dies spiegelt sich nicht nur in der Kommunikation, sondern auch im Programmprofil des Senders wider, was auch die Erklärkompetenz des ZDF begründet und es von anderen Sendern abgrenzt. Die Markenversprechen der Information, Kultur und Unterhaltung werden durch die Programmgestaltung eingehalten. Durch eine lange Tradition und den Aufbau zahlreicher Format- und Genremarken genießt das ZDF Vertrauen bei den Zuschauern.

Mit dem Ziel, attraktive Programme für ganz Deutschland zu senden, steht das ZDF vor der zunehmenden Herausforderung, auch jüngere Zuschauer anzusprechen, was bisher nur unzureichend gelang. Um der ansteigenden Veralterung des ZDF-Publikums entgegenzuwirken, wird das ZDF zu einer Senderfamilie mit digitalen Spartenkanälen ausgebaut. Vor allem ZDFneo soll jüngere Familien ansprechen. So wird etwa in der Gestaltung der Nachrichten aber auch in der Kommunikation mit großer Anstrengung und kreativen Ideen auf eine jüngere Zielgruppe hingearbeitet.

Die Marke ZDF als solches wirkt generell sehr konsistent und schlüssig. In der Kommunikation wird nichts versprochen, was nicht durch das Programm gehalten wird. Die Markenidentität und die Markenwerte in Verknüpfung mit der Programmgestaltung und dem kommunikativen Auftritt bilden ein konsistentes Bild der Marke ZDF.

Literaturverzeichnis

ALM Arbeitsgemeinschaft der Landesmedienanstalten in der Bundesrepublik Deutschland (Hrsg.) (2010): ALM Programmbericht 2009, Berlin

Anschlag, D. / Bartels, C. (2010): ZDF, http://www.mediadb.eu/datenbanken/deutsche-medienkonzerne/zdf.html, aufgerufen 8.8.2010

Birkigt, K. / Stadler, M. / Funck, H. J. (Hrsg.) (2002): Corporate Identity: Grundlagen, Funktionen, Fallbeispiele, 11. Auflage, München

Grimm, T. (2009): Gute Nachrichten vom Zweiten, in ZDF Jahrbuch 2009, http://www.zdf-jahrbuch.de/2009/themen_des_jahres/grimm.php, aufgerufen 8.8.2010

Hesse, A. (2008): „Terra X" als neue Dachmarke, in ZDF Jahrbuch 2008, http://www.zdf-jahrbuch.de/2008/programmarbeit/hesse.php, aufgerufen 8.8.2010

Karstens, E. / Schütte, J. (2010): Praxishandbuch Fernsehen, Wie TV-Sender arbeiten, 2. Auflage, Wiesbaden

Krei, A. (2009): ZDF punktet mit Wissen bei den Jungen, http://www.quotenmeter.de/cms/?p1=n&p2=41311&p3=, aufgerufen 8.8.2010

---

[71] Vgl. o. V. o. J.c
[72] Vgl. o. V. 2010i; o. V. 2009d

Krischer, J. (2009): Instrumente der Zuschauerbindung, in ZDF Jahrbuch 2009, http://www.zdf-jahrbuch.de/2009/im_dienste_des_programmauftrags/krischer.php, aufgerufen 8.8.2010

Krüger, U. M. (2010): Programmanalyse 2009 – Teil 1: Sparten und Formen, Factual Entertainment – Fernsehunterhaltung im Wandel, in Media Perpektiven 4/2010, S. 158-181

Leist, P. (2010): Bildungsarbeit: Marke ZDF, E-Mailantwort vom 28.7.2010

Meffert, H. / Burmann, C./ Koers, M. (2002): Markenmanagement, Grundfragen der identitätsorientierten Markenführung, Wiesbaden

Miklis, K. (2010): Götterdämmerung im Wurstwasser, http://www.stern.de/kultur/tv/wetten-dass-mit-thomas-gottschalk-goetterdaemmerung-im-wurstwasser-1554269.html, aufgerufen 8.8.2010

Niemeier, T. (2010): Soko-Flut: Welche Serie ist die Erfolgreichste?, http://www.quotenmeter.de/cms/?p1=n&p2=41311&p3=, aufgerufen 8.8.2010

o. V. (2005): Zielgruppe der 14- bis 49-Jährigen für TV-Werbung weiterhin relevant/Ausrichtung gleicht hohes Durchschnittsalter bei ARD und ZDF aus, http://www.prosiebensat1.com/ pressezentrum/sevenonemedia/2005/08/24/18374/, aufgerufen 8.8.2010

o. V. (2007) : Die ZDF tivi-Philosophie, http://www.tivi.de/tivi/erwachsene/ artikel/01139/index3.html, aufgerufen 8.8.2010

o. V. (2008): ZDF sucht nach jüngerer Zielgruppe, http://www.gfm-nachrichten.de/news/ archives/ZDF-sucht-nach-juengerer-Zielgruppe.html, aufgerufen 8.8.2010

o. V. (2009): ZDF Programmschema 2010, http://unternehmen.zdf.de/fileadmin/files/ Download_Dokumente/DD_Programme/ZDF_Programmschema_2010.pdf, aufgerufen 8.8.2010

o. V. (2009b): ZDF geht viral auf Zuschauerfang, http://www.internetworld.de/Nachrichten/ Kreation/ZDF-geht-viral-auf-Zuschauerfang, aufgerufen 8.8.2010

o. V. (2009c): Grandioses Internet-Marketing: ZDF, Uschi Blum und der Fjord, http://www.socialnetworkstrategien.de/2009/01/grandioses-internet-marketing-zdf-uschi-blum-und-der-fjord/, aufgerufen 8.8.2010

o. V. (2009d): Zweites Deutsches Fernsehen: Batbus, http://adsoftheworld.com/media/ambient/ zweites_deutsches_fernsehen_batbus, aufgerufen 8.8.2010

o. V. (2009e): Der ZDFdokukanal geht – ZDFneo kommt, http://www.zdf.de/ZDFde/ inhalt/20/0,1872,7616660,00.html, aufgerufen 8.8.2010

o. V. (2010): Die digitalen ZDF-Programme, http://unternehmen.zdf.de/index.php?id=18robots.txt, aufgerufen 8.8.2010

o. V. (2010b): ZDF in figures, http://www.zdf.com/index.php?id=181, aufgerufen 8.8.2010

o. V. (2010c): Volles Programm für 4,74 im Monat, http://www.unternehmen.zdf.de/ index.php?id=194&artid=312&backpid=26&cHash=4e9f9377ac, aufgerufen 8.8.2010

o. V. (2010d): Gebührenlast der privaten Haushalte im Rahmen halten, http://www.unternehmen.zdf.de/index.php?id=194&artid=160&backpid=26&cHash=f2f7c086f4, aufgerufen 8.8.2010

o. V. (2010e): Quoten-Einbruch für Thomas Gottschalk, http://www.quotenmeter.de/cms/ ?p1=n&p2=43322&p3=, aufgerufen 8.8.2010

o. V. (2010f): Gottschalk schlägt die Superstars, http://www.spiegel.de/kultur/tv/ 0,1518,673691,00.html, aufgerufen 8.8.2010

o. V. (2010g): Corporate Design im ZDF, http://www.unternehmen.zdf.de/index.php?id=414/, aufgerufen 8.8.2010

o. V. (2010h): Styleguide ZDF Corporate Design, http://unternehmen.zdf.de/fileadmin/files/ Download_Dokumente/DD_Grundlagen/Interne_Vorschriften/ZDF-Styleguide_1-Basis.pdf, aufgerufen 8.8.2010

o. V. (2010i): Kolle Rebbe, Arbeiten, ZDF, http://www.kolle-rebbe.de/de/arbeiten/aktuell/alle/case/zdf, aufgerufen 8.8.2010

o. V. (o. J.): Der Wert des ZDF für den Zuschauer, http://unternehmen.zdf.de/index.php?id=101, aufgerufen 8.8.2010

o. V. (o. J.b): Die Wissenskampagne, http://www.zdf-werbefernsehen.de/fachkampagne.html, aufgerufen 8.8.2010

o. V. (o. J.c): Alternatives und Kultur, http://sneacar.blogsport.de/index.php?s=zdf, aufgerufen 8.8.2010

Promedia (2010): ZDF-Intendant: Wir sind jetzt endlich da angekommen, wo ich schon lange hin will, http://www.goldmedia.com/blog/2010/01/zdf-intendant-wir-sind-jetzt-endlich-da-angekommen-wo-ich-schon-lange-hin-will/, aufgerufen 8.8.2010

Richter, C. (2009): Quotencheck „Wetten, dass...?", http://www.quotenmeter.de/cms/ ?p1=n&p2=35568&p3=, aufgerufen 8.8.2010

Sanchez, M. N. (2010): Klatschsendung schlägt Dokumentation am Vorabend, http://www.quotenmeter.de/cms/?p1=n&p2=43322&p3=, aufgerufen 8.8.2010

Schächter, M. (2008): Selbstverpflichtungserklärung des ZDF 2009 – 2010, http://www.unternehmen.zdf.de/fileadmin/files/Download_Dokumente/DD_Das_ZDF/Selbstverpflichtungserklaerung_Programm_Perspektiven_2009_2010.pdf, aufgerufen 8.8.2010

Schaffrinna, A. (2009): ZDF Nachrichtenstudio im neuen Design, http://www.designtagebuch.de/zdf-nachrichtenstudio-im-neuen-design/, aufgerufen 8.8.2010

van Endert, G. (2008): Programm-Marke Samstagskrimi, in ZDF Jahrbuch 2008, http://www.zdf-jahrbuch.de/2008/programmarbeit/endert.php, aufgerufen 8.8.2010

ZDF (2010): Mainzelmännchen, http://mainzelmaennchen.zdf.de/ZDFde/inhalt/ 19/0,1872,2005939,00.htm, aufgerufen am 11.11.2010

ZDF Enterprises (2010): tivi, http://www.zdf-enterprises.de/de/tivi.110.htm?template=d_zdfe_ program&skip=20&sort=sheadline_de&order=asc&from=110&l=de, aufgerufen 8.8.2010

ZDF Enterprises (2010b): heute, http://www.zdf-enterprises.de/de/ heute.106.htm? template=d_zdfe_program&skip=11&sort=sheadline_de&order=asc&from=106&l=de, aufgerufen 8.8.2010

ZDF Enterprises (2010c): Terra X, http://www.zdf-enterprises.de/de/terra_x.106.htm? template=d_zdfe_program&skip=19&sort=sheadline_de&order=asc&from=106&l=de, aufgerufen 8.8.2010

ZDF Enterprises (2010d): WISO, http://www.zdf-enterprises.de/de/wiso.106.htm?template=d_zdfe_program&skip= 22&sort=sheadline_de& order=asc&from=106&l=de, aufgerufen 8.8.2010

ZDF Enterprises (2010e): The Dream Voyage-Collection, http://www.zdf-enterprises.de/de/das_traumschiff_collection.107.htm?template=d_zdfe_ program&skip=3&sort=sheadline_de&order=asc&from=107&l=de, aufgerufen 8.8.2010

ZDF Werbefernsehen (2005): Die Mainzelmännchen – Kleine Kerlchen mit großer Wirkung, http://www.zdf-werbefernsehen.de/fileadmin/user_upload/zdfwerb/pdf/ studien/mainzelmaennchen.pdf, aufgerufen 8.8.2010

ZDF Werbefernsehen (o. J.): Soko Köln, http://www.zdf-werbefernsehen.de/programm/ programminformationen/soko-koeln.html, aufgerufen 8.8.2010

ZDF Werbefernsehen (o. J.b): ZDF Backstage – mit dem Zweiten wirbt man besser, http://www.zdf-werbefernsehen.de/fachkampagne.html, aufgerufen 8.8.2010

Krista Aumüller

„Made by RTL"

1 Die RTL-Group: Gute Unterhaltung in zehn Ländern

Das größte Rundfunkunternehmen Europas, die RTL Group, hat seinen Hauptsitz in Luxemburg. Mit 42 Fernseh- und 31 Radiosendern in zehn verschiedenen Ländern sowie als einer der weltweit führenden Content-Produzenten, erreicht die RTL Group im Jahr 2009 einen Umsatz von € 5,4 Milliarden.[1] Im europäischen Rundfunkmarkt ist sie Marktführerin im werbefinanzierten Fernsehen, Radio und in der Fernsehproduktionsindustrie. Jeden Tag schalten in Europa etwa 170 Millionen Zuschauer einen Fernsehsender des Rundfunkunternehmens ein. Auch im Internet zählen die Fernsehsender zu den führenden Marken. Das internationale Medienunternehmen Bertelsmann ist mit 91,2% Gesellschafter an der RTL Group, die verbleibenden 8,8% sind in Streubesitz.[2] Zur RTL Group gehört auch die Mediengruppe RTL Deutschland.[3]

Die Marken der Mediengruppe RTL Deutschland erreichen rund 90 Millionen Zuschauer in Deutschland, Österreich und der Schweiz; das Portfolio des Unternehmens deckt alle wichtigen Bereiche ab; von der Produktion über eigene Vermarktungsunternehmen bis hin zu Free- und Pay-TV-Sendern. Zu den Free-TV-Sendern der Mediengruppen gehören RTL Television, VOX und n-tv sowie Beteiligungen an RTL II und SUPER RTL. Weitere Teile des Portfolios sind neben den Pay TV-Sendern auch die Tochterunternehmen RTL interactive, CBC und infonetwork. Der Free-TV Sender RTL ist zu 100% Eigentum der deutschen Mediengruppe. Aufgrund der Besitzverhältnisse ist klar erkennbar, dass die RTL Group bzw. Bertelsmann bei RTL eine bedeutende Rolle spielen.[4]

2 Von „Erfrischend anders" zu „Mein RTL"

2.1 Markenidentität und Markenphilosophie

Für die Analyse der Markenidentität des Senders werden die Komponenten des Selbstbildes der Markenidentität von Meffert, Burmann und Koers (2002) herangezogen. Die Identität einer Marke setzt sich aus mehreren Merkmalen zusammen, die aufeinander abgestimmt und die Markenpersönlichkeit widerspiegeln sollen. Die Markenidentität unterteilen Meffert et al. in vier Dimensionen: Marke als Produkt, Person, Symbol und Organisation.[5]

---

[1] vgl. RTL Group o.J.a
[2] vgl. RTL Group o.J.b
[3] vgl. ebd.
[4] vgl. Mediengruppe RTL Deutschland o.J.
[5] vgl. Meffert/Burmann/Koers 2002: 49ff.

172

- *RTL als Produkt:* Der Privatsender ist nicht nur im Bereich TV bekannt, sondern nutzt auch andere Ausgabemedien wie etwa den PC oder mobile Endgeräte, um die Zuseher mit oder ohne Rückkanal, zuhause oder unterwegs zu erreichen. Somit entscheidet der Rezipient selbst, wann, wo und wie er RTL sehen möchte. „Made by RTL" steht im Mittelpunkt des Senders. Eigenproduzierte Inhalte sind das Markenzeichen von RTL.[6] Die visuelle Gestaltung zieht sich wie ein roter Faden durch das gesamte Programm des Free-TV-Senders. Dabei wirkt RTL modern, frisch und fröhlich. In Kapitel 4.1 wird auf das Corporate Design noch näher eingegangen.
- *RTL als Person:* Die Marke RTL soll die ganze Familie ansprechen, die jüngeren und älteren Zuseher, Frauen und Männer sowie alle Bildungs- und Einkommensschichten. Im Mittelpunkt des Senders steht die Ansprache einer breiten Zielgruppe, vor allem innerhalb der werberelevanten Zielgruppe der 14- bis 49-Jährigen. Anzumerken ist hier, dass RTL tatsächlich in allen Zielgruppen eine bedeutende Reichweite erreicht. Die Markenidentität ist auch kulturell verankert. RTL setzt auch auf die mit Deutschland assoziierten Werte wie etwa Qualität, Sicherheit oder Innovation.
- *RTL als Symbol:* Die Markenidentität ist vor allem geprägt durch die Markenhistorie. Die Geschichte von RTL beginnt mit dem Namen des Senders RTL, der ausgeschrieben Radio Télé Letzebuerg bedeutet, wobei hier die Herkunft, Luxemburg, wieder deutlich wird. Der heutige Privatsender startete 1984 unter dem Namen „RTL plus", hieß zwischendurch „RTL Television" und ist seit 2004 unter „RTL" bekannt. Der Name RTL wurde auch für weitere Sender, nämlich SUPER RTL und RTL II genützt, da man auf die Vertrautheit von RTL setzte. Das Logo des Senders wurde in der Geschichte nur wenig geändert. Die Grundelemente, ein roter, gelber und blauer Würfel, blieben gleich. Aufgrund der Namensänderung von RTL Television auf RTL fehlt seit 2004 auch der Schriftzug Television unter dem Logo. Ein weiterer Faktor, der die Markenidentität bestimmt, ist die Kommunikation der Marke. Dazu zählt der Slogan, der sich von „Erfrischend anders" zum aktuellen „Mein RTL" entwickelte. Dieser soll die emotionale Nähe zu den Zusehern widerspiegeln und die Markenpositionierung unterstützen.
- *RTL als Organisation:* Ein wesentliches Element der Markenidentität ist die Unternehmenszugehörigkeit. Wie bereits erwähnt, gehört der Privatsender RTL zur Mediengruppe RTL Deutschland, die wiederum zur RTL Group bzw. diese wiederum zur Bertelsmann AG. Erkennbar ist hier die Zusammengehörigkeit der Unternehmen und Tochtergesellschaften. Bezogen auf die Markenarchitektur handelt es sich bei der Marke der Mediengruppe RTL Deutschland um eine Dachmarke, welche die einzelnen Sender umklammert.

Den Kern der Markenidentität bildet die Markenphilosophie. Diese umfasst die Idee und die zentralen Eigenschaften einer Marke. RTL definiert seinen *Markenkern* mit fünf Elementen, die charakteristisch für den Sender und dessen Programm sind: Vielfalt, Innovation, Beständigkeit, Qualität und Relevanz. RTL definiert sich selbst als eine „klar integrierende Marke, die alles ist – nur nicht langweilig".[7]

---

[6] vgl. Bertelsmann AG o.J.
[7] vgl. Pressezentrum RTL 2010b

2.2 RTL als Sender für die ganze Familie: Markenpositionierung und -versprechen

Verglichen mit dem Hauptkonkurrenten ProSieben weist RTL folgende Gemeinsamkeiten, (*Points of Parity*) und Unterschiede (*Points of Difference*) auf. Beide Privatsender positionieren sich als Entertainmentmarke und zielen vor allem auf eine junge Zielgruppe ab. Sowohl RTL als auch ProSieben haben Serien, Soaps, Spielfilme sowie News und Magazine in ihrem Portfolio. ProSieben bietet ebenso wie RTL eigenproduzierte Inhalte an, wie beispielsweise „Germany's next Topmodel – by Heidi Klum" oder „Schlag den Raab". Bei RTL überwiegt jedoch der Anteil an Eigenproduktionen. RTL positioniert sich über seine eigenen Serien und Soaps und stellt sich somit als „deutscher" Sender dar, der den Zusehern etwas „Einheimisches" bietet. ProSieben hingegen hat nur wenige eigenproduzierte Formate im Angebot, setzt seinen Schwerpunkt auf Hollywood und positioniert sich daher als „amerikanischer" Sender. Im Programmportfolio sind großteils amerikanische Serien und Spielfilme enthalten. Im Vergleich zu RTL, legt ProSieben seinen Schwerpunkt auf „Everytainment" und fokussiert auf Unterhaltung.

Der Sender der Mediengruppe RTL Deutschland stellt neben dem Entertainment- auch Informationsprogramm zur Verfügung. Ein weiterer Unterschied ist, dass sich der Münchner Sender ProSieben über Stars wie „Die fantastischen Vier" oder „Robbie Williams" präsentiert. RTL verwendet ebenso seine Moderatoren als auch Testimonials, setzt in seinen Trailern aber auch auf die „echten" Zuschauer.

Abgeleitet aus der Positionierung der Marke RTL entwickelt sich das *Markenversprechen,* das RTL seinen Zusehern gegenüber gibt. Für das Kernversprechen des Senders sind folgende Werte charakteristisch: Unterhaltung, Information und emotionale Verbundenheit: RTL bietet mit seinem Programm – etwa mit „Gute Zeiten, Schlechte Zeiten" oder „Deutschland sucht den Superstar" – vielfältige *Unterhaltung.* RTL stellt durch kontinuierliche Nachrichtenformate und Magazine (z.B. „Punkt6/9/12", „RTL aktuell") *Informationen* zur Verfügung. RTL erreicht *emotionale Nähe* zu seinem Publikum durch Eigenproduktionen wie beispielsweise „Alles was zählt" oder „Alarm für Cobra 11", da sich die Zuschauer mit den Charakteren identifizieren bzw. identifizieren möchten. Die Zuseher fühlen sich auch deshalb dem Sender emotional verbunden, da ihnen dieser wichtige Themen aus ihrem Lebensbereich anbietet.

2.3 Submarken von RTL

RTL nutzt sowohl Personen-, Format- als auch Genremarken, um seine Markenwerte umzusetzen. Diese Marken haben für RTL auch den Vorteil eines hohen Wiedererkennungsfaktors. Durch die große Programmvielfalt bzw. die Vielfalt an verschiedenen Genres, setzt der Sender auf spezielle Formate bzw. darin wiederum auf bekannte Gesichter.

2.3.1   Personenmarken

Der Fernsehsender verfügt über mehrere Personenmarken. Diese sind gleichzeitig „Bestandteil des medialen Angebots, Veredelungskomponente und Werbeträger".[8] Die Markenzeichen des Privatsenders sind vor allem *Günther Jauch* und *Dieter Bohlen*. Ersteren verbinden Zuseher mit der Quizshow „Wer wird Millionär" oder mit dem Magazin „sternTV".[9] RTL setzt Günther Jauch im Unterhaltungsbereich, aber auch bei seriösen Themen ein.[10]

Dieter Bohlen ist der bekannteste Juror der Talentshow „Deutschland sucht den Superstar" oder „Das Supertalent". Vor allem wegen seiner frechen Art ist der Sänger bei den Zusehern so beliebt und ist somit der Erfolgstreiber dieser Show. RTL nutzt die Bekanntheit von Dieter Bohlen, um die Marke RTL zu stärken. So wurde der Sänger 2007 auch für die neue Show „Das Supertalent" als Juror eingesetzt. Bei der Besetzung der Jury von Shows wird auf besonders bekannte Gesichter gesetzt. Anzumerken ist hier, dass für „DSDS" bereits mehrmals die Juroren ausgetauscht wurden. Dieter Bohlen hingegen bleibt immer fixer Bestandteil.[11]

2.3.2   Format- und Genremarken

Der Privatsender hat vielseitige und erfolgreiche Formatmarken in einer großen Anzahl von Genres in seinem Portfolio. Die AGF und GfK ermittelten 2009 die Top 15 der langlaufenden Formate, wobei die folgende Tabelle die ersten fünf davon darstellt.

Rang	Sender	Titel	Zuschauer in Mio.	Marktanteil in %
1	RTL	Ich bin ein Star – Holt mich hier raus	3,73	34,4
2	RTL	Deutschland sucht den Superstar (inkl. Finale)	3,46	30,6
3	RTL	Die 10… (samstags)	3,46	29,0
4	ProSieben	Schlag den Raab	2,58	27,9
5	RTL	Dr. House	3,04	24,4

Tabelle 1: Top 5 der langlaufenden Formate; (Basis: alle Sendungen mit mind. zwei Ausstrahlungen, Sendungsdauer mind. 10 Min., ohne Sport und Spielfilme, Zeitraum: Mo.-So., 17.00-23.00 Uhr, 01.01.-30.06.2009, E 14-49, Sender: RTL, Sat.1, ProSieben, VOX, kabel eins); Quelle: AGF/GfK, pc#tv. Panel (D+EU)

Von den insgesamt Top 15 Formaten stammen 13 aus dem Hause RTL, von diesen sind 10 Formate Eigenproduktionen. Dies bestätigt die Strategie von RTL, nämlich den Fokus auf eigenproduzierte Inhalte zu legen.

---

[8] Bode 2010: 64
[9] vgl. Pressezentrum RTL 2010e
[10] vgl. Pressezentrum RTL 2010c
[11] vgl. Pressezentrum RTL 2010a

Formate wie „DSDS" zählen zu den erfolgreichsten im deutschen Privatfernsehen. ProSieben ist als einziger weitere Privatsender in den Top 15 vertreten. Außerdem haben es nur Eigenproduktionen in die Rangliste geschafft. Daraus lässt sich schließen, dass Produktionen aus dem eigenen Haus in Deutschland Erfolg versprechend sind.[12]Ein weiteres sehr erfolgreiches Format von RTL ist „Das Supertalent". Aufgrund des begrenzten Zeitraumes der Analyse von AGF und GfK und der Ausstrahlung dieser Show Ende 2009, wurde diese nicht mit einbezogen. In der werberelevanten Zielgruppe erreichte „Das Supertalent" durchschnittlich 4 Millionen Zuschauer bzw. eine Reichweite von 33,3%.[13]

Das Portfolio von RTL umfasst die acht Genres Fiction, News/Magazine, Eventkino, Sport, Soap, Comedy, Real Life und Show,[14] wobei der Privatsender in jedem dieser Genres erfolgreich ist.[15] Auch hier ist erkennbar, dass in fast allen Genres der Schwerpunkt auf eigenproduzierten Inhalten liegt. Ausgenommen davon ist einerseits der Bereich Fiction. Hier setzt RTL vor allem auf amerikanische Formate wie „Monk" oder „CSI:Miami", aber auch auf deutsche Fiction wie „Alarm für Cobra 11". Andererseits legt RTL auch im Genre Eventkino seinen Schwerpunkt auf amerikanische Spielfilme.[16] Aufgrund des Erfolges von „Ich bin ein Star – Holt mich hier raus" oder „DSDS", wie die Tabelle oben zeigt, ist das Genre *Show* das stärkste von RTL. Aber auch die Marktanteile der Formatmarken von Soaps und Real Life zeigen, dass diese zu den Top-Genres zählen.

3   Programmanalyse von RTL

Im Rahmen der Programmanalyse wird auf das Programmprofil, das Programmschema und das Programmportfolio eingegangen, wobei die Besonderheiten des Senders hervorgehoben werden.

3.1 Programmprofil – Information und Unterhaltung

Das Programm von RTL wurde im Jahr 2009 vor allem durch die Landtagswahlen geprägt. Ein Trend in der Programmentwicklung, der sich auch im vergangenen Jahr durchsetzte, sind die sogenannten Hybridformate. Darunter fallen beispielsweise Reportagereihen, Doku-Reihen, Doku-Soaps, Dokutainments, Doku-Dramas oder Real-Life-TV.[17] Das folgende Diagramm stellt das Programmprofil von RTL dar:

---

[12] vgl. RTL 2010: 4
[13] vgl. Richter (2009)
[14] vgl. IP Deutschland o.J.a
[15] vgl IP Deutschland o.J.b
[16] vgl. RTL 2010: 8-35
[17] vgl. Krüger 2010: 158f.

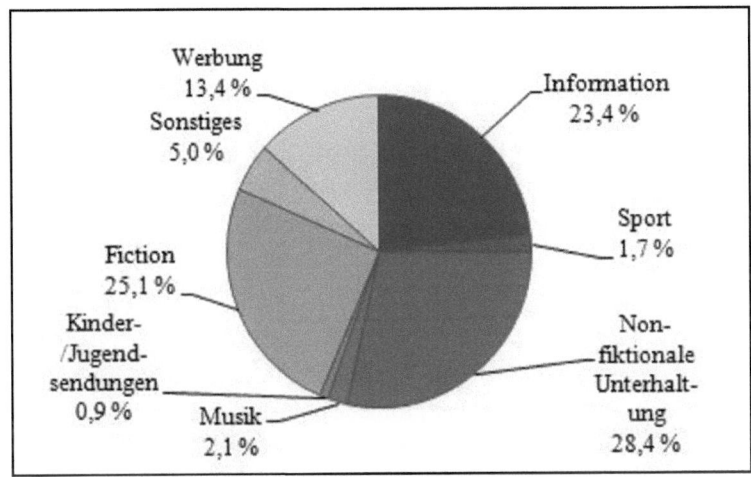

Abbildung 1: Programmprofil 2009 (Basis: Gesamtprogramm 1.440 Minuten pro Tag; Untersuchungszeitraum: 1.1.-31.12.2009); Quelle: IFEM Institut für empirische Medienforschung, Köln

Aus der Abbildung ist erkennbar, dass die meiste Sendezeit auf *nonfiktionale Unterhaltung* mit 28,4 % oder 408 Minuten täglich fällt. Eingeschlossen sind hier Formate der konventionellen Unterhaltung, aber auch die bereits erwähnten Hybridformate. Zur nonfiktionalen Unterhaltung zählen daher Formate wie Magazine, Reportagen usw. Im Factual Entertainment Bereich stellt RTL seinen Zusehern ein differenziertes und breites Angebot zur Verfügung. Hierzu zählen Doku-Soaps oder Scripted Doku-Soaps.

Zum Gesamtprogramm von RTL trugen die Doku-Soaps 13,6% Sendezeit bei, die Scripted Doku-Soaps weitere 2,7%. Doku-Fiction sowie Real-Life-Inszenierungen können aufgrund des hohen Inszenierungsgrades und des Unterhaltungsfaktors eher der nonfiktionalen Unterhaltung zugerechnet werden als der klassischen Fiction.[18] Die fiktionalen Formate verfügen über eine tägliche Sendezeit von 25,1% bzw. 1.440 Minuten.[19] Angeboten werden Spielfilme, Fernsehfilme und Fernsehserien, wobei der Schwerpunkt mit 17,8 % auf Fernsehserien liegt. Der Anteil an Spiel- und Fernsehfilmen blieb im Vergleich zum Vorjahr konstant.[20]

Hier ist deutlich erkennbar, dass RTL sein Kernversprechen erfüllt und seinen Zusehern vor allem Unterhaltung bietet. Damit verknüpft ist auch das Versprechen der emotionalen Verbundenheit mit dem Sender und seinen Schauspielern. Aber auch den dritten Teil des Kernversprechens, nämlich das Angebot von *Informationen*, erfüllt RTL mit einer Sendezeit von 23,4% bzw. 337 Minuten pro Tag[21]. Für 57 Minuten täglich bietet RTL Nachrichten an. Verglichen mit ARD und ZDF, deren Anteil von Nachrichten 132 bzw. 135 Minuten pro Tag ausmacht, ist das Nachrichtenangebot relativ gering.

---

[18] vgl. Krüger 2010: 171ff.
[19] vgl. ebd.: 161ff.
[20] vgl. ebd.: 173
[21] vgl. ebd.: 161ff.

Anhand der Sendeminuten bietet RTL verglichen mit den anderen Privatsendern jedoch den größten Anteil an Nachrichtensendungen.[22] Die drei Programmsparten Nonfiktionale Unterhaltung, Fiktion und Information stellen somit die Säulen des redaktionellen RTL-Programms dar.

Sport, Musik und Kinderprogramm sind auf RTL schwächer vertreten. In 193 Minuten täglich und damit für 13,4% der Sendezeit schaltet der Privatsender Werbung. Verglichen zum Vorjahr, in dem RTL einen Werbeanteil von 20,6 % erreichte, ist hier ein deutlicher Rückgang zu verzeichnen. Dieser kann durch die Aufgabe des Teleshoppings auf RTL begründet werden. Die restlichen 5% der Sendezeit fallen unter die Kategorie „Sonstiges", zu der hauptsächlich eigene Programmwerbung durch Trailer zählt.[23]

RTL vermittelt nach ARD und ZDF am stärksten die Themen Politik, Wirtschaft, Gesellschaft und Zeitgeschichte. Der Privatsender behandelt in 7,6% des Gesamtprogramms politische Themen, im Vergleich dazu sind dies bei ProSieben nur 1,0 %. Der Schwerpunkt der privaten TV-Sender liegt vor allem bei Themen aus dem Alltagsleben, Soziales, Freizeit und zwischenmenschlichen Beziehungen. Diese Themen behandelt RTL, mit etwa einem Viertel bzw. 24,3% der Sendezeit, am ausgiebigsten. Eine weitere wichtige Programmsparte ist die nonfiktionale Unterhaltung. Hier wird von RTL vor allem das Thema „zwischenmenschliche Beziehungen" in Form von seriellen Doku-Soaps behandelt.[24]

RTL setzt sein Markenversprechen um und bietet neben Unterhaltung auch Informationen. Obwohl der Privatsender mit den öffentlich-rechtlichen Sendern in Bezug auf das Informationsangebot nicht mithalten kann, bietet er im Vergleich zu seinen privaten Mitbewerbern die meiste Information. Die Abgrenzung zu ProSieben erfolgt jedoch nicht über diesen Teil des Programms, sondern vor allem über die Vielfalt der eigenproduzierten Unterhaltung.

3.2 Programmschema

Das Programmschema eines TV-Senders zeigt die zeitliche und organisatorische Zusammensetzung der Inhalte. Untersucht wurde die vertikale und horizontale Programmierung, wobei erstere den Tagesverlauf und letztere den Wochenverlauf des Programms abbildet. Wie die folgende Tabelle zeigt, findet sich im Programm von RTL in Hinblick auf die Woche eine Regelmäßigkeit und somit Verlässlichkeit für die Zuseher wieder.

---

[22] vgl. ebd.: 168ff.
[23] vgl. Krüger 2010: 161ff.
[24] vgl. ebd.: 174 ff.

Zeit	Day Part	Genre	Formate
07:00-10:00	Early Morning	Information Wiederholung Information Wiederholung	6.00 Punkt 6 7.30 Alles was zählt 8.00 Unter uns 8.30 GZSZ 9.00 Punkt 9 9.30 Mitten im Leben! SA,SO: Wiederholungen
10:00-17:00	Daytime	Doku-Soaps Information Doku-Soaps	10.30 Mitten im Leben! 11.30 Unsere erste gemeinsame Wohnung 12.00 Punkt 12 14.00 Mitten im Leben! 15.00 Verdachtsfälle 16.00 Familien im Brennpunkt SA, SO: Information, Serien
17:00-20:00	Access Prime Time	Dokumentation Soaps Information Soaps	17.00 Betrugsfälle 17.30 Unter uns 18.00 Explosiv 18.30 Exclusiv 18.45 RTL Aktuell 19.05 Alles was zählt 19.40 Gute Zeiten, schlechte Zeiten SA,SO: Serien, Information
20:00-23:00	Prime Time	ab 20:15 je nach Schwerpunkt	MO: Show/Fiction DI: Fiction MI: Real Life DO: Fiction FR: Show SA: Show SO: Eventkino
23:00-0:30	Late Night	Reportage, Fiction, Magazine, Comedy, Show Information	MO: Reportage DI: Fiction MI: Magazin DO: Fiction FR: Comedy SA: Show/Comedy SO:Reportage 0.00 Nachtjournal
0:30-6:00	Over Night	Wiederholungen	0.35 C.S.I – Den Tätern auf der Spur 1.25 Bones 2.20 Familien im Brennpunkt 3.10 Nachtjournal 5.35 Explosiv SA, SO: Wiederholungen

Tabelle 2: Programmschema RTL

RTL bietet seinen Zusehern eine klare Programmstruktur. So werden, wie aus der Tabelle ersichtlich, bis 12.00 Uhr zwischen den Eigenproduktionen zu regelmäßigen Zeiten immer wieder Informationsformate ausgestrahlt. Auch während der Access Prime Time haben Informationen ihren fixen Sendeplatz. Zuseher bekommen also eine regelmäßig wiederkehrende Mischung aus Informationen und Unterhaltung zu sehen, wobei der Anteil an Unterhaltungsformaten überwiegt. Diese Regelmäßigkeit des Programms erleichtert den Zusehern bestimmte Programme zu finden.

Die Regelmäßigkeit des Programmschemas von RTL findet sich auch am Abend wieder. Das Abendprogramm jeden Wochentags setzt unterschiedliche Schwerpunkte bezogen auf die Programmgenres. Die Top-Formate des Privatsenders liegen vor allem im Show- und Fiction-Bereich. Dies ist auch im Programmschema erkennbar. Diese beiden Genres thematisieren an je zwei Wochentagen das Programm der Prime Time und Late Night.

3.3 Programmportfolio: Eigenproduktionen als Stars bei RTL

RTL setzt seinen Schwerpunkt auf selbstproduzierte Inhalte. Nur wenige Fremdproduktionen sind im Programm des Privatsenders wiederzufinden. Wie aus dem Portfolio-Modell ersichtlich ist, erzielen vor allem Eigenproduktionen des Senders hohe Reichweiten. Fremdproduktionen wie beispielsweise „Law & Order" tragen ebenfalls zum Erfolg bei, jedoch sind es nicht diese Formate, die den Sender von der Konkurrenz abheben, denn auch andere deutsche Privatsender strahlen diese Serien aus. Die Stars der Eigenproduktionen wie „Gute Zeiten, schlechte Zeiten" oder „Die Schulermittler" stärken die Marke RTL, grenzen sie von der Konkurrenz ab und setzen auch die Markenwerte und das Markenversprechen um.

Eigen-produktionen	Unter uns	Ich bin ein Star – Holt mich hier raus
	Im Namen des Gesetzes	Deutschland sucht den Superstar
	Teenager außer Kontrolle	Gute Zeiten, schlechte Zeiten
	Die Ausreißer	Die Schulermittler
Fremd-produktionen	C.S.I. – den Tätern auf der Spur	CSI: Miami
	Dr. House	Monk
		Bones – Die Knochenjägerin
		Law & Order
	geringe Reichweite	*hohe Reichweite*

Abbildung 2: Programmportfolio RTL

3.4 Lebenszyklus der Formatmarken

Ebenso wie jedes Produkt durchlaufen auch Formate eines TV-Senders die Stufen des Produktlebenszyklus: Markteinführung, Wachstum, Reifung, Sättigung und Degeneration. Zur Analyse wurden ein erfolgreiches sowie ein schwächeres Format herangezogen und anhand der Entwicklung der Marktanteile eingeordnet.

Die Show *„Deutschland sucht den Superstar"* wurde 2002 zum ersten und 2010 bereits zum siebten Mal ausgestrahlt. Seit dem Start der Show erreichte die siebte Staffel die zweitbeste Durchschnittsreichweite. Insgesamt verfolgten durchschnittlich 6,51 Millionen Zuseher bzw. 4,24 Millionen Zuschauer in der werberelevanten Zielgruppe die Show. Die ersten sieben von 20 Folgen, die sich mit den Castings beschäftigen, sind die quotenstärksten. Aber auch weitere Folgen erzielen hohe Reichweiten.

Im Vergleich zur sechsten Staffel konnte die Show auch 2010 einen Quotenzuwachs verzeichnen.[25] Daher wird die Show im Produktlebenszyklus in die Übergangsphase der Reifung zur Sättigung eingeordnet.

Die Soap *„Unter uns"* erzielt immer wieder Quoten unter dem Senderschnitt. Die Folgen von Januar bis Juli 2010 sahen 1,84 Millionen Zuseher bzw. erreichten einen Marktanteil von 12,5 % und 17,8 % bei der jungen Zielgruppe. Trotz der niedrigen Quoten kann die Soap mit den Vorjahreszahlen mithalten. 2009 sahen 12,3% des Gesamtpublikums bzw. 16,9 % der werberelevanten Zielgruppe „Unter uns".[26] Aufgrund der niedrigen Quote, die in den letzten Jahren gesunken ist bzw. stagnierte, kann „Unter uns" in die Übergangsphase der Sättigung zur Degeneration eingestuft werden.

4 „Mein" RTL – Analyse der Kommunikationspolitik

Der Privatsender RTL setzt sowohl in seinem Programm als auch bei seinem Design auf Kontinuität und Beständigkeit. Die Kommunikation On- und Off-Air sind anhand des Styleguides aufeinander abgestimmt. Die nächsten Punkte stellen das Design des Senders dar, das sich wie ein roter Faden durch die Markenkommunikation zieht.

4.1 Corporate Design: Ein moderner Auftritt

Im Jahr 2008 wurde das optische Erscheinungsbild von RTL erneuert. Das Design des Senders gewährleistet die Differenzierung von der Konkurrenz sowie die Positionierung der Marke RTL. Ziel des Relaunches war die Kommunikation des Programmes sowie die Stärkung des Senderimages. Das Corporate Design des Senders spiegelt den bewährten Premiumcharakter des Programms wider. Das neue On- und Off-Air-Design ist lebendig und frisch, steht aber auch in der Tradition des Senders.[27]

RTL setzt auf sein traditionelles und bisher nur gering verändertes Logo (vgl. Abb. 3). Die drei Hausfarben von RTL wirken erfrischend, jung, bunt und vielfältig, unterstützen die Positionierung des Senders und finden sich im Logo und in der gesamten Kommunikation des Senders wieder. Verwendet als Bindeglied in der Promotion, sind die Wochentage zudem einzeln markiert. Durch die farbliche Gestaltung der Kommunikationsmittel erhält der Rezipient zwei Informationen, die im Vordergrund stehen: RTL als Absender und den Wochentag.[28]

Abbildung 3: RTL-Logo

---

[25] vgl. Sanchez 2010a
[26] vgl. Sanchez 2010b
[27] vgl. RTL Creation 2008: 1
[28] vgl. Ebenda: 1 ff.

Auch nach dem Relaunch wird die „Mein RTL"-Kampagne fortgeführt. Ziel ist dabei die Emotionalisierung des Senders, seiner Schauspieler und Moderatoren sowie seiner Formate. Wie die Grafik zeigt, wird das Wort „Mein" in Handschrift des Zuschauers dargestellt, womit die emotionale Nähe zu RTL vermittelt werden soll.

Die Marke RTL zielt auf eine emotionale Bindung der Zuseher mit ihren Stars und dem Sender ab. Die Bildsprache und die Farbigkeit vermitteln den hohen Unterhaltungswert von RTL, und zwar sowohl in der On- als auch in der Off-Air-Kommunikation.[29]

4.2 On-Air-Kommunikation im neuen Design

Das Logo ist auch Teil der *Station ID* (vgl. Abb. 4), die nach jeder Werbeunterbrechung zum Einsatz kommt. Unterstützt wird diese von der RTL Sound ID und dem Voice Over „Mein RTL". Für die Werbetrenner nutzt RTL seine Stars und Moderatoren. Zu sehen sind aber vor allem auch typische Zuseher in verschiedenen Lebenssituationen. Auffällig ist hier, dass diese immer in den Senderfarben gekleidet sind.

Auch in den Studios der Informationssendungen finden sich die Senderfarben wieder. So moderiert beispielsweise Frauke Ludowig das Magazin „Exclusiv" im gelben, Janine Steeger „Explosiv" im roten Studio. Seit Juni 2010 sendet RTL aus dem neuen Sendezentrum der Mediengruppe RTL

Abbildung 4: Station ID RTL

Deutschland. Aufgrund der neuen HD-Studios gehen alle Informationssendungen auch in neuem Design On Air. Die farbliche Hintergrundgebung bleibt jedoch erhalten. Die Farbzuweisung der einzelnen Informationsformate erleichtert so dem Zuseher die Wiedererkennung der Sendungen, auch ohne Moderatoren.

4.3 Off-Air-Kommunikation: Köln und RTL suchen „King Kong"

Für die Off-Air-Kommunikation werden vor allem Plakate und Printanzeigen in Programm- und Publikumszeitschriften eingesetzt. So war beispielsweise die Show „Let's Dance" auf Mega-Light-Boards, Litfaßsäulen, City-Light-Postern und vielem mehr zu sehen. Die Off-Air-Kampagne von „Let's Dance" wurde auch mit On-Air-Maßnahmen unterstützt, welche Silhouetten-Teaser mit Tänzern, Teaser mit den Moderatoren, Imagetrailer umfassten. Zusätzlich wird bei allen Kampagnen auch immer die Website des Senders mit einem Online-Special eingebunden.[30]

---

[29] vgl. ebd.: 1
[30] vgl. Pressezentrum RTL 2008

182

Eine weitere erfolgreiche Kampagne ist die Osterkampagne von Februar 2008. Diese wurde mit dem „Eyes & Ears Award" in der Kategorie „Beste integrierte Programm-Promotion-Kampagne" ausgezeichnet, ein Preis der europäischen Vereinigung für Design, Promotion und Marketing der audiovisuellen Medien, des Verbandes „Eyes & Ears of Europe". „Ostersonntag lassen wir ihn raus" war der Slogan zur Erstausstrahlung des Kinohighlights „King Kong" auf RTL.

Abbildung 5: Kampagne für King Kong

Die crossmediale Kampagne umfasste im On-Air-Bereich Teaserspots, Trailer und Kopfpromotionen.[31] Unterstützt wurden diese mit Werbeopenern, der Station ID „King Kong" sowie einem weißen Hasen, der in die Rolle von Naomi Watts schlüpft. Wie bei allen Kampagnen setzte RTL hier auf Plakate und Printanzeigen. Einzigartig waren die Ambientmaßnahmen der Kampagne: Zwei Wochen vor Ostern wurden in Köln, Berlin und in München überdimensionale Holzkisten aufgestellt. Eine Woche später bat RTL dann die Kölner um ihre Mithilfe. An Laternenmasten wurden Abreißzettel angebracht mit dem Hinweis, dass ein entlaufener Gorilla gesucht wird. Eine weitere Ambientmaßnahme war das Branding der Kölner Straßenbahn.[32]

Plakate und Printanzeigen des TV-Senders sind immer nach einem einheitlichen Schema aufgebaut. Wie nebenstehende Grafik zeigt, besteht das Off-Air-Design aus drei Einheiten, um dadurch den 3er Rhythmus des RTL-Logos aufzugreifen. Jeder Teil hat dabei eine spezielle Aufgabe: Der obere Bildteil beinhaltet das Hauptmotiv und legt den Fokus auf die Darsteller. Im mittleren Bildteil informiert der Corporate Stripe über Sendedatum und -zeit. Hier ist auch das „Mein RTL" Logo sowie die Subline platziert. Das Sendungslogo des jeweiligen Formats ist im unteren Bildteil untergebracht.[33]

Abbildung 6: Aufbau von Off-Air-Kommunikation

RTL spricht mit seinen Kampagnen vor allem die Emotionen der Zuseher an, wobei Humor und fröhliche Farben verwendet werden. Im Vordergrund der Kommunikation steht auch die Verbindung zwischen dem Sendeplatz und dem Sender. Saisonale Ereignisse wie Ostern und Weihnachten besetzt RTL immer thematisch.

---

[31] Anm.: Kopfpromotion beschreibt ein On-Air-Kommunikationsmittel, das vor einer Werbeinsel geschalten wird.
[32] vgl. Pressezentrum RTL 2010f
[33] vgl. RTL Creation (2008), S. 19ff.

In der Gestaltung der Werbebotschaft nutzt der Privatsender entweder die Lifestyle-Technik oder setzt Testimonials ein. Der Ton der Kampagnen ist immer positiv und fröhlich, die Wortwahl tendiert hin zum Erzählstil. Bei der formalen Gestaltung fällt auf, dass die Kampagnen immer bunt und auffallend sind, wobei vor allem darauf geachtet wird, dass hauptsächlich die Senderfarben verwendet werden.

5 Fazit

Wie der vorliegende Beitrag zeigt, ist RTL nicht grundlos der erfolgreichste Privatsender Deutschlands. Das Medienunternehmen greift in einem crossmedialen Konzept technologische Trends auf und ist mittlerweile im Internet und auch auf mobilen Endgeräten präsent. Der breiten Zielgruppenansprache wird RTL durch sein breitgefächertes Programm gerecht. In allen acht Genres strahlt der TV-Sender erfolgreiche Formate aus. Besonders stark sind die Formate aus dem eigenen Haus. RTL setzt auf Eigenproduktionen, die als die wichtigsten Stärken des Senders gesehen werden können. Hiermit grenzt er sich gegen seine Konkurrenz ab und erreicht zugleich viele Zuseher.

Die Marke RTL, die Markenidentität sowie die Markenphilosophie sind im Programm, aber auch in der Kommunikation des Senders wiederzufinden. Ein besonders wichtiger Teil der Kommunikationspolitik ist der Slogan des Senders, „Mein" RTL. Die Senderfarben ziehen sich wie ein roter Farben durch alle Kanäle. Die Kommunikationsmaßnahmen sind nach einem einheitlichen Schema aufgebaut, so auch die Programmpolitik. Der Privatsender RTL hält also, was er verspricht: Unterhaltung, Information und emotionale Nähe.

Literaturverzeichnis

Bertelsmann AG (o.J.): RTL Group – Gute Unterhaltung auf allen Kanälen, http://www.bertelsmann.de/bertelsmann_corp/wms41/bm/index.php?ci=168&language=1, zuletzt aufgerufen am 28.08.2010

Bode, P. (2010): Markenmanagement in Medienunternehmen, 1. Auflage, Wiesbaden

IP Deutschland (o.J.): Mediadaten RTL, http://www.ip-deutschland.de/ipd/mediadaten/ Mediadaten_Fernsehen/mediadaten_rtl.cfm, zuletzt aufgerufen am 28.08.2010

IP Deutschland (o.J.): Programm RTL, http://www.ip-deutschland.de/ipd/plattformen/ fernsehen/rtl/programm.cfm#i388, zuletzt aufgerufen am 28.08.2010

Krüger, U. M. (2010): Programmanalyse 2009 – Teil 1: Sparten und Formen, Factual Entertainment – Fernsehunterhaltung im Wandel, in Media Perpektiven 4/2010, S. 158-181

Mediengruppe RTL Deutschland (o.J.): Mediengruppe RTL Deutschland, http://www.mediengruppe-rtl.de/de/pub/ueber_uns/profil.cfm, zuletzt aufgerufen am 28.08.2010

Meffert, H. / Burmann, C. / Koers, M. (2002): Markenmanagement, Grundfragen der identitätsorientierten Markenführung, Wiesbaden

Pressezentrum RTL (2010): Event-Show – Neue DSDS-Jury, http://kommunikation.rtl.de/de/pub/ aktuell/i18256_1.cfm, zuletzt aufgerufen am 28.08.2010

Pressezentrum RTL (2010): Mein RTL, http://kommunikation.rtl.de/de/pub/ unternehmen/i192_1.cfm, zuletzt aufgerufen am 28.08.2010

Pressezentrum RTL (2010): Personalien – Jauch bleibt im Show-Bereich bei RTL, http://kommunikation.rtl.de/de/pub/aktuell/pressemitteilungen/detail_pressemitteilung.cfm?subpageobject_ID=20511&subpagenumber=1, zuletzt aufgerufen am 28.08.2010

Pressezentrum RTL (2010): RTL Creation – RTL Showhighlight „Let's Dance", http://kommunikation.rtl.de/de/pub/aktuell/pressemitteilungen/detail_pressemitteilung.cfm?subpageobject_ID=19044&subpagenumber=1, zuletzt aufgerufen am 28.08.2010

Pressezentrum RTL (2010): RTL Programm Season 2010/11, http://kommunikation.rtl.de/de/pub/aktuell/i17449_1.cfm, zuletzt aufgerufen am 28.08.2010

Pressezentrum RTL (2010): RTL Television – RTL ist die klare Nummer 1, http://kommunikation.rtl.de/de/pub/ unternehmen/i191_1.cfm, zuletzt aufgerufen am 28.08.2010

Pressezentrum RTL (2008): Sender RTL – Marketing, King Kong Kampagne, http://kommunikation.rtl.de/de/pub/aktuell/i4161_1.cfm, zuletzt aufgerufen am 28.08.2010

Richter, C. (2009): Quotencheck „Das Supertalent", http://www.quotenmeter.de/cms/ ?p1=n&p2=39166&p3=, zuletzt aufgerufen am 28.08.2010

RTL (2010): Erfolgsprogramm starker Marken. http://www.ip-deutschland.de/ipd/ plattformen/fernsehen/rtl/programm.cfm , zuletzt aufgerufen am 30.07.2010

RTL Creation (2008): Styleguide. Internes Dokument per mail.

RTL Group (o.J.): At a glance, http://www.rtlgroup.com/www/htm/ataglance.aspx, zuletzt aufgerufen am 28.08.2010

RTL Group (o.J.): Factsheet, http://www.rtl-group.com/www/htm/factsheet.aspx, zuletzt aufgerufen am 28.08.2010

Sanchez, M. N. (2010): Quotencheck „Superstar 7", http://www.quotenmeter.de/cms/ ?p1=n&p2=41430&p3=, zuletzt aufgerufen am 28.08.2010

Sanchez, M. N. (2010): Quotencheck „Unter uns", http://www.quotenmeter.de/cms/ ?p1=n&p2=43476&p3, zuletzt aufgerufen am 28.08.2010

Elisabeth Hofstätter

ProSieben: Die Entertainmentwelt von Stefan Raab

1 ProSieben – Entertainment im Fernsehmarkt

ProSieben, Tochter der ProSiebenSat1 Group, gehört zu den erfolgreichsten deutschen Sendern im Free-TV.[34] Durch eine eindeutige Positionierung im hochkompetitiven deutschen Fernsehmarkt hat sich *ProSieben* von der Konkurrenz abgehoben und in den letzten Jahren als leidenschaftliche und hochwertige Entertainmentmarke positioniert.[35]

Everytainment lautet das Kernversprechen von *ProSieben*, welches sich durch die gesamte Programm- und Kommunikationspolitik zieht. Die Unterhaltung des Rezipienten – unabhängig vom Medium, von Ort und Zeit – steht dabei im Vordergrund.[36] So wird den Nutzern mit der Onlineplattform *www.ProSieben.de* ermöglicht, auf Episoden und andere Sendungsinhalte kostenfrei zuzugreifen. Die *ProSieben*-Applikation und das Mobile TV Angebot runden diese Vielfalt ab. Damit möchte *ProSieben* demonstrieren, dass der Sender mehr als nur Fernsehen ist.[37]

2 Strategische Markenanalyse ProSieben

2.1 Markenmodell

ProSieben hat ein eigenes Markenmodell mit den drei wichtigsten Markenwerten und -themen entworfen. An der Spitze des Modells steht das Kernversprechen: Everytainment. Die einzelnen Satellitenversprechen – Attribute und Versprechen – wurden den einzelnen Werten und Themen zugeordnet.[38]

---

[34] Vgl. o.V. 2010 i
[35] Vgl. o.V. 2010 f
[36] Vgl. ebenda
[37] Vgl. ebenda
[38] Vgl. o.V. 2010 m: 3ff.

186

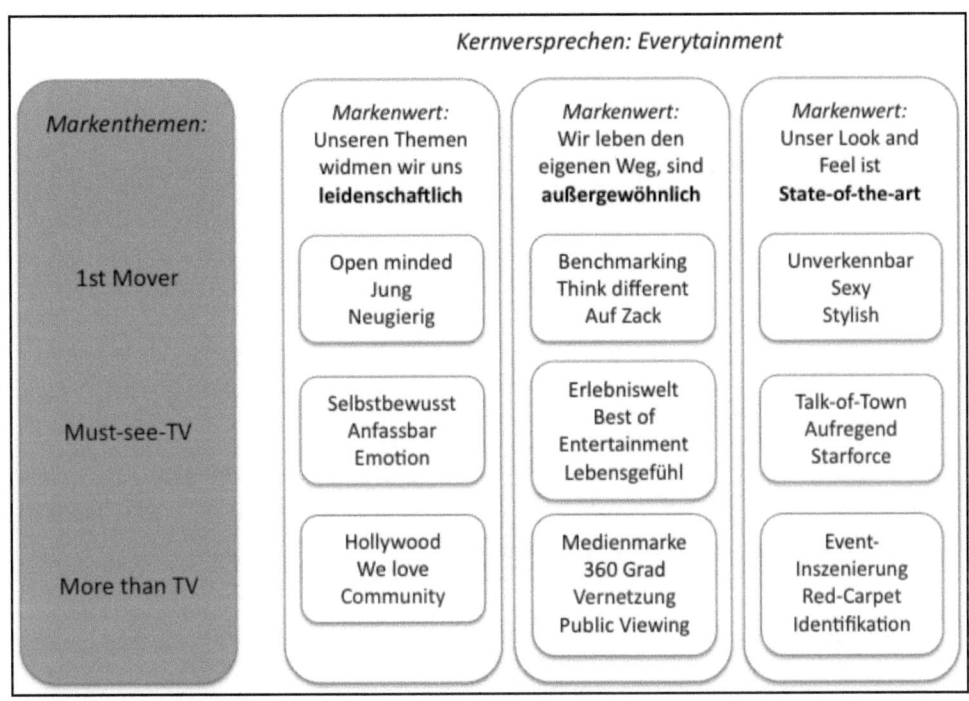

Kernversprechen: Everytainment			
Markenthemen:	**Markenwert:** Unseren Themen widmen wir uns **leidenschaftlich**	**Markenwert:** Wir leben den eigenen Weg, sind **außergewöhnlich**	**Markenwert:** Unser Look and Feel ist **State-of-the-art**
1st Mover	Open minded Jung Neugierig	Benchmarking Think different Auf Zack	Unverkennbar Sexy Stylish
Must-see-TV	Selbstbewusst Anfassbar Emotion	Erlebniswelt Best of Entertainment Lebensgefühl	Talk-of-Town Aufregend Starforce
More than TV	Hollywood We love Community	Medienmarke 360 Grad Vernetzung Public Viewing	Event- Inszenierung Red-Carpet Identifikation

Abbildung 1: Markenmodell (Basis: o.V. 2010m: 3)

ProSieben definierte als Grundlage für sein Markenversprechen drei *Markenwerte,* mit denen sich der private Fernsehsender auf die junge Mediengeneration zwischen 14 und 29 Jahren und Junggebliebene zwischen 30 und 39 Jahren konzentrieren möchte.[39]

- *Leidenschaftlich:* Durch die emotionale Zweitmarke *WE LOVE* und eine Vernetzung über diverse Plattformen möchte sich *ProSieben* von der Konkurrenz abheben. Mit Innovationen und Weitblick soll auf die Bedürfnisse des Fernsehpublikums eingegangen werden.[40]
- *Außergewöhnlich:* Unterhaltung – Entertainment –ist ein weiterer Teil des Kernversprechens der Marke. *ProSieben* möchte für die Zuschauer immer und überall zugänglich sein und setzt dabei auf die Plattformen Online, Mobile und TV.[41]
- *State of the Art:* Die Qualitätsphilosophie[42] von *ProSieben* soll auf allen Plattformen gelebt werden und beeinflusst so das gesamte Auftreten des Senders. Format- und Personenmarken sowie unverwechselbare Kampagnen sollen *ProSieben* ein einzigartiges Erscheinungsbild verleihen.[43]

---

[39] Vgl. ebenda: 5
[40] Vgl. ebenda
[41] Vgl. ebenda
[42] Anm.: Es wird allerdings nicht definiert, was genau unter Qualität verstanden wird.
[43] Vgl. ebenda

187

ProSieben versucht sich durch seine definierten Markenwerte von seinen Mitbewerbern, den privaten und öffentlich-rechtlichen Sendern, abzugrenzen. Dazu wurden von *ProSieben* drei *Markenthemen* entwickelt, die Teil des Kernversprechens und der Markenwerte sind.

- *First Mover: ProSieben* sieht sich als beliebteste Medienmarke der 14 bis 29 Jährigen. Durch eine plattformübergreifende und einfache sowie schnelle Zugänglichkeit zur Marke und deren Inhalten möchte *ProSieben* ins neue Medienzeitalter starten und versteht sich als Pionier für die digitale Zukunft.[44]
- *More than TV:* Von der Veränderung des Mediennutzungsverhaltens will *ProSieben* profitieren. Der Zielgruppe stehen alle Inhalte unabhängig von Zeit, Ort und Medium zur Verfügung.[45]
- *Must-See-TV:* Mit Innovationen und Vermarktungsstrategien grenzt sich *ProSieben* von der Konkurrenz ab und baut seine Programmkompetenz aus. Neue Formate sollen für Gesprächsstoff beim Publikum sorgen, in den Köpfen der Zuschauer bleiben sowie das Erlebnisgefühl steigern.[46]

Ein wichtiger Aspekt von *ProSieben* ist „Everytainment" – Unterhaltung immer und überall. Dieses *Kernversprechen* bildet das Fundament für die Marke.[47] Durch die vielseitige Verbreitung der Angebote (TV, Internet und Mobiltelefon) erreicht der Sender ein jüngeres Publikum und löst so sein Versprechen ein, nämlich die „beliebteste Entertainmentmarke der jungen Mediengeneration" zu sein.[48] Im Claim *We love to entertain you* findet sich dieses Kernversprechen wieder.

Wie aus Abbildung 1 ersichtlich, hat *ProSieben* eine Vielzahl an Attributen und Versprechen für die Marke definiert. Diese lassen sich aus den drei Kernversprechen ableiten und in den *Satellitenversprechen* widerspiegeln. Eine eingeschränkte Auswahl aus dem Satellitenversprechen lässt sich wie folgt darstellen:[49]

- Jung (*POPSTARS*, *The Simpsons*)
- Sexy (*Germany's next Topmodel*, *Grey's Anatomy*)
- Eventinszenierung (*WOK-WM*, *TV total Turmspringen*)
- Hollywood (Genremarken: *Blockbuster* und *Serien-* zahlreiche Spielfilmen und Serien aus Hollywood)

2.2 Markenpositionierung

ProSieben sieht sich selbst als Spielfilmsender Nr. 1 mit der besten Unterhaltung in der werberelevanten Zielgruppe. Des Weiteren ist *ProSieben* die beliebteste Medienmarke bei den 14 bis 29-jährigen und hat sich damit zur stärksten deutschen TV-Marke entwickelt.

---

[44] Vgl. ebenda: 6
[45] Vgl. ebenda
[46] Vgl. ebenda
[47] Vgl. ebenda: 2f.
[48] Vgl. o.V. 2010m: 7
[49] Vgl. ebenda: 3

Points of Parity: Im Genre Unterhaltung weisen *ProSieben* und *RTL* Gemeinsamkeiten auf. Beide Sender haben amerikanische Produktionen in ihrem Programm, setzen aber auch verstärkt auf Eigenproduktionen. Zum Beispiel produziert *ProSieben* seit zehn Jahren die Musik-Castingshow *POPSTARS*. *RTL* nahm kurze Zeit später ebenfalls eine Musik-Castingshows – *Deutschland sucht den Superstar* – in ihr Programm auf. Dennoch unterscheiden sich die beiden Unterhaltungssendungen im Detail voneinander. So zählt etwa bei *POPSTARS* in erster Linie das Juryurteil, Publikumsvotings sind meist erst im Finale gestattet. Das Pendant *Deutschland sucht den Superstar* lässt von Beginn an Zuschauer selbst über den Verbleib der Teilnehmer entscheiden.

Points of Difference: Der Sender differenziert sich vor allem durch sein Programman-gebot und – auch daraus folgend – durch die Zuschauer von seinen Mitbewerbern. Mit der eigens definierten Mediengeneration – 14 bis 29-jährige – konzentriert sich *ProSieben* auf ein jüngeres Publikum als die Mitbewerber. Im Programm hebt sich *ProSieben* ebenfalls von den großen Free-TV-Sendern (*ARD, ZDF, RTL* und *SAT1*) am deutschen Markt ab. Die deutliche Entertainment-Positionierung wurde in den vergangenen Jahren kontinuierlich erweitert, vor allem im Spielfilm- und Serienbereich sowie bei Eigenproduktionen. Auf Sportübertragungen hingegen verzichtet *ProSieben* gänzlich.[50]

2.3 Markenarchitektur

Mit den *Genremarken* Blockbuster, Wissen, Comedy und Serien möchte ProSieben das Markenversprechen umsetzen und damit die Sendermarke stärken. Durch die Genremarke Made by ProSieben möchte der Sender den Zugang zu eigenproduzierten Spielfilmen und Serien ermöglichen und eine noch stärkere Profilierung der Sendermarke erreichen.

Formatmarken spielen für den Sender eine wesentliche Rolle. *ProSieben* hat zahlreiche Submarken aufgebaut. Vor allem die Wissenssendung *Galileo* sowie die Unterhaltungsshows *POPSTARS* und *Germany's next Topmodel* oder Serien wie *Grey's Anatomy* sind sehr erfolgreich.

Personenmarken sind der wichtigste Teil der Markenstrategie des Senders. *Stefan Raab* ist eine, wenn nicht gar die wichtigste Markenpersönlichkeit des Senders. Seine Sendung *TV total* dient als neue Formatentwicklungs-Plattform. Immer mehr Events und Shows wurden aus der Sendung *TV total* heraus entwickelt wie z.B: *WOK WM, Unser Star für Oslo* oder *Schlag den Raab*. Die Eventinszenierung steht sowohl bei *Stefan Raab* als auch bei *ProSieben* im Vordergrund. Durch diese Markenerweiterung und neuen Formate wie etwa *Autoball WM, Unser Star für Oslo* oder *Schlag den Raab* wurden nicht nur hohe Einschaltquoten generiert, darüber hinaus wurde das Format *Schlag den Raab* in 14 Länder verkauft.[51] *Stefan Raab* ist eine wichtige Marke, die eng mit *ProSieben* verbunden ist und mit dem Sender assoziiert wird. Überdies werden *Sonya Kraus* und *Aiman Abdallah* als Personenmarken von *ProSieben* angesehen.

---

[50] Vgl. Feldmann (2001), S. 122f.
[51] Vgl. o.V. 2007

189

In der folgenden Tabelle werden die wesentlichen Genre-, Format- und Personenmarken von *ProSieben* zusammengefasst:

Genremarken	*Formatmarken*	*Personenmarken*
• Blockbuster	• Desperate Housewives	• Stefan Raab
• Serien-Mittwoch	• Grey's Anatomy	• Elton
• Mystery-Montag	• Fringe-Grenzfälle des FBI	• Heidi Klum
• Comedy-Dienstag	• Galileo	• Sonya Kraus
• Made by ProSieben	• taff	• Aiman Abdallah
• Wissen	• Schlag den Raab	
• Show	• TV-Total	

Tabelle 1: Markenarchitektur (Basis: Wolff 2006b: 204)

3 Programmpolitik

3.1 Programmprofil – Dominanz fiktionaler Formate

In den letzten drei Jahren blieb das Programmprofil nahezu konstant. Wie aus dem Programmprofil in Abbildung 2 ersichtlich, nimmt die Fiktion mit 37,4% einen großen Anteil des Programms ein. Fiktionale Angebote konnten seit 2007 einen leichten Zuwachs verbuchen. Aufbauend auf der Markenpositionierung liegt der Schwerpunkt der Programmkompetenz eindeutig im Fictionbereich – dazu zählen Spielfilme (*Fluch der Karibik, Star Wars*), Fernsehfilme (*Tornado*) und Fernsehserien (*Desperate Housewives, Fringe-Grenzfälle des FBI*). Unter den stärksten Konkurrenten *ARD, ZDF, RTL* und *SAT1* verzeichnet *ProSieben* den höchsten Fictionanteil.[52]

Der Anteil an nonfiktionaler Unterhaltung (23,3%) blieb im Vergleich zum Vorjahr nahezu gleich. Die nonfiktionale Unterhaltung gliedert sich in drei Bereiche:
- Journalistische Unterhaltung (Oscar 2009 – *Die Academy Awards, POPSTARS*)
- Factual Entertainment (*Do It Yourself-S.O.S, U20-Deutschland, We are Family!*)
- Konventionelle Unterhaltungsformate (*Switch Reloaded, Schlag den Raab*)[53]

Das Nachrichtenangebot des Senders ist sehr begrenzt. *ProSieben* weist hier mit 15,8% den geringsten Informationsanteil unter den vier größten deutschen TV-Sendern (*ARD, ZDF, RTL* und *SAT1*) auf.[54]

Die übrigen Programmteile Werbung (14,7%), Musik (0,2%), Kinderprogramm (3,4%) und Sonstiges (5,3%) nehmen nur mehr einen geringen Teil am gesamten Programmprofil ein.[55]

---

[52] Vgl. Krüger (2010), S.161ff.
[53] Vgl. ebenda, S. 171.
[54] Vgl. ebenda, S. 169.
[55] Vgl. ebenda, S. 161ff.

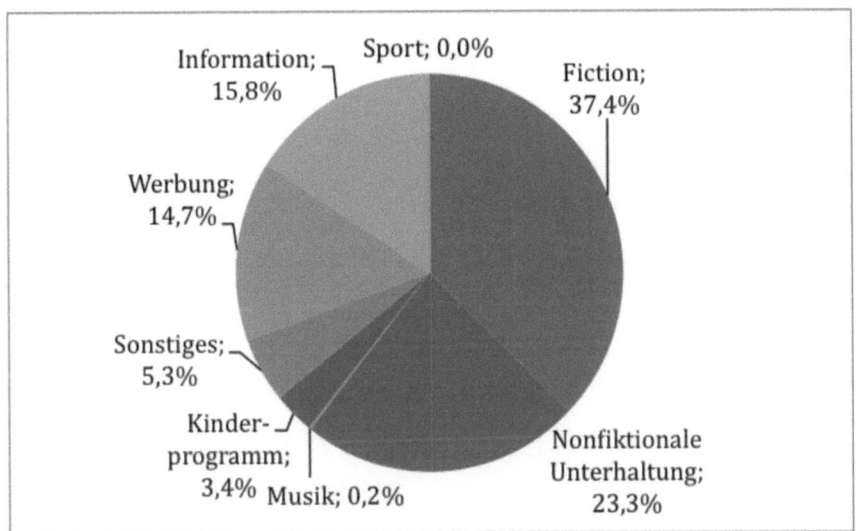

Abbildung 2: Programmprofil ProSieben 2009 (Basis: Gesamtprogramm 1.440 Min./Tag.; Untersuchungszeitraum: 1. Januar bis 31. Dezember 2009); Quelle: IFEM Institut für empirische Medienforschung

3.2 Programmschema – Wochendramaturgie und Themenabende

ProSieben hat für die Programmplanung eine Wochendramaturgie konzipiert. Den einzelnen Wochentagen werden bestimmte Themen in der Prime Time zugeordnet. Der Montag wird unter dem Motto *Mysteryabend* vermarktet.[56] Mit den Formaten *Fringe – Grenzfälle des FBI*, *Supernatural* und *Flashforward* hat der Sender einen männeraffinen Abend aufgebaut.[57] Am Dienstag wird der Fokus auf Comedy gelegt und Formate wie *The Simpsons, Two and a half men, Switch Reloaded* ausgestrahlt.[58] Der Serien-Mittwoch ist speziell für Frauen konzipiert. Dabei sollen Serien, die in erster Linie Frauen ansprechen – *Desperate Housewives, Grey's Anatomy, Private Practice, Good Wife* – zur Verfügung stehen.[59] Frauenaffine Serien sollen auch als Gegenstück zum klassischen Fußballabend der Männer fungieren. Am Donnerstag wird auf *ProSieben*-Eigenproduktionen gesetzt. Durch Shows wie *Germany's next Topmodel* und *POPSTARS* soll das Kernversprechen Unterhaltung umgesetzt werden. Das Wochenende ist der fiktionalen Unterhaltung vorbehalten. Dabei stehen am Samstag- und Sonntagabend Spielfilme aus Hollywood auf dem Programm. Neben dem Genre *Blockbuster* setzt *ProSieben* am Samstag aber auch auf die Vermarktung von Eigenproduktionen wie *Schlag den Raab, Solitary, Elton vs. Simon , League of Balls etc*. Die folgende Tabelle stellt das Programmschema des Senders im Überblick dar:

---

[56] Vgl. o.V. 2010 b
[57] Vgl. Wolff 2006b: 200
[58] Vgl. o.V. 2010e
[59] Vgl. o.V. 2010a

Day Part	Zeit	Genre	Wochenplanung und Formate
Early Morning	07:00 – 10:00	Wiederholungen, Serien	Montag bis Freitag: Wiederholung Serien (Scrubs – Die Anfänger, Malcolm mittendrin, How I Met Your Mother, Alle hassen Chris) Samstag: Wiederholungen – Comedy: talk talk talk, Switch Reloaded Sonntag: Wiederholungen – Serien
Daytime	10:00 – 17:00	Serien, Comedy, Doku-Soap, Wiederholungen	Montag bis Freitag: Wiederholung Spielfilme, Comedy, Doku Soaps Samstag: Serien (Futurama, Malcolm mittendrin, Scrubs – Die Anfänger) Sonntag: Wiederholung – Serien (Scrubs – Die Anfänger, Malcolm mittendrin etc.)
Access Prime Time	17:00 – 20:00	Magazin, News	Montag bis Freitag: Magazinsendungen: taff, Galileo; Serien: The Simpsons; Nachrichten: Newstime; 18:10 Die Simpsons; 18:40 Die Simpsons; 19:10 talk talk talk Samstag: Nachrichten: Newstime; Serien: The Simpsons Sonntag: Nachrichten: Newstime; Serien: The Simpsons, Galileo
Prime Time	20:00 – 23:00	Spielfilme, Serien, Unterhaltungshows,	Mystery-Montag: Fringe – Grenzfälle des FBI; EUReKA – Die geheime Stadt; Supernatural Comedy-Dienstag: The Simpsons; Two and a half man; Switch Reloaded Serien-Mittwoch: Grey's Anatomy; Private Practice; Good Wife Donnerstag: POPSTARS – Girls forever Freitag: Spielfilme (James Bond 007) Samstag: Eigenproduktionen: Solitary, Elton vs. Simon, Schlag den Raab; Spielfilme Sonntag: Spielfilme
Late Night	23:00 – 0:30	Unterhaltungshows, Serien Magazine Wiederholungen	Montag bis Donnerstag: TV Total, Comedy, Wiederholungen, Magazine (Wissen Weltweit, ProSieben Reportage) Wiederholungen von Serien Freitag: Spielfilme Samstag: Unterhaltungshows (League of Balls, Wiederholungen) Sonntag: Spielfilme
Over Night	00:30 – 6:00	Wiederholungen	Montag bis Sonntag: Wiederholungen – Serien, Spielfilme

Tabelle 2: Programmschema

Es ist erkennbar, dass der Sender hier eine starke horizontale und auch vertikale Programmierung vornimmt, die dem Zuseher die Orientierung erleichtert. Zudem kommt bei Pro Sieben eine deutliche Zielgruppenfokussierung innerhalb dieser Programmierung zum Tragen.

3.3 Programmportfolio – Erfolgsfaktor Eigenproduktion

ProSieben kauft zahlreiche Produktionen – in erster Linie Spielfilme und Serien – ein. Dennoch entwickelt der Sender stets neue Formate. Mit *POPSTARS, Germany's next Topmodel* und diversen Magazinsendungen wie *Galileo* und *taff* hat sich *ProSieben* mit Eigenproduktionen erfolgreich positioniert. Besonders mit den Formatinnovationen von Stefan Raab konnten neue, erfolgreiche Eigenproduktionen entwickelt werden (z.B. *Schlag den Raab, Stock Car Challenge, WOK WM, Turmspringen)*. Die folgende Matrix soll den Erfolg von Eigen- und Fremdproduktionen gemessen am Marktanteil darstellen.

	niedrig (0 bis 9,9 %)	**hoch** (ab 10 %)
Eigenproduktion	League of Balls	Schlag den Raab Galileo Germany's next Topmodel TV-Total Taff POPSTARS Unser Star für Oslo Vereinzelte TV total Events (Autoball WM, WOK WM, etc.) Solitary Switch Reloaded We are Family
Fremdproduktion	Good Wives Hawthorne	Desperate Housewives Grey's Anatomy Fringe – Grenzfälle des FBI Flashforward The Simpsons einzelne Spielfilme (zB Fluch der Karibik, Star Wars) Scrubs Malcolm mittendrin

(Marktanteil)

Abbildung 3: Matrix Eigen- und Fremdproduktionen (Marktanteil: Zielgruppe - 14 bis 49 Jährige), Quelle: Eigene Darstellung[60]

---

[60] Anm.: Als Quelle für die Marktanteile wurde die Website www.quotenmeter.de herangezogen. Die Einzelnachweise zu den Marktanteilen sind im Literaturverzeichnis aufgelistet.

4 Kommunikationspolitik

4.1 Corporate Design

Das einheitliche Corporate Design steht für das unverkennbare Erscheinungsbild von *ProSieben*. Mit der Leitidee *„E-Motion – Entertainment in Motio*n" soll die Marke dynamisch und im einheitlichen Design auf allen Plattformen auftreten.[61]

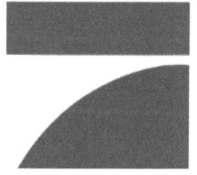

Im Mittelpunkt des Corporate Design steht die Bildmarke. Das Logo symbolisiert eine Sieben und wird in der Hausfarbe Rot abgebildet. Rot ist und bleibt die dominierende Farbe, dennoch wurde noch eine weitere Farbe zum Imagebild hinzugezogen: Silber. Wenngleich auch das ZDF Silber als zweite Hausfarbe definierte, hebt sich *ProSieben* mit der dominanten Farbe Rot deutlich von der Konkurrenz ab.[62]

Abbildung 4:
ProSieben Logo

Der Claim *We love to entertain you* soll das Kernversprechen – die Unterhaltung der Zuschauer – noch einmal zusätzlich zum Ausdruck bringen. Das gesamte Corporate Design wurde an den Slogan angepasst und stetig weiterentwickelt.[63] Die Lifestyle-Marke *WE LOVE* wurde zu einem eigenständigen Claim, mit dem die Werte Innovation, Trendbewusstsein, Modernität und Style assoziiert werden sollen.[64]

4.2 On-Air-Kommunikation

In der On-Air-Kommunikation wird durchgängig der Slogan *We love to entertain you* verwendet. *ProSieben* geht hier noch einen Schritt weiter und verknüpft die neue Imagekampage mit dem Zusatz *Next Level Entertainment*. Die Markenaussage – Entertainment – wird so noch einmal hervorgehoben.

ProSieben legt in der Kommunikation seiner Leistung den Fokus auf Stars. Zu diesem Zweck kreierte *ProSieben* eine eigene *Star Force* Kampagne, in der Prominente aus dem Showbusiness, Schauspieler, Künstler sowie *ProSieben* Moderatoren als Akteure auftraten. *ProSieben* zog diese nationalen und internationalen Stars in ihre Imagetrailer und Station IDs mit ein. Dabei betonten die Testimonials, wie sehr sie es lieben, die Zuschauer zu unterhalten.[65] Im Jahr 2010 startete *ProSieben* eine neue Star Force Kampagne mit den *Fantastischen Vier*. Im Gegenzug bekamen die Musiker die Gelegenheit ihr neues Album zu promoten. Dabei wurde der Slogan das erste Mal auf Deutsch vorgetragen: *Wir lieben es, euch zu unterhalten*"[66]

---

[61] Vgl. Hirschmann 2009
[62] Vgl. o.V. 2009
[63] Vgl. o.V. 2010 c
[64] Vgl. ebenda
[65] Vgl. Thomas 2008: 72f.
[66] Vgl. o.V. 2010 l

Nach den *Pussycat Dolls*, *Robbie Williams* und den *Fantastischen Vier* verleiht nun *Katy Perry* der Star Force Kampagne ihr Gesicht. *ProSieben* möchte mit der Sängerin ins *Next Level Entertainment* starten. Laut *ProSieben* Marketingleiter Thorsten Pütsch soll mit dieser Kampagne die Zielgruppe von *ProSieben* begeistert und die Werte jung, aufgeschlossen und trendy widergespiegelt werden.[67] Für eine besonders effektreiche Kampagne sorgen Computeranimationen mit drei-dimensionalen Effekten, die in den Trailern und Station IDs eingesetzt werden. Am unteren Bildschirmrand wird eine Informationsleiste – eine sogenannte Silver Stage – erscheinen und die Zuseher mit Senderinformationen versorgen.[68]

Werbetrenner: Bei den Werbetrennern setzt *ProSieben* ebenfalls auf die Wirkung von Stars: Berühmte Persönlichkeiten sagen in einem kurzen Spot *We love to entertain you* oder *Gleich geht's weiter*. Der Werbetrenner wird mit einem eigenen *ProSieben*-Jingle unterlegt. Dieser Sound soll die visuelle Wahrnehmung des *ProSieben*-Logos unterstützen. Die Kombination aus Wort und Ton dient zur besseren Sendererkennung. Das

Abbildung 5: Werbetrenner

Sounddesign wird nicht nur bei Werbetrennern und Station IDs verwendet, sondern kann auch bei Vorankündigungen und Programmpräsentationen eingesetzt werden.

Station ID: Zur Sendererkennung wird bei *ProSieben* vor allem auf Musik gesetzt. In älteren Station IDs haben musikalische Künstler wie die *Pussycat Dolls* oder *Robbie Williams* den Claim *We love to entertain you* gesungen. Bei der Station ID mit den Fantastischen Vier singt die Band einen kurzen Auszug aus ihrer Single *Gebt uns ruhig die Schuld*. Am Ende der Station ID ertönt der *ProSieben*-Jingle.

Imagetrailer: Die *Fantastischen Vier* finden sich auch im Imagetrailer von *ProSieben* wieder. Auf der einen Seite wird der Song *Gebt uns ruhig die Schuld* vorgetragen und auf der anderen Seite präsentiert *ProSieben* die Programmhighlights für die Zuseher. Auch der Claim wird erwähnt oder erscheint mit dem Logo als Schlussbild.

Insgesamt wirkt die On-Air-Kommunikation des Senders stringent. Das Markenversprechen wird vor allem über bekannte Persönlichkeiten aus dem Unterhaltungsbereich umgesetzt, so dass sich ProSieben hier auch über die Kommunikation eindeutig im deutschen Markt positionieren und abgrenzen kann.

---

[67] Vgl. o.V. 2010 d
[68] Vgl. Hirschmann 2009

4.3 Off-Air-Kommunikation

In der Off-Air-Kommunikation greift *ProSieben* auf klassische Werbemaßnahmen, wie etwa Printanzeigen und Plakate, zurück. *ProSieben* bedient sich dieser Werbeinstrumente insbesondere, um auf aktuelle Spielfilme, Serien und Unterhaltungsshows hinzuweisen.

Darüber hinaus versucht *ProSieben* neue Werbemöglichkeiten auszuschöpfen und brachte eine eigene *ProSieben*-Applikation für Smartphones auf den Markt. User können zeit- und ortsunabhängig ihre Lieblingssendungen sehen während der Sender über diese neue Plattform zusätzliche Werbeerlöse generieren kann. Für die Formatmarken *POPSTARS* und *Germany's next Topmodel* gibt es eigene Applikationen.[69]

Neben Applikationen setzt *ProSieben* sehr stark auf Social Media. Aus diesem Grund hat *ProSieben* eigene Profile auf den gängigsten Social Network Plattformen (*Facebook, Twitter, MySpace* etc.) eingerichtet. Mit Hilfe dieser sozialen Plattformen möchte der Sender eine engere User- und Senderbindung aufbauen und halten.[70]

5 Fazit

ProSieben zählt zu den bedeutendsten und erfolgreichsten Marken am deutschen Fernsehmarkt, indem der Sender Unterhaltung in den Mittelpunkt rückt. Diese Philosophie findet sich nicht nur im Claim des Senders wieder – *We love to entertain you;* vielmehr hat sich der private Fernsehsender in den letzten Jahren eine evidente Markenidentität aufgebaut und ein eigenes Markenmodell konzipiert. Das Kernversprechen (*Everytainment – immer und überall)* wird stringent in der gesamten Programm- und Kommunikationspolitik umgesetzt.

Der hoch kompetitive deutsche TV-Markt erfordert eine klare Differenzierung und Positionierung. Dem begegnet *ProSieben* mit seiner Konzentration auf die neue Mediengeneration – junge Leute zwischen 14 und 29 Jahren sowie Junggebliebene zwischen 30 und 39 Jahren. Die Programmkompetenz von *ProSieben* liegt im Spielfilm- und Serienbereich sowie auf Eigenproduktionen.

Die Wochendramaturgie und die Themenabende nehmen eine sehr wichtige Rolle beim Sender ein. *ProSieben* kauft zahlreiche Fremdproduktionen wie Serien und Spielfilme ein, aber auch Eigenproduktionen kommen nicht zu kurz.

Im Verlauf der vergangenen Jahre hat *ProSieben* eine erfolgreiche Markenarchitektur mit Genre-, Format- und Personenmarken aufgebaut. Dabei spielt die Markenpersönlichkeit *Stefan Raab* für den Sender eine ganz entscheidende Rolle. *Stefan Raab* und *ProSieben* sind sehr eng miteinander verbunden. Stars sind eine weitere Stärke des Senders. Bei Kommunikationsmaßnahmen wird vor allem auf prominente Testimonials gesetzt. In der aktuellen *Star Force* Kampagne verleiht die Sängerin *Katy Perry* der Marke ihr Gesicht. Im Mittelpunkt der diversen Kampagnen stehen nicht nur die Stars, sondern auch der Slogan – *We love to entertain you.*

---

[69] Vgl. o.V. (2010 j).
[70] Vgl. o.V. (2010 k).

Mit den aufwändigen On- und Off-Air-Kommunikationsinstrumenten versucht *ProSieben* der Konkurrenz immer einen Schritt voraus zu sein. Ziel dabei ist es, ein Markenimage zu vermitteln, welches der intendierten Markenidentität entspricht. Mit seinen strategischen und auch operativen Maßnahmen rund um das Kernversprechen Everytainment gelingt das der Marke *ProSieben* sowohl in der Programm- als auch in der Kommunikationspolitik äußerst erfolgreich.

Literaturverzeichnis

Baumgarth, C. (Hrsg.) (2004): Erfolgreiche Führung von Medienmarken. Strategien für Positionierung, Markentransfers und Branding. Wiesbaden.

Berkler, S. (2008): Medien als Marken? Wirkungen von Medienmarken aus medienökonomischer Sicht. Konstanz.

Davis, M. (2010): Grundlagen des Brandings. München.

Feldmann, V. (2001): Markenstrategien von TV-Sendern dargestellt an ausgewählten Beispielen. Berlin.

Hirschmann, F. (2009): ProSieben sendet im neuen Design. http://www.designbote.com/3971/ProSieben-sendet-in-neuem-design [Stand: 29.08.2010]

Krüger, U. M. (2010). Factual Entertainment –Fernsehunterhaltung im Wandel. In: MediaPerspektiven 4/2010, S. 158-181.

Markhauser, A. (2010a): Comedy-Dienstag: Simpsons verlieren an Fahrt. http://www.quotenmeter.de/cms/?p1=n&p2=43806&p3= [Stand: 30.08.2010]

Markhauser, A. (2010b): Malcolm Mittendrin holt neue Recordquote, http://www.quotenmeter.de /cms/?p1=n&p2=42285&p3= [Stand: 30.08.2010]

Niemeier, T. (2010b): League of Balls fängt sich wieder, http://www.quotenmeter.de/cms/ ?p1=n&p2=44186&p3= [Stand: 30.08.2010]

Niemeier, T. (2010a): GNTM gibt wieder Zuschauer ab, http://www.quotenmeter.de/cms/ ?p1=n&p2=41115&p3= [Stand: 30.08.2010]

Niemeier, T. (2010c): ProSieben: Trümmerfeld am Nachmittag http://www.quotenmeter.de/cms/ ?p1=n&p2=43740&p3= [Stand: 30.08.2010]

o.V. (2010a): Pressemappe. http://www.presseportal.de/pm/25171/1585157/ ProSieben_television_gmbh [Stand: 15.08.2010]

o. V. (2007): Schlag den Raab in 14 Länder verkauft. http://www.dwdl.de/story/ 13199/schlag_den_raab_in_14_lnder_verkauft/ [Stand: 23.08.2010]

o. V. (2009): ProSieben, das Apple unter den TV-Sender?, http://www.dwdl.de/story/20297/ ProSieben_das_apple_unter_den_tvsendern/ [Stand: 8.08.2010]

o.V. (2010b): Erfolgreicher Mystery-Montag auf ProSieben!, http://www.finanznachrichten.de/ nachrichten-2010-03/16325632-erfolgreicher-mystery-montag-auf-ProSieben-007.htm [Stand: 23.08.2010]

o.V. (2010c): WE LOVE – die Lifestyle-Marke., http://www.merchandisingmedia.com/ success_stories/welove/ [Stand: 15.08.2010]

o.V. (2010d): Katy Perry loves to entertain you!, http://www.medienhandbuch.de/news/katy-perry-loves-to-entertain-you-neue-ProSieben-star-force-imagekampagne-ab-1-september-2010-mit-bild-40896.html [Stand: 30.08.2010]

o.V. (2010e): Der Comedy-Dienstag auf Pro7.http://www.newspoint.cc/artikel/TV/Der_Comedy-Dienstag_auf_Pro7_57233.html, [Stand: 23.08.2010]

o.V. (2010f): ProSieben Aktivitäten. http://www.ProSiebensat1.com/aktivitaeten/ laender/germany/free_tv/ProSieben/index.php, [Stand: 15.08.2010] o.V. (2010g): ProSieben Entertainment-Marke. http://www.ProSiebensat1.com/aktivitaeten/ segmen-te/free_tv/channels/germany/ProSieben/, [Stand: 15.08.2010]

o.V. (2010h): We love to entertain you., http://www.ProSiebensat1.com/ pressezen-trum/03809/002/index.php [Stand: 15.08.2010]

o.V. (2010i): Unternehmen ProSiebenSat1 Group.http://www.ProSiebensat1.com/ unternehmen/strategie/ [Stand: 15.08.2010]

o.V. (2010j): ProSieben APP.http://www.ProSieben.de/ProSieben-mobile/apps/tab-ProSieben-app/ [Stand: 28.08.2010]

o.V. (2010k): ProSieben Mobile-Internet.http://www.ProSieben.de/ProSieben-mobile/mobile-internet/ [Stand: 28.08.2010]

o.V. (2010l): Star Force Kampagne mit den Fantastischen Vier. http://www.ProSieben.de/stars-lifestyle/fantastisch-fernsehen/infos/ [Stand: 29.08.2010]

o.V. (2010m): Markenpräsentation ProSieben 2010. http://www.sevenone-dfactory.de/platformen/ProSieben/tv/ProSieben_Markenpraesentation_2010.pdf, [Stand: 16.08.2010]

o.V. (2010n): ProSieben – we love to entertain you. http://www.sevenonemedia.de/ sen-der/prosieben/positionierung/print_index.php, [Stand: 06.10.2010.]

Sallhoff, D. (2010): Primetime-Check Donnerstag 26.08.2010. http://www.quotenmeter.de/cms/ ?p1=n&p2=44154&p3= [Stand: 30.08.2010]

Sanchez, M. N. (2010a): ProSieben holt mit großen Bildern große Quoten. http://www.quotenmeter.de/ cms/?p1=n&p2=41704&p3= [Stand: 30.08.2010]

Sanchez, M. N. (2010b): Schlag den Raab: Beste Quote seit einem Jahr. http://www.quotenmeter.de/cms/?p1=n&p2=41851&p3= [Stand: 30.08.2010]

Sanchez, M. N. (2010 c): Supernatural vertritt Stefan Raab ordentlich. http://www.quotenmeter.de/cms /?p1=n&p2=42463&p3= [Stand: 30.08.2010]

Schlüter, J. (2010a): Good Wife verliert massiv, Grey's stabil. http://www.quotenmeter.de/ cms/?p1=n&p2=41221&p3= [Stand: 30.08.2010]

Schlüter, J. (2010b): Grey's Anatomy verliert leicht an Boden. http://www.quotenmeter.de/cms /?p1=n&p2=43978&p3= [Stand: 30.08.2010]

Schlüter, J. (2010c): Starke Quoten für Desperate Housewives. http://www.quotenmeter.de/cms/ ?p1=n&p2=40818&p3= [Stand: 30.08.2010]

Tewes, S. (2010): Autoball-WM wird zum Hit. http://www.quotenmeter.de/cms/ ?p1=n&p2=42417&p3= [Stand: 30.08.2010]

Weis, M. (2010): Lena-Hype macht TV total zum Primetime-Hit. http://www.quotenmeter.de/ cms/?p1=n&p2=42321&p3= [Stand: 30.08.2010]

Wolff, P. E. (2006a): Fernsehsender als Marken. Strategisches TV-Markenmanagement und seine Auswir-kungen auf die Programmierung. Mikrofiche-Ausgabe.

Wolff, P. E.(2006b): TV-MarkenManagement. Strategische und operative Markenführung mit Sender-Fallstudien. München.

Thomas Fröhlich

Sky Deutschland – Programmvielfalt im deutschen Medienmarkt?

«Denk' ich an HBO, dann muss man die USA auch um das PayTV beneiden. Ich wünsche mir immer noch ein stärkeres Premiere, das sich auch in diese Richtung bewegt»

Nico Hofmann, Regisseur, Filmproduzent und Drehbuchautor

1 Einleitung

Dieser Beitrag widmet sich dem Sender Sky Deutschland. In dem hier dargestellten Konvolut an TV-Marken stellt Sky dahingehend eine Besonderheit dar, als es sich um den einzigen Pay-TV-Sender handelt, welcher hier besprochen wird.

Anfangs wird auf das Unternehmen allgemein eingegangen. Anschließend folgen die Analyse des Umfelds, in welchem sich Sky bewegt, und die Analyse der strategischen Markenführung. Darauffolgend werden das Programm bzw. das Programmprofil und die Kommunikation der Medienmarke untersucht. Das letzte Kapitel bietet eine Zusammenfassung über die gewonnen Ergebnisse und einen Ausblick.

Ziel dieses Artikels ist eine Darstellung der Marke Sky mit besonderem Hinblick auf die Markenführung einer Pay-TV-Medienmarke am deutschen Markt.

Wenngleich nicht alle Sender im Portfolio exklusiv von Sky angeboten werden, kann eine umfassende Marken- und Markenführungsanalyse jedoch nur durchgeführt werden, wenn das gesamte Senderportfolio der Dachmarke in seiner Gesamtheit betrachtet und in der Analyse berücksichtigt wird, stellt doch auch die Zusammenstellung der Pakete eine wichtige, strategische Markenführungsentscheidung dar, die mit dem Programmprofil und dem damit einhergehenden scharfen Herausarbeiten der Marke selbst in engem Zusammenhang steht.

2 Sky Deutschland – Eine allgemeine Darstellung des Unternehmens

Dieses Kapitel beschäftigt sich mit dem Unternehmen, dessen Geschichte und beschreibt das Angebot, welches den zahlenden Kunden geboten wird. Weiters kommt das Geschäftsmodell bzw. das Erlösmodell des Senders zur Sprache.

Die Sky Deutschland Fernsehen GmbH & Co. KG ist ein Tochterunternehmen der Sky Deutschland AG; an diese gliedern sich weitere Tochtergesellschaften an. Hundertprozentige Töchter sind die Sky Österreich GmbH mit Standort Wien, die Sky Deutschland Service Center GmbH und die Sky Creative Services GmbH.

Zu 97,5% steht auch die Sky Hotel Entertainment GmbH und zu 75,9% die Premium Media Solutions GmbH, der exklusive Werbevermarkter von Sky, im Eigentum der Sky Deutschland Fernsehen GmbH & Co. KG mit dem Hauptsitz in München.[71] Brian Sullivan ist seit dem 01. April 2010 Vorstandsvorsitzender bzw. CEO der Sky Deutschland AG.[72]

Die Aktionärsstruktur der Aktiengesellschaft gliedert sich in zwei große Bereiche: 54,58 % befinden sich im Streubesitz, 45,42% liegen bei der News Corporation, einem der größten Medienkonzerne der Welt und gleichzeitig ein großer Content-Lieferant für Sky.[73] Mit Juli 2009 wurde das Unternehmen auf der ordentlichen Hauptversammlung der Aktionäre umbenannt. Aus der Premiere AG wurde die Sky Deutschland AG.[74]

> "Die Umbenennung in Sky ist weitaus mehr als nur eine Namensänderung. Wir setzen damit ein klares Signal, dass alles besser geworden ist und noch besser werden wird. Letzten Samstag haben wir unser neues Angebot unter dem Namen 'Sky' […] gestartet. Ich bin fest davon überzeugt, dass wir damit in Deutschland und Österreich einen neuen Maßstab in der Fernsehunterhaltung setzen werden."[75]

Dieses Zitat stammt vom damaligen als CEO eingesetzten Mark Williams, der knapp ein Jahr später von Brian Sullivan in dieser Position abgelöst wurde. Das Zitat und vor allem die verwendete Formulierung 'dass alles besser geworden ist...' spielt wohl auf den Umstand an, dass die Vorgängerunternehmung 'Premiere' bis zum Schluss nicht von nachhaltigem Erfolg gekrönt gewesen ist, schrieb das Unternehmen in seiner mehrjährigen Geschichte doch erstmals 2003 schwarze Zahlen.[76]

Aber auch unter dem neuen Namen Sky hat das Unternehmen trotz mehrfacher Kapitalerhöhungen[77] Schwierigkeiten Gewinn zu erwirtschaften. In einem Interview mit dem Handelsblatt erläutert Sullivan, dass er jegliche Prognosen ablehne, aber versprechen könne, dass die Verluste im nächsten Jahr sinken würden. Bei einem Umsatz von 236 Millionen Euro blieb im zweiten Quartal 2010 indes ein Minus von 82 Millionen Euro.[78] Die Abonnement-Zahlen entwickeln sich ebenfalls langsamer als prognostiziert. Zurzeit zählt Sky ca. 2,5 Millionen zahlende Abonnenten, ist somit im Pay-TV-Segment klarer Marktführer. Das EBITDA für 2011 wird im zweiten Quartalsbericht 2010 ebenfalls als negativ angekündigt.[79]

---

[71]Vgl. Sky, 22.08.2010, Wesentliche Beteiligungen,
[72]Vgl. Sky, 22.08.2010, o.T.,
[73] Vgl. Sky, 02.07.2010, Sky Deutschland AG – Q1 2010 Bericht,
[74] Vgl. Sky, 04.08.2010, Aktionäre stimmen Änderung der Firmierung in Sky Deutschland AG zu
[75] Sky, 04.08.2010, Aktionäre stimmen Änderung der Firmierung in Sky Deutschland AG zu
[76] Vgl. Wilkens 2010
[77] Vgl. Reuters 2010
[78] Vgl. Hofer/ Siebenhaar/ Brückner 2010
[79] Vgl. Sky, 25.08.2010, Results Q2 2010

Als Pay-TV-Sender finanziert sich Sky, im Gegensatz zu privatem Rundfunk, hauptsächlich durch Gebühren und nicht über Werbeeinnahmen.[80] Aus der Zwischenbilanz des zweiten Quartalsberichts 2010 geht hervor, dass Abonnements für ca. 89,96% des Umsatzes verantwortlich zeichnen. Lediglich ca. 2,4% sind der Werbevermarktung zuzuschreiben.[81] Diese Finanzierungsform bietet einerseits den Vorteil einer größeren Unabhängigkeit von wirtschaftlichen Werbeausgabenschwankungen als die privaten oder unter Umständen auch öffentlich-rechtlichen Konkurrenten. Andererseits sind die Abonnements Basis für die Wirtschaftlichkeit des Unternehmens.

Das gebotene Programm[82] setzt sich aus Paketen zusammen, die in unterschiedlicher Kombination gebucht werden können, jedoch nicht völlig frei wählbar sind. Der Empfang ist über Kabel oder Satellit möglich. Die Pakete sind: 'Sky Welt/Extra',[83] 'Film', 'Sport' und 'Fußball Bundesliga'. Abgesehen von diesen Paketen können auch HD-Sender dazu gebucht werden. Die Preise rangieren zwischen 16,90 Euro und 54,90 Euro im Monat (exklusive HD-Sender).[84] Jeweils hinter diesen Paketen verbergen sich die jeweiligen, dem Paket zugeordneten Sender. Das Paket 'Film' enthält zur beispielhaften Illustration zehn Sender. Von 'sky cinema' über 'sky cinema +24' (hier wird das Programm von sky cinema um 24 Stunden zeitversetzt ausgestrahlt) bis hin zum Kanal 'MGM'.[85]

Laut Sky ist das *Markenversprechen* in folgendem Satz zusammengefasst: "Sky will das beste Unterhaltungsprogramm bieten, wann und wo auch immer unsere Kunden einschalten."[86] Das gesamte Unternehmensprofil ist der Homepage zu entnehmen:

"Bei Sky dreht sich alles um Entertainment, das Unternehmen will seinen Kunden ein neues Fernseherlebnis bieten. Die Marke steht für eine unvergleichliche Auswahl an Fernsehunterhaltung, qualitativ hochwertiges Programm, das Abonnenten so nur bei Sky finden, innovative Angebote für zuhause und hohe Kundenzufriedenheit durch umfangreichen Service [...]. Fernsehen zum Abonnieren ist das Kerngeschäft von Sky. Das Unternehmen vermarktet [...] ein breit gefächertes Programm mit aktuellen Spielfilmen, neuen Serien und Live-Sport, insbesondere der Fußball-Bundesliga, dem DFB-Pokal, der UEFA Champions League. Neue Maßstäbe setzt Sky mit seinem HDTV-Angebot, das derzeit zehn Kanäle umfasst. Zusätzlich bietet das Unternehmen seinen Abonnenten attraktive Filme, Live-Sport und Erotik im Pay-per-View-Verfahren an. Sky verbreitet seine Programme digital, vor allem über Satellit und Kabel. Hier erreicht Sky technisch rund 95 Prozent der TV-Haushalte in Deutschland [...]. Zusätzlich verbreitet Sky in Deutschland einige Angebote auch über Internet."[87]

---

[80] Anm.: Es findet keine Unterbrecherwerbung auf Sky statt.
[81] Vgl. Sky, 25.08.2010, Results Q2 2010
[82] Anm.: Das gesamte, detaillierte Angebot mit allen möglichen Zusatzoptionen von Sky ist aus Platzgründen nur in Grundzügen aufgeführt, um einen Überblick und Eindruck zu vermitteln.
[83] Anm.: Das Sky Welt Paket stellt das Basispaket dar, das mit anderen Paketen kombiniert werden kann. Das Paket Sky Welt Extra bekommt der Kunde dazu, wenn der Empfang über Satellit erfolgt und mindestens ein weiteres Paket dazu gebucht wird.
[84] Vgl. Sky, 25.08.2010, Alle Sky Preise in der Übersicht
[85] Vgl. Sky, 25.08.2010, Die ganze Welt des Films
[86] Sky, 02.07.2010, Sky Deutschland AG – Q1 2010 Bericht
[87] Sky, 26.08.2010, Sky Unternehmensprofil

Bei dieser Beschreibung des Unternehmensprofils stehen folgende, identifizierte Attribute besonders im Vordergrund:

- *Erlebnis*: Bei Sky wird Fernsehen zum neuen Erlebnis, verspricht also einen größeren Erlebnisfaktor gegenüber 'herkömmlichem' Fernsehen. Dieses Versprechen muss gewissermaßen zwangsläufig erfolgen, da es sich bei Sky um einen Pay-TV-Sender handelt, der sich gegenüber starken frei bzw. gratis verfügbaren deutschen (Privat-)Programmen behaupten und differenzieren muss. Die Frage, warum der Nutzer überhaupt für Fernsehen, das ohnedies annähernd gratis am Markt zur Verfügung steht, zahlen soll, wird in der Folge dieses Artikels noch zur Sprache kommen.
- *Vielfalt:* Die Auswahl an Programmen schließt in dieser Darstellung an, verspricht unvergleichliche Auswahl, impliziert also qualitative und quantitative Vielfalt. Diesem Thema wird in diesem Artikel noch besonderes Augenmerk zukommen.
- *Innovation*: HD-TV, technische Innovationen, Internet und die digitale Verbreitung der Programme scheinen ebenfalls als wichtige Punkte in der Unternehmensdarstellung auf. Vor allem auf dem Gebiet der High-Definition-Übertragung nimmt Sky eine selbst auferlegte und propagierte Vorreiter-Rolle[88] ein, da manche Inhalte hochauflösend zur Verfügung stehen und die Anzahl der HD-Sender im Portfolio stetig zunimmt.

3   Umfeldanalyse

Die Konkurrenten von Sky sind auf vier Ebenen zu finden: Klassische Pay-TV-Anbieter, Plattformbetreiber bzw. Kabelnetzbetreiber mit Pay-TV-Paketen, frei empfangbare Fernsehsender und das Internet.

Ein klassischer Pay-TV-Konkurrent in Deutschland war *arenaSAT*; die Plattform stellte mit Ende September 2010 den Sendebetrieb ein.[89] Das Ausscheiden aus dem Markt eines Pay-TV-Senders wäre nicht weiter besonders aufsehenerregend. Herauszustreichen sind jedoch zwei Gegebenheiten, die offenbar symptomatisch für den Pay-TV-Markt in Deutschland stehen. Einerseits hatte arenaSAT wie Sky wirtschaftliche Probleme. Andererseits ist die Begründung für das Ausscheiden aus dem Markt der Mutterfirma Unitymedia von Bedeutung:

> "Unitymedia wird den Geschäftsbetrieb der Satellitenplattform arenaSAT einstellen, um sich auf die Entwicklung seines Kerngeschäfts zu konzentrieren: Das Angebot von attraktiven 3Play Produkten und innovativen TV Diensten [...]."[90]

Die Mutterfima Unitymedia bietet in der Folge Triple Play-Angebote (Fernsehen, Internet und Telefon aus einer Hand) an, ist jedoch nur in den Bundesländern Nordrhein-Westfahlen und Hessen verfügbar. Im Teilbereich Fernsehen kann aus unterschiedlichen Paketen gewählt werden.[91] Vom Triple Play in Bezug auf Pay-TV wird in der Folge, als Tendenz im Medienmarkt, noch genauer eingegangen, stellt es doch alleinige Pay-TV-Anbieter vor gravierende Probleme, die sich meist in Bilanz und Abonnementzahlen niederschlagen.

---

[88] Vgl. Sky, 27.08.2010, Sky Unternehmensprofil
[89] Vgl. Unitymedia, 27.08.2010, Unitymedia stellt Betrieb von arenaSAT ein
[90] Ebd.
[91] Vgl. Unitymedia, 27.08.2010, Programmpakete Digital TV

Plattformbetreiber bzw. Kabelnetzbetreiber mit Pay-TV-Paketen stehen ebenfalls zu Sky in direkter Konkurrenz. Ein Beispiel hierfür ist der Kabelnetzbetreiber Kabel Deutschland, welcher auch zusätzliche, vergebührte Premium-Sender anbietet. Im Gegensatz zu klassischen Pay-TV-Anbietern kann Kabel Deutschland über die eigene Netzinfrastruktur auch Internet und Telefon anbieten. Kabel-Deutschland kann also, wie Unitymedia auch, Triple Play über die eigene Infrastruktur vermarkten. Trotz technischer freier Empfangbarkeit sind auch *private wie öffentlich-rechtliche Rundfunkbetreiber* als Konkurrenten zu sehen, da diese im Endeffekt ebenfalls Fernsehen anbieten, private Rundfunkanbieter zudem noch ohne Gebühren. Das *Internet* selbst ist ebenfalls zu einem Konkurrenten von Pay-TV aufgestiegen. Nicht zuletzt bieten die immerwährend steigenden Breitbandanknüpfungen anhaltend mehr Möglichkeiten, Inhalte (etwa IP-TV) bzw. generell große Datenmengen über das Internet abzurufen. Die Differenzierung von der Konkurrenz beschreibt Sky dergestalt:

> "Um sich von anderen Abonnement-Fernsehangeboten im Markt abzuheben, setzt setzt [sic!] Sky auf Premium-Qualität, Mehrwert und Service-Innovation."[92]

Bei den *technologischen Bedingungen* stehen einerseits die neuen Entwicklungen im Vordergrund. Andererseits tritt auch das eingangs erwähnte Triple Play auf. Sky selbst hat zehn in HD empfangbare Sender im Programm, bietet Inhalte im Zweikanalton und hat seit Mitte 2010 den ersten HD-Festplattenrekorder von Sky im Programm. Diese Entwicklungen stellen wohl einen entscheidenden Schritt in Richtung Zukunft der Übertragung dar und zollen dem technologischen Fortschritt und der Aufrüstung der Haushalte Rechnung, steigt doch die Anzahl der hochauflösenden TV-Geräte seit mehreren Jahren in den Haushalten kontinuierlich an.[93] Die Programminhalte von Sky sind einerseits digital über Kabel, andererseits über Satellit jeweils nur für den zahlenden Kunden unverschlüsselt verfügbar. Eine eigene Netzinfrastruktur ist nicht vorhanden, das Unternehmen ist somit von Netzbetreibern abhängig, die Inhalte übertragen. Ein Beispiel ist Kabel Deutschland, das gleichzeitig einen Konkurrenten, andererseits auch einen Partner darstellt.

Ein strategisches Ziel ist daher die Intensivierung der Partnerschaften mit den Kabelnetzbetreibern. Mit mehreren Kabelunternehmen wurden bereits Vertriebsvereinbarungen getroffen, mit Deutschlands größtem Kabelnetzbetreiber Kabel Deutschland ist Sky in intensiven Verhandlungen. Vertriebspartnerschaften machen für Kabelnetzbetreiber dahingehend Sinn, weil Exklusivrechte – allen voran die Fußball Bundesliga – bei Sky liegen. Sky wiederum profitiert vom Zugang zu vielen potentiellen Kunden.[94] Krone konstatiert Sky Deutschland unter anderem durch die fehlende, eigene Netzinfrastruktur und das Ausgeschlossensein vom Vertrieb von Triple Play-Produkten – Fernsehen gleichsam nur mehr als Teil eines umfassenden Angebots –, die dem Kunden Transaktionskosten ersparen, ein unternehmerisches Ablaufdatum.[95]

---

[92] Sky, 02.07.2010, Sky Deutschland AG – Q1 2010 Bericht
[93] Vgl. Sky, 02.07.2010, Sky Deutschland AG – Q1 2010 Bericht
[94] Vgl. Siebenhaar 2010
[95] Vgl. Krone 2010

Nicht zuletzt das Ausscheiden der Marke arenaSAT aus dem Deutschen Pay-TV-Markt, welcher ohnedies nicht viele klassische Anbieter aufweist, und das damit einhergehende Konzentrieren auf Triple Play-Angebote der Muttermarke Unitymedia, sowie die anhaltende wirtschaftliche Situation von Sky bestätigen diese klare und eindeutige Prognose zwar nicht, stützen sie jedoch.

Ein weiterer Aspekt in der Umfeldanalyse ist der *Rezipient* im deutschen Medienmarkt. Einerseits wird diesem durch ein Überangebot an privaten Anbietern TV-Unterhaltung gebührenfrei nach Hause geliefert. Andererseits werden für den Empfang öffentlich-rechtlicher Sender Beiträge eingenommen. Es stellt sich demgemäß die Frage, warum der Kunde nochmals für im Endeffekt und in Bezug auf den Endnutzen generische TV-Unterhaltung zahlen sollte. Dieses Umfeld stellt Sky Deutschland einerseits vor wirtschaftliche Herausforderungen. Andererseits sieht sich das Unternehmen mit einer Rechtfertigungsdebatte konfrontiert, ob Pay-TV am deutschen Markt überhaupt in dieser Form funktionieren kann. Das Angebot an privaten und öffentlich-rechtlichen Sendern ist beträchtlich und breit gestreut, weist die TV-Senderdatenbank der ALM doch insgesamt 438 gefundene Sender aus.[96] Für die strategische Markenführung bedeutet dies dahingehend eine Herausforderung, das Produkt am umkämpften deutschen Medienmarkt durch Kommunikation und Angebot klar zu positionieren und zu differenzieren.

4 Analyse der strategischen Markenführung

Dieses Kapitel widmet sich der Analyse der strategischen Markenführung von Sky: Submarken, Markenversprechen, Markenidentität, Markenwerte und Markenpositionierung stehen dabei im Mittelpunkt der Betrachtung.

Sky bietet vier Grundpakete an. Hinter dem Paket 'Sky Welt' stehen 20 unterschiedliche Sender. Das 'Sky Welt Extra' Paket bietet weitere 17 Programme. Das Filmpaket beinhaltet 10 Sender, das Sportpaket drei. Hinzu kommt noch das Paket mit der exklusiven Fußball Bundesliga.[97] Durch die Fülle an unterschiedlichen Paketen und Sendern ergeben sich zwei Interpretationsansätze in Bezug auf Submarken: Auf der einen Seite können die Pakete als Submarken zur Dachmarke Sky betrachtet werden, i.S. einer einzigartigen Bündelung von Leistungsangeboten. Auf der anderen Seite können alle einzelnen Sender als Submarken stehen bzw. verstanden werden. In diesem Beitrag wird von ersterem Szenario ausgegangen. Diese Wahl hat zwei Gründe: Einerseits würde die Betrachtung aller einzelnen Sender im Rahmen dieses Beitrages zu umfangreich ausfallen. Andererseits kann ein einzelner Sender bei Sky nicht gebucht werden, da die Pakete vorgegeben und mit anderen teilweise kombinierungspflichtig sind.

Somit ergibt sich bei der Betrachtung von *Formatmarken* folgendes identifizierte Paket: 'Sky Welt / Extra'. Ein Beispiel für einen Sender wäre 'passion'. Formate wie 'Gute Zeiten, schlechte Zeiten' oder 'Unter uns' dominieren, ersichtlich am Anteil der Sendezeit.

---

[96] Vgl. TV-Sender-Datenbank der ALM, abgerufen am 31.08.2010
[97] Vgl. Sky, 27.08.2010, Senderübersicht nach Paketen

Bei *Genremarken* sind alle vier angebotenen Pakete mit einzubeziehen. Bei dem Paket 'Sky Welt/ Extra' ist jeder Sender auf eine bestimmte Zielgruppe zugeschnitten. Es existieren Sender, die sich nur auf ein gewisses Genre spezialisiert haben und dieses täglich durchdeklinieren. Ein Beispiel hierfür wäre der Sender 'Sat. 1 Comedy', welcher sich dem Genre 'Comedy' verschrieben hat. Beim Paket 'Film' sind ebenfalls eigene Genresender zu identifizieren. Beispielsweise 'sky action' liefert jeden Tag Action-Filme ins Wohnzimmer der Abonnenten. Die beiden Sportpakete 'Sport' und 'Fußball Bundesliga' sind alleine schon namentlich auf ein Genre abonniert. Dadurch, dass sich in jedem Paket mehrere Sender identifizieren lassen, die sich einem bestimmten Genre zuordnen lassen, kann die Behauptung bestehen, dass alle vier Pakete in größerem oder kleinerem Ausmaß Genremarken sind.

In Bezug auf *Personenmarken* stößt diese Analyse auf einen Umstand, welcher für Sky von großer Bedeutung ist: Sky hat, abgesehen von kleinen Magazinen und den Sportberichterstattungen, keine nennenswerten Eigenproduktionen im Programm. Eigenproduktionen (vor allem Shows und News, da diese mit einer tatsächlich existierenden Person verbunden werden) mit 'Protagonisten' sind indessen notwendig, um Personenmarken für einen Sender aufzubauen.

Ein möglicher Grund für das Fehlen von größeren Eigenproduktionen ist wohl die wirtschaftliche Lage des Unternehmens, da qualitativ hochwertiger Content Geld kostet. Das Produzieren von teuren Eigenproduktionen in einem wirtschaftlich angeschlagenen Unternehmen stellt ein durchaus hohes Risiko dar, sollte das Format nicht den Erwartungen des Publikums entsprechen und sich nicht klar genug am Markt positionieren können.

Bei den angesprochenen, zurzeit eigenproduzierten kleinen Magazinen handelt es sich um 'Sky Lounge', moderiert von Jessica Kastorp und 'Sky Magazin', moderiert von Joey Grit Winkler. Ersteres Format läuft im Filmpaket an unterschiedlichen Programmplätzen und dauert ca. 30 Minuten und fällt in die Kategorie der Talkshows. Jede Woche werden Prominente zum Interview gebeten. Auf der Homepage des Unternehmens sind Episoden abrufbar.[98] Letzteres läuft verteilt auf unterschiedliche Sender und dauert ca. 15 Minuten. Die Sendung dreht sich um News, Hintergründe und Lifestyle bzw. Society. Wie die 'Sky Lounge' ist auch das 'Sky Magazin' über die Homepage von Sky abrufbar.[99] Wenn überhaupt Personenmarken vorhanden sind, dann im Bereich der Sportberichterstattung (Pakete 'Sport' und 'Fußball Bundesliga'). Moderator Sebastian Hellmann, Kommentator Marcel Reif oder Experte Franz Beckenbauer, welcher immer wieder zum Thema Fußball zu Wort kommt, sind Beispiele für mögliche Marken, stehen aber wohl nicht generisch für die gesamte Marke Sky und das gesamte, hoch differenzierte, nicht ausschließlich auf Sport zugeschnittene Sender-Portfolio.

---

[98] Vgl. Sky, Sky Lounge, 27.08.2010
[99] Vgl. ebd.

Der Grund, warum keine klassischen Personenmarken auf Sky zu finden sind, ist wohl in der Tatsache begründet, dass keine klassischen Eigenproduktionen im Programm zu finden sind. Ein gutes Beispiel für einen Pay-TV-Sender mit erfolgreichen, eigenproduzierten Inhalten ist der amerikanische Sender HBO,[100] der Sendungen wie 'Sex and the City', 'True Blood', 'Six Feet Under' oder 'The Sopranos' verantwortet, allesamt Serien, die teilweise sehr erfolgreich auch in Europa bilanziert haben und auf großes Echo – gleichzeitig seitens Zuseher und Kritiker – gestoßen sind. Mittelfristig plant Sky jedoch Eigenproduktionen ins Programm aufzunehmen, denn selbst CEO Sullivan gesteht ein, dass "noch kein PayTV-Sender funktioniert [habe], der sich nicht mit eigenen lokalen Produktionen am Markt positioniert habe".[101]

Das identifizierte *Kernversprechen* der Dachmarke Sky lässt sich folgendermaßen beschreiben: Sky bietet größte Programmvielfalt, die das Fernsehen zum innovativen Erlebnis macht ganz ohne Werbeunterbrechung.[102]

Daran gliedern sich die jeweiligen *Satellitenversprechen*, die von den Submarken – in diesem Fall den angebotenen Paketen – umgesetzt werden. Diese sind dem jeweiligen Paket angepasst. Zur Illustration werden die Versprechen des Pakets 'Film' angeführt: 'Filme zuerst auf Sky sehen', '10 Sender nur für Filme', 'Der einzige Filmsender in echtem HD' und 'Filme – Wann und wie man möchte'.[103] In diesen identifizierten Phrasen spiegeln sich in der Tat die Kernversprechen der Dachmarke Sky wider. Programmvielfalt, die hier isoliert auf das Paket 'Film' betrachtet wird, und Erlebnis durch zehn Sender und die Exklusivität, Innovation durch HD-Übertragung.

Die gegebenen und durch Kommunikation verbreiteten Versprechen müssen im Sinne der Markenführung eingehalten werden, um den zahlenden Kunden zufrieden zu stellen und langfristig an die Marke und in der Folge an das dazugehörige Unternehmen mit einem scharfen und konsistenten Profil zu binden.

Ebenfalls Teil der Strategischen Markenführung sind die *Markenidentität* und die *Markenwerte.* Hier lautet die Fragestellung also: Wie sieht sich Sky als Marke? Die Marke steht klar und eindeutig für Pay-TV am deutschen Markt, dies ist das Kerngeschäft des Unternehmens. Es wird exklusiver Content und Vielfalt geboten und den Kunden einfach und bequem nach Hause geliefert, um ein einmaliges und neues Fernseherlebnis zu bieten. Innovation steht ebenfalls deutlich im Vordergrund, sieht Sky doch Innovation als einen zentralen Wert der Marke an und nicht umsonst bezeichnet sich das Unternehmen als Vorreiter und einzigartiger Anbieter von hochauflösendem TV.[104] Es darf wohl angenommen werden, dass Sky am Markt durchaus fix verankert ist, da Sky einerseits Marktführer in diesem Segment ist und die propagierten Werte vor allem in der Kommunikationspolitik und größtenteils auch in der Programmpolitik deutlich zutage treten (vgl. dazu Kap. 5 und 6).

---

[100] Anm.: Obwohl das amerikanische Rundfunksystem anderen Regeln folgt als das deutsche, handelt es sich hier um einen klassischen Pay-TV-Anbieter, also um TV-Unterhaltung, die über Abonnements bezogen wird.
[101] o.V., 05.07.2010, Sky-Chef Sullivan wünscht sich Eigenproduktionen
[102] Vgl. Sky, 08.06.2010, Gute Gründe für Sky – es ist Zeit für besonderes Fernsehen
[103] Vgl. ebd.
[104] Vgl. Sky, 27.08.2010, Sky Unternehmensprofil

Für die *Markenpositionierung* werden die Points of Parity und Points of Difference analysiert:

Points of Parity: Selbst Sky erwähnt in seinem Quartalsbericht,[105] dass auch Sky 'nur' ein Anbieter von TV-Unterhaltung ist. Im Endeffekt handelt es sich um denselben Nutzen für den Konsumenten, egal ob er nun private Rundfunkprogramme konsumiert oder Pay-TV. Der Grundnutzen ist für den Kunden gleich gelagert. Weiters ist der Übertragungsweg derselbe wie bei der Konkurrenz – entweder über Satellit oder Kabel. Die Finanzierung erfolgt, wenn auch nur durch einen äußerst geringen Anteil, über Werbeeinnahmen.

Points of Difference: Sky unterscheidet sich von der Konkurrenz durch technische Innovationen, exklusiven Content (Erstausstrahlungen und Exklusivrechte) und durch die Auswahl bzw. das spezialisierte Programmangebot. Außerdem sind das Geschäftsmodell ebenso zu nennen, wie die Verbreitung und das Handhaben der Werbung im Programm.

Sky ist im Zuge einer klaren Differenzierung gezwungen, den Gebührenbeitrag in der Markenführung und Kommunikationspolitik zu rechtfertigen. Dies geschieht einerseits durch die technischen Innovationen und die Vorreiterrolle bei HD-Content[106], die der Aufrüstung der Haushalte Rechnung trägt, andererseits durch die Programmvielfalt mit exklusivem Content. Erstausstrahlungen, lange bevor sie im Free-TV zu sehen sind, verurachen hohe Kosten, ebenso exklusive TV-Rechte (z.B. Fußball Bundesliga). Das weitgehende Fehlen der Eigenproduktionen unterscheidet Sky ebenfalls von seinen privaten wie öffentlich-rechtlichen Konkurrenten. Diese Elemente finden sich auch in den Kernversprechen an den Kunden und in der Markenidentität des Unternehmens wieder. Zur Werbung auf Sky lässt sich wohl sagen, dass Unterbrecherwerbung vom zahlenden Kunden nicht akzeptiert würde und negativ auf das Image und die Abonnementzahlen wirken würde.

5   Programmanalyse: Programmprofil und -schema

Folgend soll hier nun untersucht und dargestellt werden, ob Sky mit seinen Paketen wirklich die versprochene Programmvielfalt bietet, die dem Abonnenten versprochen wird. Betrachtet wird das Gesamtsenderportfolio.

Als Basis dient der Analyserahmen der ALM-Programmforschung, im Speziellen der ALM Programmbericht 2009.[107] Für die Analyse von Sky wurde das Raster modifiziert und an die Gegebenheiten angepasst, sodass folgende Hauptgruppen zur Darstellung dienen: Fiktionale Unterhaltung, Nonfiktionale Unterhaltung, Sport, Unterhaltungspublizistik, Sach-/ Lebensweltpublizistik/ Service, Politische Publizistik/ Kontroversielle Themen, Sonstiges.

---

[105] Vgl. Sky, 03.07.2010, Sky Deutschland AG – Q1 2010 Bericht
[106] Vgl. Sky, 28.08.2010, HD Angebot
[107] Vgl. ALM 2010

Da es für Sky wenig Sinn ergibt, einzelne Sender zu untersuchen,[108] dient das gesamte Portfolio von Sky Deutschland als Basis. Jeder einzelne Sender[109] wurde einer Gruppe zugeteilt. Nach der Einordnung ergibt sich für das Programmportfolio folgendes Bild:

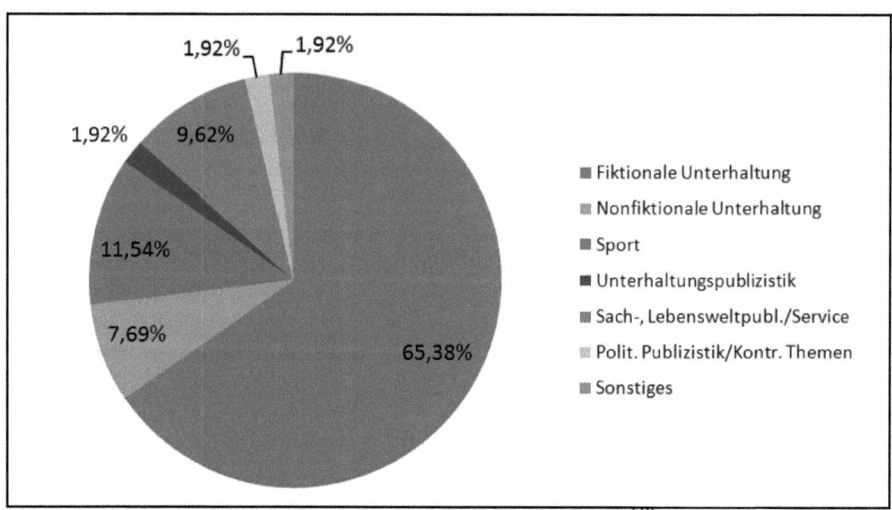

Abbildung 1: Sky-Senderzuordnung nach Themenfeld (n=52)[110]

Es wird deutlich, dass die Bereiche 'Fiktionale Unterhaltung' und 'Nonfiktionale Unterhaltung' – zusammengefasst unter dem Begriff 'Unterhaltung' – mit fast zwei Drittel das Senderportfolio von Sky dominieren: Ca. 73 Prozent aller Sender widmen sich ausschließlich der Unterhaltung. Außerdem sticht noch das Sportprogramm hervor. 11,54% aller Sky-Sender beliefern den Kunden mit Sportinhalten. Sachwelt und Lebensweltpublizistik und Service rangieren auf Platz drei. 9,62% aller Sender bieten diesen Inhalt. Unterhaltungspublizistik, Politische Publizistik / Kontroversielle Themen und sonstige Sender bilanzieren bei jeweils 1,92%.

Zusammenfassend lassen sich folgende Schlüsse aus der Analyse des Programmprofils ziehen: Durch die Zusammenfassung von fiktionaler und nonfiktionaler Unterhaltung unter dem Begriff Unterhaltung ergibt sich ein dominierendes Angebot der Unterhaltung. Fast zwei Drittel des Senderportfolios wird mit Unterhaltung befüllt.

---

[108] Anm.: Da jeder Sender hoch spezialisiert und differenziert ist, würde es keinen Sinn ergeben, einzelne Sender zu untersuchen. Beispielsweise überträgt der Sender 'sky sport 1' nur Sport und würde in der Analyse nur einem Themenkomplex zugeordnet werden können. HD-Sender wurden nicht nochmals einzeln berücksichtigt.
[109] Anm.: Als Basis der Senderübersicht dient das Dokument "Alle Sender im Überblick", vgl. Sky, 02.06.2010, Alle Sender im Überblick
[110] Quelle: Eigene Grafik in Anlehnung an die Matrix im ALM-Programmbericht 2009.

Durch diese Dominanz lässt sich der Schluss ziehen, dass eine wirkliche Durchmischung bzw. eine wirkliche Programmvielfalt im Sinne der Ausgewogenheit in der versprochenen und kommunizierten Art nicht gegeben ist. Das Versprechen 'Programmvielfalt' ist somit inkonsistent zur tatsächlichen Programmvielfalt. Wenngleich eine Programmvielfalt bei oberflächlicher und grober Betrachtung durchaus gegeben ist, da jeder Sektor zumindest von einem Sender abgedeckt wird, ist mit der Dominanz des Bereichs Unterhaltung jedoch eine Inkonsistenz mit der versprochenen Programmvielfalt festzustellen. Der hohe Unterhaltungsanteil im Programmportfolio kann dahingehend erklärt werden, dass Sky sich an den Erwartungen des Publikums orientiert, steht doch der Unterhaltungs- und Entspannungsaspekt bei Fernsehnutzern im Vordergrund.[111]

Auffällig ist weiters, dass Nachrichten im Portfolio unterrepräsentiert sind. Einen eigenen News-Sender hat Sky nicht im Angebot. Dieser würde die Programmvielfalt und Programmausgewogenheit jedoch im Sinne der Umfassendheit steigern. Gründe für das Fehlen eines Nachrichtensenders sind wohl einerseits die hohen Kosten und andererseits das gut ausgebaute, hypothetisch in direkter Sky-Konkurrenz stehende Nachrichtenangebot der öffentlich-rechtlichen Sender in Deutschland. Zudem ist das Nachrichtenangebot der privaten Rundfunkanbieter ebenfalls vorhanden, das Internet und mobile Angebote zur Nachrichtenbeschaffung sind ebenfalls als Ergänzung zu betrachten.[112]

Die *horizontale und vertikale Programmierung* ist bei Sky durchaus als diffizil zu bezeichnen. Einerseits ist das Programmportfolio durch die Fülle der Sender sehr komplex, andererseits ist eine sinnvolle Zeitaspekt-Programmierung der Sender auf vertikaler Ebene kaum durchführbar. Dies ist auf die hohe Spezialisierung der einzelnen Sender zurückzuführen, da es sich um Genresender handelt, die sich klar einem gewissen Genre gewidmet haben. Beispielsweise sieht die Programmierung des Senders 'TNT Serie' über den gesamten Tagesverlauf nur Serien vor. Ein anderes Beispiel wäre die Programmierung des Senders 'sky emotion'. Dieser Sender widmet sich ausschließlich romantischen Filmen. Auffällig ist jedoch, dass sich die Inhalte zum Beispiel beim genannten Sender 'TNT Serie' wöchentlich episodenfortschreitend wiederholen, wohl um eine Kontinuität für den Zuseher zu gewährleisten. Jeden Freitag ist auf 'TNT Serie' in der Prime Time die Serie 'Without a Trace' für 20:15 Uhr vorgesehen bzw. programmiert.[113]

Zum Standortaspekt ist anzumerken, dass einerseits hier dieselben – soeben beschriebenen – Gegebenheiten zum Tragen kommen, andererseits wären besondere Auffälligkeiten zu nennen. Eine Auffälligkeit in der Programmierung ist das Einhalten der Prime Time. Ausschließlich alle Filme im Filmpaket starten – analog zu den meisten Beginnzeiten im öffentlich-rechtlichen wie privaten Rundfunk – um 20:15 Uhr. Diese Zeit wird wohl deshalb gewählt, da diese Beginnzeit von den Zusehern 'gelernt' ist. Eine mögliche Differenzierung des eigenen Angebots ist der 'Premieren-Bonus' der angebotenen Filme. Eine Besonderheit stellt in Bezug auf die Konkurrenz das Programmangebot selbst dar. Sky steht durch das übergroße Programmportfolio zumeist in direkter Konkurrenz zu jedem Sender, zu jeder Uhrzeit und zu jedem Wochentag.

---

[111] Vgl. dpa 2010, Studie: TV unterhält, Internet ist sozial, zitierte Studie: Mindline in Auftrag von SevenOneMedia [n=1006]
[112] Vgl. Baumann 2010
[113] Anm.: Alle Angaben beziehen sich auf: tvDIGITAL, Nr.13, 11.06.2010, 19. Juni bis 02. Juli 2010.

Im Zuge der Analyse des Programms wird deutlich, dass Sky das Versprechen der *Exklusivität* und des *Erlebnis-Fernsehens* einlöst. Einerseits wird das durch die vielen Premieren deutlich, andererseits durch das Anbieten bestimmter Serien, die nur über Pay-TV, nicht aber im Free-TV in Deutschland verfügbar sind. Ein Beispiel hierfür ist die Serie 'Mad Man'[114] auf 'FOX'.

Der versprochene *innovative* Charakter ist einerseits auf technischer HD-Basis zu finden, andererseits kann dieses Versprechen im Sinne der Schärfung des Markenprofils durch die Markenführung auch auf den Inhalt ausgedehnt werden, da Innovation auch in Bezug auf das hochwertige Programm verwendet werden kann.

Bei der *Programmvielfalt* muss angemerkt werden, dass das Portfolio einerseits viele Sender bietet, andererseits lässt sich durch die Analyse des Programmprofils feststellen, dass Vielfalt durchaus gegeben ist, jedoch in einem viel unausgewogeneren Verhältnis, als durch das Kernversprechen impliziert. Hier ergibt sich eine gewisse Lücke in der Markenführung und den dort entwickelten Kernversprechen und tatsächlichem Angebot.

Daraus resultieren folgende Implikationen: Die Konzentration auf exklusiven Content ist unabdingbar für eine klare Differenzierung zwischen Pay-TV und anderen Fernsehsendern. Über diesen Aspekt lässt sich eine Marke aufladen und rechtfertigt gleichzeitig – bis zu einem gewissen Ausmaß – die Gebühren. Das Fehlen der eigenproduzierten Inhalte stellt Sky jedoch vor ein Problem, würden diese Formate der Dachmarke doch zu einem noch unverwechselbareren und schärferen Image verhelfen. Die Eigenproduktionen hätten weiter den Vorteil, den sozialen Aspekt des Fernsehens zu nutzen – es würde über den Fortgang des Formates in sozialen Gefügen gesprochen werden. Eine Bedingung, die aber nicht nur auf Pay-TV-Basis zutrifft, stellt jedoch die Qualität und das Funktionieren am Markt dar. In Bezug auf die Programmvielfalt wäre anzumerken, dass die Konzentration auf den Bereich Unterhaltung einerseits auf den Kundennutzen abzielt, andererseits inkonsistent im Sinne der Markenführung wahrgenommen werden könnte, ist ein ausgewogenes Programm- bzw. Senderportfolio nicht in der versprochenen Form gegeben.

---

[114] Anm.: Ab 06. Oktober 2010 ist diese Serie auf ZDFneo als Free-TV-Premiere zu sehen [o.V., 28.08.2010, "Mad Men" ab 6. Oktober auf ZDFneo]

6 Kommunikationsanalyse

Dieses Kapitel beschäftigt sich mit der Kommunikationsanalyse der Dachmarke Sky mit seinem Logo, der Homepage, einzelnen Kampagnen und dem verwendeten Claim.

Das Logo von Sky präsentiert sich in der Grundfarbe Silber mit Abstufungen in der Intensität der Farbe. Varianten bilden die Ausstattung des Logos in schwarz, in Bewegtbildern wird mit dem gesamten Farbspektrum, welches sich kurzfristig um die Kanten der Buchstaben legt, gearbeitet. Generell wird für das Logo nur kleine Typografie verwendet. Durch das Logo ist auch gleichzeitig die Hausfarbe festgelegt.

Abbildung 2: Sky-Logo[115]

Die jeweiligen, wohl beabsichtigten Farbassoziationen hierzu sind: Weiß steht für Präzision, Helligkeit, Sauberkeit und Klarheit; Grau für Neutralität, Intelligenz und Edelkeit.[116] Ohne die Spektralfarben in Bewegtlogos zu betrachten, lässt sich der Schluss ziehen, dass das Kernversprechen *Vielfalt* im Logo nicht widergespiegelt wird. Dieses könnte eben durch die Spektralfarbigkeit repräsentiert werden. Präzision, Klarheit und Intelligenz passen zu *Innovation*; *Exklusivität* kann durch die edlen Farben indiziert sein. Augenfällig wirkt das Logo edel und elegant zeitlos.

Der derzeitige *Claim* zielt auf die Besonderheit und auf das exklusive Fernseherlebnis ab: 'Das Besondere sehen.' Das Kernversprechen 'exklusives Fernseherlebnis' wird in diesem Satz gut zusammengefasst, muss Sky doch 'Besonderes' bieten, wenn Gebühren eingehoben werden. Ein Claim, der Mittelmaß und Gesehenes verspricht, würde mit der bestehenden Markenführung und der Positionierung Skys als Premium-Sender nicht übereinstimmen und das Profil schlicht schwächen. Das 'Besondere' kann sich jedoch nicht nur auf die Exklusivität beziehen; Innovation und das Fehlen von Unterbrecherwerbung sind ebenfalls assoziierbar und zwar im Sinne von 'besonders innovativ' und 'besonders werbestörungsfrei'.

Die *Homepage* orientiert sich an den Farben des Logos. Es wird vor allem mit den Farben Grau bzw. Silber, Weiß und Schwarz gearbeitet. Farbliche Akzente werden in den einzelnen Untergruppen gesetzt: So stehen beispielsweise 'Grün' für Sport und 'Rot' für Film. Grün wird dabei mit den Attributen sportlich, natürlich und frisch assoziiert;[117] Rot dagegen mit dynamisch und energiereich.[118] Die Farbe Schwarz wird vor allem bei Teilen der Homepage verwendet, die sich mit HD und Technologie auseinandersetzen, wirkt diese Farbe doch mächtig und edel.[119] Diese klare Farbgliederung schafft für den Betrachter Orientierung.

---

[115] Quelle: Sky, o.T., 29.08.2010
[116] Vgl. Bühler 2004: 31 ff.
[117] Vgl. ebd.: 36
[118] Vgl. ebd.: 40
[119] Vgl. ebd.: 45.

Die *Station-IDs* sind auffällig dem jeweiligen Sender farblich und musikalisch angepasst. Auch das Voice-Over ist in Bezug auf die Tonalität adaptiert. Beispielsweise ist die Station-ID von 'sky action'[120] in Rot- und Schwarztönen gehalten. Das *Studiodesign* der von Sky eigenproduzierten Inhalte beschränkt sich auf die 'Sky Lounge' und das 'Sky Magazin'. Weiters existiert im Sportbereich ein eigenes Design für die Studios:

Abbildung 3: Das Studiodesign (Quelle: Sky 2010, Unternehmensbilder)

Die Studios sind im Sinne des Corporate Designs abgestimmt und mit den jeweiligen Logos versehen. Die Farbgestaltung ist an das entsprechende Programmformat angepasst. So vermittelt etwa das in Dunkelblau-, Schwarz- bzw. Dunkelgrau-Tönen gehaltene Studio durch die Farbgebung Sportlichkeit, Edelkeit und Mächtigkeit.[121] Die fließenden Strukturen und das Fehlen von harten Kanten spielen wohl auf die Dynamik des Fußballs an.

Sendereigene Personenmarken treten in der Kommunikation nach außen nicht auf. Im Vordergrund stehen die Genremarken. Hier ist vor allem das Thema Fußball präsent. Ein Beispiel dafür ist die TV-Fußball-Kampagne (vgl. Abbildung 4).

Abbildung 4. Fußball-Kampagne Juli (links und Mitte) und August (rechts) 2010[122]

Die Tonalität der Juli-2010-TV-Kampagne ist humorvoll und überspitzt, dreht sich doch alles um Fußball und das gespaltene Verhältnis zwischen diesem und dem weiblichen Geschlecht. Dieses unternimmt in den 20-Sekunden-Spots gewagte Versuche, um die Männer vom aktuellen Fußball-Abo-Angebot abzulenken. Vom Stil her der Slice-of-Life-Technik zuzuordnen, ist die Farbgebung natürlich und die bildliche Darstellung ruhig, stellenweise jedoch auch aggressiv in ihrer Expressivität. In der August-2010-TV-Kampage tritt das humorvolle Element in den Hintergrund und wird durch pure Emotionalität in der 'Fußball-Traumwelt' ersetzt. Mitreißende Fußball-Szenen und das Abo-Angebot zum Schluss stehen im Mittelpunkt. Die bildliche Darstellung ist dynamisch und wirkt – entsprechend dem dargestellten Sport – leicht verwaschen und rau. Die Zielgruppe ist eindeutig eine männliche.

---

[120] Abrufbar unter: http://www.youtube.com/watch?v=htMzJPmWcR0&feature=relate
[121] Vgl. Bühler 2004: 31 ff.
[122] Quelle: Sky, 29.08.2010, Werbung, http://info.sky.de/inhalt/de/medienzentrum_bilderlogos_werbung.jsp

Auch die *Print-Sujets*[123] aus dem Jahr 2009 konzentrieren sich auf Fußball. Von der Emotionalität, Farbgebung und Dynamik sind sie ähnlich der aktuellen TV-Kampagne. Es kann dadurch angenommen werden, dass die Werbelinie konstant bleibt und Fußball ein wichtiges Thema darstellt. Die Wahl dieses Sports ist wohl durch die exklusiven Fernsehrechte[124] an der Bundesliga zu erklären.

Zusammenfassend lässt sich anmerken, dass die Designelemente durchgängig einheitlich gestaltet und konstant (für Orientierung und Wiedererkennbarkeit) sind. In der Kommunikation stehen die Genremarken im Vordergrund, vor allem das Genre Sport. Die Abgrenzung vom Mitbewerb ist einerseits durch die Inhalte gegeben, da Exklusivrechte bei Sky liegen und diese in der Kommunikation zurzeit klar im Vordergrund stehen. Andererseits ist eine Differenzierung in Bezug auf die Emotionalität und Tonalität gegeben.

7 Zusammenfassung und Ausblick

Zusammenfassend lässt sich sagen, dass Sky am deutschen Markt an mehreren 'Fronten zu kämpfen' hat. Einerseits ist die wirtschaftliche Situation des Unternehmens zurzeit suboptimal, andererseits sieht sich Sky mit einer Überzahl an privaten Fernsehanbietern konfrontiert, die im Grunde denselben Nutzen für den Kunden bieten. Hinzu kommt das Fehlen einer eigenen Netzinfrastruktur. Dieser Umstand zwingt Sky in Partnerschaften mit Unternehmen, die diese Infrastruktur bieten können. Diese Infrastrukturanbieter haben jedoch den entscheidenden Vorteil, dass sie die Transaktionskosten der Abnehmer durch Triple Play-Angebote senken können.

Die Positionierung und Differenzierung ist am Markt jedoch durchaus klar zu sehen. Einerseits hebt sich Sky von der Konkurrenz durch den Besitz von Exklusivrechten deutlich ab. Im Programmangebot steht zwar eine Fülle an Sendern zur Verfügung, diese lassen aber keine ausgewogene Programmvielfalt erkennen, zielt doch der Großteil der Sender allein auf Unterhaltung ab. Das Fehlen von Eigenproduktionen wird zum Prüfstein von Sky: Bisher wird kein größeres Format in Eigenregie produziert. Das Profil könnte dadurch aber geschärft und gestärkt werden. Weiters ist anzumerken, dass bei einem erfolgreichen Format die Möglichkeit zur Abonnementzahlsteigerung vorhanden ist, wenn der Content sich erfolgreich am Markt positioniert und in die Sozialstruktur der Konsumenten eintritt und dort verankert wird.

Diese Herausforderungen stellen an das Unternehmen Sky und an die Führung dieser Medienmarke hohe Ansprüche. Vor allem in der Kommunikationsplanung tritt die Positionierung als exklusiver, innovativer und vielfältiger Sender klar zu Tage; das allein reicht für den deutschen Markt aber offensichtlich nicht aus. Ob die Konzentration in der Kommunikation auf das Thema Fußball den Pay-TV-Marktführer weiterhin über Wasser halten wird, bleibt abzuwarten, ob schlussendlich nur exklusiver Fußball in HD als Kernkompetenz übrigbleiben wird, ebenso. Dem Gemeinschaftserlebnis zusammen mit purer Emotion in High Definition zuhause oder im Pub wird dies jedoch keinen Abbruch tun.

---

[123] Abrufbar unter: http://www.horizont.net/kreation/outofhome/pages/protected/show-2731.html
[124] Vgl. Hofer/ Siebenhaar/ Brückner 2010

Literaturverzeichnis

ALM, 26.08.2010, ALM Programmbericht 2009, http://www.alm.de/fileadmin/ Medienforschung/Programmbericht2009/ALM-Programmbericht_2009.pdf

Baumann, B.; 28.08.2010, N24-Chef Rossmann: "Der Morgen ist Prime Time" [Interview mit Torsten Rossmann], http://derstandard.at/1277337446264/STANDARD-Interview-N24-Chef-Rossmann-Der-Morgen-ist-Prime-Time

Bühler, P. (2004): MediaFarbe analog & digital – Farbe in der Medienproduktion. Springer Berlin Heidelberg New York. 2. Auflage.

dpa, 29.08.2010, Studie: TV unterhält, Internet ist sozial, zitierte Studie: Mindline in Auftrag von SevenOneMedia [n=1006], http://www.focus.de/kultur/diverses/medien-studie-tv-unterhaelt-internet-ist-sozial_aid_459778.html

Hofer, J. / Siebenhaar, H.-P. / Brückner, F.; 26.08.2010, Sky knüpft ein Partnernetz fürs Überleben, http://www.handelsblatt.com/unternehmen/it-medien/pay-tv-sky-knuepft-ein-partnernetz-fuers-ueberleben;2640374;0

o.V., 05.07.2010, Sky-Chef Sullivan wünscht sich Eigenproduktionen, http://www.dwdl.de/story/25928/halleluja_sky_will_2011_in_die_eigenproduktion_einsteigen

o.V., 28.08.2010, "Mad Men" ab 6. Oktober auf ZDFneo, http://derstandard.at/1282273571898/Free-TV-Premiere-Mad-Men-ab-6-Oktober-auf-ZDFneo

Reuters, 25.08.2010, Sky Deutschland braucht nach neuem Verlust mehr Kapital, http://derstandard.at/1277339483257/Sky-Deutschland-braucht-nach-neuem-Verlust-mehr-Kapital

Siebenhaar, H.-P.; 26.08.2010, Kabelkonzern lässt Sky zappeln,http://www.handelsblatt.com/ unternehmen/it-medien/vertriebspartnerschaft-kabelkonzern-laesst-sky-zappeln;2642028;0

Sky, 02.06.2010, Alle Sender im Überblick, http://info.sky.de/inhalt/static/download/ Senderuebersicht_Sky_DEU_0510.pdf

Sky, 02.07.2010, Sky Deutschland AG – Q1 2010 Bericht, http://info.sky.de/inhalt/static/download/ aktie/2010/q1_2010/deutsch/skydeutschlandag_q1_2010_bericht.pdf

Sky, 04.08.2010, Aktionäre stimmen Änderung der Firmierung in Sky Deutschland AG zu, http://info.sky.de/inhalt/de/medienzentrum_news_uk_09072009.jsp

Sky, 08.06.2010, Gute Gründe für Sky – es ist Zeit für besonderes Fernsehen, http://www.sky.de/web/ cms/de/abonnieren-besonderesfernsehen.jsp

Sky, 22.08.2010, o.T., http://info.sky.de/inhalt/de/unternehmen-management-sullivan-start.jsp

Sky, 22.08.2010, Wesentliche Beteiligungen, http://info.sky.de/inhalt/de/ unternehmen_beteiligungen_start.jsp

Sky, 25.08.2010, Alle Sky Preise in der Übersicht, http://www.sky.de/web/cms/de/abonnieren-preisinfos.jsp

Sky, 25.08.2010, Die ganze Welt des Films., http://www.sky.de/web/cms/de/abonnieren-paket-infos.jsp?selectedArea=film

Sky, 25.08.2010, Results Q2 2010, http://info.sky.de/inhalt/static/download /aktie/2010/q2_2010/deutsch/skydeutschlandag_q2_2010_presentation_e.pdf

Sky, 26.08.2010, Sky Unternehmensprofil, http://info.sky.de/inhalt/de/unternehmen_profil_start.jsp

Sky, 27.08.2010, Sky Programmpakete im Überblick, http://www.sky.de/web/cms/de/abonnieren-paket-info.jsp

Sky, 28.08.2010, HD Angebot, http://www.sky.de/web/cms/de/abonnieren-hd-angebot.jsp

Sky, 29.08.2010, Unternehmensbilder, http://info.sky.de/inhalt/de/medienzentrum_bilderlogos_ unternehmen.jsp.

Sky, Sky Lounge, 27.08.2010, http://www.sky.de/web/cms/de/entertainment-sky-lounge.jsp

Sky, Sky Magazin, 27.08.2010, http://www.sky.de/web/cms/de/entertainment-sky-magazin.jsp

tvDIGITAL, Nr.13, 11.06.2010, für die Wochen 19. Juni bis 02. Juli 2010.

TV-Sender-Datenbank der ALM, abrufbar unter http://www.alm.de/programmveranstalter/ index.php, abgerufen am 31.08.2010

Unitymedia, 27.08.2010, Programmpakete Digital TV, http://www.unitymedia.de/produkte/ fernse-hen/digital-tv-sport.html

Unitymedia, 27.08.2010, Unitymedia stellt Betrieb von arenaSAT ein: Letzte Ausstrahlung der Pay-TV-Sender am 30. September 2010, http://www.arena.tv/kundeninfo/

Krone, J.; 27.08.2010, Pay-TV in Deutschland: Keine heiteren Aussichten für "SKY", http://carta.info/11641/pay-tv-in-deutschland-aus-premiere-wird-sky/

Sky, 27.08.2010, Senderübersicht nach Paketen, http://www.sky.de/web/cms/de/abonnieren-senderinfos.jsp

Wilkens, A.; 25.08.2010, Premiere schreibt erstmals operativ schwarze Zahlen, http://www.heise.de/newsticker/meldung/Premiere-schreibt-erstmals-operativ-schwarze-Zahlen-87069.htm

TV-Markenführungsstrategien: Erfolgsfaktoren und Benchmarks

Kati Förster

1 Zur Rolle der Umfeldbedingungen

Vergleicht man die Rahmenbedingungen, in denen sich die verschiedenen TV-Sender mit ihrer Markenführung bewegen, so fällt auf, dass sich die Märkte vor allem hinsichtlich der technologischen Bedingungen und der Wettbewerbsstruktur unterscheiden. Zur besseren Übersicht sind die einzelnen Rahmenbedingungen in folgender Tabelle noch einmal zusammengefasst und gegenübergestellt:

	USA	*UK*	*Spanien*	*Deutschland*
Rechtliche Rahmenbedin-gungen	Regulierungsbe-hörde: FCC Dual Network Ban, Kontrolle von Cross-Ownerships	Broadcasting Act 2003	Gesetzesnovelle im März 2010: Etablie-rung eines Rates für AV-Medien, Ände-rungen der Vergabe von AV-Lizenzen, Werbezeitbeschrän-kung, Verbesserung des Jugendschutzes, Must-carry Regelun-gen	Grundgesetz, Landes-rundfunkgesetz (öffent-lich-rechtliches Fernse-hen), Landesmedienge-setz (privater Rund-funk)
Technologische Entwicklungen	-	92% der Bevölke-rung hat digitales TV	21,5% digital terre-strischer Empfang	Digitalisierung bei 55%
Mitbewerb	Dominanz frei empfangbarer, privater Net-works; geringe Bedeutung öffentlich-rechtliches TV (2-3%); hohe Bedeutung Net-work Affiliates	Dominanz öffent-lich-rechtlicher Sender und Pay-TV	Starke Position des öffentlich-rechtlichen Fernsehens, 10 größte Sender vereinen etwa 90% Marktanteil auf sich	Duales Rundfunksy-stem, Vielzahl an frei empfangbaren, privaten Rundfunkprogrammen
Rezipientenmarkt	98,2% besitzen Fernseher; durch-schnittliche Fernsehnut-zungsdauer 264 Min/ Tag	Durchschnittliche Fernsehnutzungs-dauer 225 Min/ Tag, 5,1 Mio. Familien besitzen HD-TV, 40% nutzen Internet-TV	Zwei Prime Times (16 und 23 Uhr), durch-schnittliche Fernseh-nutzungsdauer 229 Min/ Tag	Durchschnittliche Fernsehnutzungsdauer 228 Min/ Tag
Sonstiges	Besonderheiten im Programm-vertrieb (Barter Syndication)		Werbeverbot für öffentlich-rechtliches Fernsehen, in Spanien europaweit meiste TV-Werbeminuten	

Tabelle 1: Umfeldbedingungen im Vergleich

Traditionell hat öffentlich-rechtliches Fernsehen in Europa eine starke Position: In Großbritannien, Spanien und Deutschland liegt deren Marktanteil bei rund 40%. Die häufig geäußerte Vermutung, Rundfunkgebühren zur Finanzierung öffentlich-rechtlicher Sender verminderten die Zahlungsbereitschaft für andere Fernsehangebote,[1] lässt sich am Beispiel von Großbritannien nicht unterstützen. Hier scheinen die Zuschauer vielmehr eine generell höhere Zahlungsbereitschaft zu besitzen, sind in diesem Markt doch Pay-TV-Anbieter neben den öffentlich-rechtlichen TV-Sendern sehr erfolgreich.

Darüber hinaus verbringen die Zuschauer in den USA die meiste Zeit vor dem Fernseher, innerhalb Europas ist diese Dauer geringer und mit Werten zwischen 225 und 229 Minuten täglich eher untereinander vergleichbar.

Es ist zu erwarten, dass die Umfeldbedingungen die Markenführung der Sender entscheidend beeinflussen. So kann etwa angenommen werden, dass eine hohe *Marktkonzentration* eine explizite Formulierung der Markenidentität, der Markenwerte und des Markenversprechens fördert, um intern Handlungsmaximen bereitzustellen. Überdies ist ein Einfluss der Marktkonzentration auf die Programmierungsstrategien zu erwarten, etwa dass eher offensive als defensive Strategien angewendet werden, strikte horizontale und vertikale Programmierungen stattfinden und/ oder Audience-Flow-orientierte Taktiken angewandt werden. Zudem wird ein Einfluss der Marktkonzentration in Bezug auf das Ausmaß der Kommunikationsaktivitäten, und damit auf die Übersetzung des Markenversprechens in On- und Off-Air-Maßnahmen gesehen. Damit lassen sich die folgenden Thesen ableiten:

T1: Je höher die Marktkonzentration, desto stärker ist die Markenorientierung (strategische Ebene).

T2: Je höher die Marktkonzentration, desto umfangreicher werden Programmierungsstrategien angewendet.

T3: Je höher die Marktkonzentration, desto größer ist das Ausmaß der Kommunikationsaktivitäten.

Der Einfluss der *Marktstruktur* wird eher in Richtung des Programmprofils vermutet: Ein ausgewogenes Verhältnis zwischen öffentlich-rechtlichen und privaten TV-Anbietern erhöht die strukturelle Vielfalt.[2] Mit anderen Worten: Mit dem Programmangebot von öffentlich-rechtlichen Fernsehsendern werden die Erwartungen der Rezipienten dahingehend geprägt, als sie auch von privaten Sendern ein entsprechend ausgewogenes Verhältnis von informativen und unterhaltenden Inhalten erwarten. Dies würde für die Markenführung allerdings bedeuten, dass eine Positionierung über die strukturelle Programmvielfalt nicht mehr gegeben ist, und so eine Differenzierung (in der Suche nach der „Nische") entweder über die inhaltliche Programmvielfalt,[3] über einen erhöhten Anteil an Eigenproduktionen und/ oder über die Kommunikationspolitik erfolgen muss. Zusammenfassend lassen sich an dieser Stelle die folgenden Thesen ableiten:

---

[1] Vgl. Schafmeister 2007: 144
[2] Anm.: Strukturelle Programmvielfalt beschreibt die Relation zwischen informierenden, bildenden, beratenden Sendungsformaten auf der einen und unterhaltenden Sendegattungen auf der anderen Seite.
[3] Anm.: Inhaltliche Programmvielfalt beschreibt die Themenstruktur der fernsehpublizistischen Sendungen (kontroverse Themen, nicht-politische Sachthemen, Human-Touch-Themen, Lebensweltthemen, Sport, Servicethemen).

T4: Je höher der Marktanteil öffentlich-rechtlicher TV-Unternehmen ist, desto höher ist die inhaltliche Vielfalt in den einzelnen Sendern.

T5: Je höher der Marktanteil öffentlich-rechtlicher TV-Unternehmen ist, desto höher ist der Anteil an Eigenproduktionen.

T6: Je höher der Marktanteil öffentlich-rechtlicher TV-Unternehmen ist, desto größer ist das Ausmaß der Kommunikationsaktivitäten.

Obgleich diese Thesen im Folgenden nicht explizit geprüft werden können,[4] sollen sie als hypothetische Ursachen-Wirkungsbeziehungen die wesentlichen Überlegungen zusammenfassen und eine bessere Einordnung der zentralen Ergebnisse erlauben.

2 Strategische TV-Markenführung im Vergleich

Im Vergleich der Markenführung auf der strategischen Ebene fallen nicht nur Unterschiede zwischen den einzelnen Märkten, sondern auch zwischen öffentlich-rechtlichen TV-Sendern einerseits und privaten TV-Stationen andererseits auf (vgl. Tab. 2). Während erstere in ihren Markenversprechen häufig den Aspekt der Qualität in den Mittelpunkt rücken, erscheinen bei privaten Sendermarken oft Attribute wie emotional (ABC, ITV1, RTL), leidenschaftlich (ProSieben) oder innovativ (Antena 3, ITV1). Doch auch innerhalb der einzelnen Märkte zeigen sich Unterschiede:

In den *USA* erlaubt es offensichtlich die Größe des Marktes, eine klare Zielgruppenabgrenzung vorzunehmen und die Formate für eben diese Zielgruppen zu produzieren. Während CBS vor allem männliche Zuseher mit seinen Kriminalserien ansprechen möchte, sind es bei ABC insbesondere Frauen, die mit starken Formatmarken wie Desperate Housewives und Grey's Anatomy erreicht werden sollen. Interessant ist in diesem Zusammenhang auch die Tatsache, dass ABC mit Diane Sawyer eine weibliche Personenmarke aufgebaut haben, während NBC und CBS auf männliche Personenmarken setzen. Überdies liegt der Fokus der Markenversprechen auf Vielfalt (Diversity), während im europäischen Markt der Aspekt der Qualität häufig in den Vordergrund gerückt wird. Das Markenversprechen der Vielfalt ist nicht nur im amerikanischen Markt, sondern auch international austauschbar (sechs von elf untersuchten Fallstudien haben dies im Markenversprechen formuliert). Insgesamt zeigt sich im amerikanischen Markt jedoch eine sehr strikte Markenorientierung, indem Markenversprechen explizit formuliert wurden (mit Ausnahme von ABC), Markenadressaten klar voneinander abgegrenzt sind und Submarken konsequent die intendierte Positionierung verfolgen.

---

[4] Anm.: Eine Verifikation dieser Thesen müsste in ein entsprechendes methodisches Setting eingebunden werden und bedürfte zudem einer weiteren theoretischen Fundierung, was jedoch an dieser Stelle zu weit vom zentralen Forschungsziel führen würde.

Sender	Markenversprechen	Markenpositionierung	Markenstrategie/ Submarken
NBC	Vielfalt in Programm, Geschäftsfeldern, Verbreitungswegen, Personalpolitik	Vielfältig (Pfau), weltoffen, traditionsbewusst „More colorful"	Genre: News Formate: America's Got Talent, Biggest Looser (Reality-Shows) Personen: Jay Leno und Jimmy Fallon
CBS	Vielfalt über Contentlieferanten, in Sparten, in Talentsuche	Männlich, jung „Only CBS"/ „America's Most Watched Network"	Genre: Kriminalserien und Sitcoms Formate: CSI, Navy CIS, Criminal Minds, The Mentalist Person: David Letterman
ABC	Vom Sender nicht formuliert	Weiblich, emotional, nah „Your favorite shows live here"	Genre: Serien (Drama und Arzt) und Reality-Shows, Formate: Dancing with the stars, The Bachelorette, Desperate Housewives, Greys Anatomy, Personen: Jimmy Kimmel, Diane Sawyer
BBC1	Qualität, Kreativität, Vielfalt, Zuverlässigkeit und Neutralität	Unabhängig und neutral: „Channel for Everyone"	Genre: Unterhaltung/ Drama und Information, Formate: Eastenders (Soap), Casualty (Hospital Drama), Doctor Who (Sci-fi), BBC News, keine Fokussierung auf Personenmarken
ITV1	Optimismus; Seriosität, Emotionen, Regionalität, Tradition, Innovation	Innovativ, britisch, Markenadressaten eher geringerer sozioökonomischer Status, „The brighter Side"	Fokussierung auf Sendermarke Genre: Sport und Reality-Shows, Formate: Coronation Street, Emmerdale (Soaps), Personen: Sir Trevor McDonald, Julie Etchingham (Nachrichten)
La 1	Qualität, Vielfalt, Relevanz, Bildung, Unterhaltung	Seriöser, qualitativ hochwertiger Informations-, Bildungs- und Unterhaltungskanal für die gesamte spanische Bevölkerung	Positionierung v.a. über Personenmarken, Genre: Informationssendungen und Telenovelas
Antena 3	Vielfältig und unabhängig, informativ und unterhaltend	Crossmedial und mit drei Sendern, modern, jung, multimedial und innovativ	Genre: Serien und Filme, Format: El Internado (Serie), Personen: verschieden
ZDF	Verantwortungsbewusst, unterhaltsame Dokumentationen, kulturfördernd, informativ, umfangreiche Sportberichterstattung	Durch öffentlichrechtlichen Auftrag, richtet sich an alle Bevölkerungsgruppen, „Mit dem Zweiten sieht man besser"	Genre: Dokumentationen, Wissenschaftssendungen, Kultursendungen, deutsche Fernsehfilme, verschiedene, starke Formatmarken in diesen Genres
RTL	Vielfalt, Innovation, Beständigkeit, Qualität und Relevanz	Unterhaltung, Information und emotionale Verbundenheit „Mein RTL"	Genre: Shows, Format: DSDS, Personen: Günther Jauch, Dieter Bohlen
ProSieben	Leidenschaftlich, außergewöhnlich, State of the Art	Spielfilmsender Nr. 1 mit der besten Unterhaltung in der werberelevanten Zielgruppe „We love to entertain you"	Genre: Blockbuster, Serien, Eigenmarke: Made by ProSieben, Format: Galileo, PopStars, Germany's next Topmodel, Person: Stefan Raab, Sonya Kraus
Sky	Programmvielfalt ohne Werbeunterbrechung	Durch technische Innovationen (HD Content), Exklusivität durch Erstausstrahlungen, „Das Besondere sehen"	Keine Personenmarken, da kaum Eigenproduktionen

Tabelle 2: Strategische Markenführung im Vergleich

Im *britischen* Markt fällt die Fokussierung auf die Dach- und damit die Sendermarken sofort ins Auge. Der traditionellen Rolle der BBC setzt ITV1 eine durch das Attribut „optimistisch" aufgeladene Sendermarke entgegen. Insgesamt wirkt ITV1 in seiner Markenstrategie eher offensiv, verwendet in seinem Claim gar den Komparativ (The brighter Side), was als direkter Vergleich zur BBC aufgefasst werden kann. Während die BBC eher als London-affin gilt, differenziert sich ITV bewusst davon, indem es seine Formatmarke Coronation Street in eine fiktive Industriestadt namens Weatherfield platziert, die stark an Manchester erinnert. Beide Sender positionieren sich als „britisch", wenngleich sie unterschiedliche Zielgruppen fokussieren.

Der *spanische* Markt, geprägt von einem werbefreien öffentlich-rechtlichen Fernsehen einerseits und den europaweit meisten gesendeten TV-Werbeminuten andererseits, verdeutlicht den Einfluss des Werbemarktes auf die Markenführung von TV-Sendern. Während der öffentlich-rechtliche Sender La 1 seine Markenversprechen der Qualität, Vielfalt, Relevanz, Bildung und Unterhaltung mit entsprechenden Informationssendungen glaubwürdig vermitteln kann, bietet der Privatsender Antena 3 den „werbemüden" Zusehern die Möglichkeit auf andere Plattformen (Mobile, Internet) auszuweichen. Er präsentiert sich damit als modern, jung, innovativ und multimedial. Auffällig ist die stringente Markenpolitik von Antena 3, die mit der starken Position des öffentlich-rechtlichen Senders La 1 begründet werden kann.

Der *deutsche* TV-Markt, allgemein als sehr vielfältiger Markt – auch im privaten Sektor – charakterisiert, zeigt eine ebensolche Vielfalt bei gleichzeitiger Stringenz in der Markenführung auf. Die untersuchten Sender haben ihre Markenwerte deutlich formuliert, ihre Positionierung bestimmt und setzen diese über entsprechende Submarken um. So unterscheiden sich die Sender nicht nur hinsichtlich ihrer Genremarken, sie richten sich auch an unterschiedliche Zielgruppen (z.B. Mediengeneration bei ProSieben). Das ZDF stellt den Aspekt des Infotainment, RTL die emotionale Verbundenheit und ProSieben die Unterhaltung in den Mittelpunkt. Eine Sonderrolle nimmt Sky ein, die mit technischen Innovationen (HD) und exklusiven Inhalten das Modell des Bezahlfernsehens etablieren möchte. Es stellt sich allerdings die Frage, inwiefern es gelingt, diese eher vage – und wahrscheinlich auch zeitlich begrenzt einzigartige – Kompetenz ohne die strikte Orientierung auf die Dachmarke und der dazugehörigen Submarkenebene glaubwürdig zu vermitteln.

3 Erfolgsfaktoren im Rahmen der Programmpolitik

Betrachtet man das Programmprofil der untersuchten Sender (vgl. dazu Tab. 3), so fällt insbesondere die Rolle eines öffentlich-rechtlichen Fernsehens für die Programmgestaltung in einem Markt auf (These 4).

Im *amerikanischen* Markt nimmt das Fernsehen im Vergleich zu den untersuchten europäischen Märkten eine untergeordnete Rolle in der Informationsvermittlung ein. Die Vielfalt wird hier eher innerhalb der Genre der fiktionalen und non-fiktionalen Unterhaltung erreicht. Eine inhaltliche oder strukturelle Vielfalt, wie sie von Woelke definiert ist,[5] kann hier nicht gesehen werden. These 4 kann hier also bestätigt werden.

---

[5] Vgl. Woelke 2010: 26

Markt	Gemeinsamkeiten	Sender	Differenzierung über ..
USA	Wiederholungen, Imita-tionen, Spin-Offs; Fokus auf Serien, Reality Shows, Sport	NBC	Fokus auf Nachrichten (23%), Entertainment, Sport
		CBS	Action, Spannung in Serien; Game und Award Shows
		ABC	Emotion und Romantik in Serien; Reality Shows
UK	Generell hohe Bedeu-tung von Nachrichten im Programm	BBC1	Mehr als 50% Information, hohe strukturelle und inhaltli-che Vielfalt
		ITV1	Fokus auf Unterhaltung, Drama, Soaps, Nachrichten
Spanien	Klare strukturelle Un-terschiede im Programm → eher geringe struktu-relle und inhaltliche Binnenvielfalt	La 1	Fokus auf Information (29%) und Infotainment (22%)
		Antena 3	Dominanz non-fiktionaler Unterhaltung (19,2%), Serien und Spielfilme (19,1%) und Magazine (16,5%)
Deutschland	Generell hohe struktu-relle Programmvielfalt (auch bei Privaten); inhaltliche Programm-vielfalt eher bei öffent-lich-rechtlichen	ZDF	Schwerpunkt auf Information (49,6%), hohe inhaltliche Programmvielfalt
		RTL	Schwerpunkt auf non-fiktionaler Unterhaltung (28,4%), fiktionalen Formaten (25,1%), Information (23,4%); relativ hohe strukturelle Programmvielfalt
		Pro7	Schwerpunkt auf fiktionaler Unterhaltung (37,4%), non-fiktionaler Unterhaltung (23,3%) und Information (15,8%)
		Sky	Dominanz fiktionaler Unterhaltung (65,4%) und Sport (11,4%); geringe strukturelle und inhaltliche Programm-vielfalt

Tabelle 3: Programmprofile im Vergleich

Im *britischen* und auch *spanischen* Markt findet sich demgegenüber eine klare Rollenver-teilung: Öffentlich-rechtliches Fernsehen definiert und begründet sich über die Vermittlung von Informationen, während sich die privaten Sender auf fiktionale und non-fiktionale Unterhaltung konzentrieren, um so ihre notwendigen, kritischen Reichweiten zu erlangen. Eine Sonderrolle nimmt hier wiederum der *deutsche* Markt ein: Obgleich das ZDF als öf-fentlich-rechtlicher Sender noch immer die höchste inhaltliche Vielfalt aufweist, bieten auch RTL und ProSieben als große private Sender eine im internationalen Vergleich hohe strukturelle Vielfalt an. Auch hier bestätigt sich wiederum These 4.

Bezogen auf die Markenversprechen lassen sich auf dieser Basis die folgenden Schlussfol-gerungen ziehen:

Die in den Markenversprechen der *amerikanischen* Sender intendierte Vielfalt, wird – zumindest im internationalen Vergleich – nicht umgesetzt. Vielmehr erfolgt eine klare Fokussierung auf bestimmte Schattierungen innerhalb einzelner Genres, dies aber eher im Sinne einer Vervielfältigung („more of the same") an Stelle einer tatsächlichen Vielfalt. Ob letztere durch die in diesem Markt durchgeführte lokale Programmierung erreicht werden kann, bleibt zu bezweifeln, zumal dann nicht mehr von einer klaren Markensteuerung die Rede sein kann. Einzig ABC hält sein im Claim formuliertes Markenversprechen auch im Programm; „Your favorite shows live here" stellt die Unterhaltung klar in den Mittelpunkt.

Im *britischen* und *spanischen* Markt werden die zentralen Markenversprechen durch-aus eingehalten, der Informationsfokus in öffentlich-rechtlichen Sendern ist Teil der Mar-kenführung; ebenso finden sich die Markenversprechen der privaten Sender (emotional, unterhaltend) in den Programmprofilen der Sender wieder.

Mit Ausnahme von Sky, die ihr – ohnedies diffuses – Markenversprechen („Das besondere sehen") nicht durchgängig einlösen, zeigt sich im *deutschen* Markt eine stringente Markenführung der Sender, die innerhalb eines strukturell vielfältigen Programmangebots ihre jeweilige „Lücke" finden. Die emotionale Konditionierung der Marken spiegelt sich dabei auch im Programm wider.

Es zeigt sich also insgesamt, dass eine Differenzierung über das Programmprofil besteht, wenngleich dies nicht immer stringent und bei jedem der untersuchten Sender in der strategischen Markenführung formuliert ist.

Bezogen auf die verschiedenen *Programmschemata* ergeben sich ebenso einige Besonderheiten. Zunächst ist festzustellen, dass alle Sender sowohl eine horizontale als auch vertikale (Dayparting) Programmierung verfolgen. Einzige Ausnahme bildet hier BBC1, die erfolgreiche Formate zwar innerhalb eines Dayparts, aber zu unterschiedlichen Zeiten beginnen. Überdies zeichnet sich die BBC1 durch eine eher defensive Strategie, ITV1 dagegen durch eine sehr offensive Strategie aus. Die amerikanischen Sender verwenden für die Einführung neuer Serien sendungs- und zuschauerbezogene (z.B. Hammocking bzw. Lead-Off) Strategien, nutzen hier also den Audience Flow sehr stark, um relativ schnell hohe Zuseherzahlen zu generieren.

Bezüglich des *Programmportfolios* lässt sich erkennen, dass gerade in Großbritannien – hier insbesondere bei der BBC1 – und beim ZDF relativ langlebige Formatmarken bestehen. Die bereits diskutierte Rolle von Eigenproduktionen als Erfolgsfaktor in der TV-Markenführung zeigt sich bei den untersuchten Sendern: Mit Ausnahme von Sky weisen diese erfolgreiche Eigenproduktionen auf, mit denen die Markenversprechen zumindest grundsätzlich übersetzt werden. Es bleibt auch hier anzumerken, dass die eher diffus gehaltenen Markenversprechen der amerikanischen Netzwerke durchaus noch geschärft werden könnten, entstehen doch andernfalls Erwartungen, die im Programm nicht oder nur unzureichend erfüllt werden.

4 Kommunikationspolitik: Best Practices

Über die Kommunikationspolitik der Sender wird das Markenversprechen abgegeben. Es beeinflusst damit nicht nur die Erwartungen bereits bestehender Zuseher, es soll zudem im Rahmen einer akquisitiven Strategie neue Zuschauer für den Sender gewinnen. Zeigten sich bereits in der Programmpolitik einige Unterschiede, sind diese in der Kommunikationspolitik umso deutlicher (vgl. Tab. 4).

So lässt sich im direkten Vergleich der *amerikanischen* Sender sehen, dass diese sich insbesondere über ihre Off-Air-Kommunikation positionieren. Die NBC konzentriert sich hier auf ihren Owned-Media-Bereich und ist weniger erfolgreich im Bereich der interaktiven Medien. CBS ist trotz seines eher austauschbaren Markenversprechens und seiner wenig charakteristischen On-Air-Kommunikation sehr aktiv im Off-Air-Bereich, und zwar über alle Bereiche (Paid, Owned, Earned). ABC hat es durch seine einzigartige kommunikative Positionierung geschafft, über die Fokussierung auf Formatmarken eine Userzentrierte Kommunikation und damit Earned Media aufzubauen respektive zu generieren.

Sender	Corporate Design	On-Air-Kommunikation	Off-Air-Kommunikation
NBC	NBC-Pfau, More colorful	- Station ID mit Farben der Pfauenfedern, Frauenstimme - Trailer bunt, modern, dynamisch; Farben stringent verwendet	Mäßig erfolgreiche Facebook- (ca. 33.000 Fans) und Twitter-Accounts (42.000 Followers); Fokus auf Owned Media
CBS	CBS-Auge, America's most watched network	- Station ID in Weiß, Silber, Grün und Blau, Männerstimme - Trailer cool, locker. jugendlich	Insgesamt Fokussierung auf einzelne Formate; Nutzung Printmedien (New York Times, USA Today) und eigene Plattformen (Online, Outdoor, Radio); erste Video-Anzeige in Print-Magazin; Intensive und integrierte Nutzung von Facebook/ Twitter für einzelne Formate (Earned M. ausgeprägt)
ABC	Buchstabenlogo, You're favorite shows live here	- Station ID in ähnlichen Farben wie CBS, Männerstimme - Trailer humorvoll, familiär, nah (typisch amerikanische Vorstadt)	Fokus auf Owned Media; keine eigene Facebook-Seite, Earned Media relativ gut ausgeprägt
BBC1	Buchstabenlogo, Rot und Schwarz als dominante Farben, Channel for everyone	Diverse Station IDs und Trailer unterschiedlicher Schattierung und Verwendung von Farben, in Trailern häufig „Stars" verwendet	Nutzung eigener Plattformen (Online, Radio, Print) → hier stärkere Format- und Genreorientierung
ITV1	Buchstabenlogo in Gelb, The brighter Side	- Station IDs zur Umsetzung der Satellitenversprechen mit Gelb und Licht im Mittelpunkt - Anpassung von Studio- und Setdesigns	- Paid: Kino, Print, Outdoor, Radio - Social Media: Facebook, Twitter, Nutzung von Twibbons für einzelne Formate - Facebook und Youtube für ITV1
La 1	Dachmarkenansatz von RTVE, Licht als zentrales Element, weiches, abgerundetes Design des in blau gehaltenen Logos	- Station IDs in Blau gehalten, Element Licht und Sonnenstrahlen, saisonal angepasst - Trailer in Corporate Design gehalten, Sprecherkommentar als rhetorische Frage	- IPad Applikation, Facebook über RTVE, wenig koordinierter Twitter-Auftritt - Vergabe eines Preises für audiovisuelle Innovation im Internet
Antena 3	Wort-Bild-Logo in Orange, Schwarz und Grau	- Station IDs mit Personenmarken, ohne Verwendung der Hausfarben - Trailer in Corporate Design	- Owned: Homepage, crossmediale Ausrichtung - Social Media: Facebook, Twitter, Youtube → Earned M. ausgeprägt
ZDF	Orange und Silber als Hausfarben, prägnantes Buchstabenlogo, Mit dem Zweiten sieht man besser	- Modernes Nachrichtenstudio, Verwendung der Hausfarben - Verwendung Mainzelmännchen - Station IDs mit Testimonials und „Zwei-Finger-Gruß"	- Paid: Outdoor, Print, redaktionelle Audio-PR, Online, Radio - Owned: Facebook, Youtube - Earned: Blogs, Viral Marketing - Kreatives Ambient Media
RTL	Wort-Bild-Logo in Rot, Gelb, Blau; Mein RTL (auch als Teil des Logos)	- Verwendung eigener Personenmarken in Trailern und IDs - Verwendung der Hausfarben im Studio-/ Setdesign	- Paid: Plakate, Printanzeigen in Programm-/ Publikumszeitschr. - Owned: Website, aber nicht stringent - Ambient Media
ProSieben	Bildmarke in Rot, Silber als zweite Hausfarbe, We love to entertain you	Imagkampagne: Next Level Entertainment, Star Force: Verwendung von Stars in Trailern, IDs, Werbetrennern	- Paid: Plakate, Printanzeigen - Owned: Facebook, Twitter, MySpace - Applikation für Smartphones
Sky	Wortlogo in Grundfarbe Silber, Das Besondere sehen	- Station IDs nach Sender angepasst (Farben, Tonalität, Musik) - Genremarken, v.a. Fußball, Sport im Vordergrund bei Trailern, humorvoll, Slice-of-Life	- Owned: Homepage - Paid: Print-Sujets mit Sport im Vordergrund

Tabelle 4: Kommunikationspolitik der Sender im Vergleich

BBC1 setzt sein Markenversprechen des „Channel for Everyone" auch in der Kommunikation um, indem es hier keine klare Positionierung aufbaut. Im Off-Air-Bereich nutzen sie vor allem ihre eigenen Medien (Owned Media). Demgegenüber greift ITV1 ganz klar die etablierte Position des öffentlich-rechtlichen Senders mit der intensiven Nutzung von Social Media-Plattformen an. Dies wird unterstützt durch die prägnante und stringente Sendermarkenorientierung sowie das Set an Paid Media, mit denen sie offensiv neue Zuschauer gewinnen möchten. Der Sender stellt sich insgesamt als frischer, heimatverbundener (explizite Abkehr von London-Affinität), jünger und innovativer dar und wird damit seinem Markenversprechen von „The brighter Side" gerecht.

Im *spanischen* Markt stehen sich der öffentlich-rechtliche Sender La 1 mit seiner Dachmarken- und Antena 3 mit seiner Einzelmarkenorientierung gegenüber. La 1 nutzt dabei den *Preis für audiovisuelle Innovation im Internet*, um seine Marke mit einem stärker dynamischen Aspekt aufzuladen. Antena 3 ist ein Benchmark für die crossmediale Ausrichtung und den integrierten Einsatz interaktiver Medien im On- und Off-Air-Bereich. Hier erfolgt eine strikte Fokussierung auf die Verknüpfung von Owned Media (eigene Website, Facebook, Twitter, Youtube) mit der Markenführung, die wiederum ein interaktives Publikum hinterlässt und so umfangreiche Earned Media generiert. Interessant bleibt allerdings, dass es keine explizit kommunizierten Claims, i.S.v. prägnant formulierten Markenversprechen, bei den untersuchten spanischen Sendern gibt.

Auch im *deutschen* Markt zeigt sich die Differenzierung der Sender insbesondere über die Kommunikation. Das ZDF zeichnet sich dabei vor allem über die bereits etablierten Mainzelmännchen aus, die es auch aktiv in ihre Kommunikation integriert. Überdies wird das Ziel deutlich, jüngere Zusehergruppen zu akquirieren, indem eine stringente Medienstrategie mit Paid, Owned und Earned Media umgesetzt wird. Neben der intensiven Verwendung von interaktiven Medien sind die kreativen Ambient-Media-Maßnahmen besonders hervorzuheben. Interessant ist zudem der direkte Vergleich zwischen RTL auf der einen und ProSieben auf der anderen Seite. RTL zeichnet sich in seiner Kommunikationspolitik vor allem durch die konsequente Verwendung des Claims „Mein RTL" aus, das sich in Logo, On- und Off-Air-Kommunikation wiederfindet. Ein weiteres zentrales Element ist die Verwendung eigener Personenmarken, die im Gegensatz zur *Star Force,* also der Verwendung von prominenten Testimonials, von ProSieben stehen. Neben dieser inhaltlichen Positionierung differenziert sich der Münchner Sender in seiner Medienstrategie über die Verwendung von Social Media (Facebook, Twitter, MySpace) und mobiler Kommunikation (ProSieben Applikation) für Smartphones und erreicht damit seine definierte Mediengeneration. Möchte man diese drei Sender etwaigen Persuasionsstrategien zuordnen, so ließe sich das ZDF mit seiner Verwendung von Zuschauern aus dem täglichen Leben mit *Social Proof* umschreiben, ProSieben mit *Autorität* (international anerkannte Experten der Unterhaltung) und auch RTL ließe sich eher letzterer Strategie zuordnen, wenngleich in etwas geringerer Ausprägung (senderbezogene Experten der Unterhaltung).[6]

Eine Sonderrolle nimmt auch hier der Pay-TV-Anbieter Sky ein. Insgesamt scheint deren Markenpolitik noch wenig ausgereift zu sein, konzentrieren sie sich doch zu wenig auf die Formulierung, Über- und Umsetzung eines konkreten, mehrwertgenerierenden Markenversprechens. Das im Claim versprochene „Besondere" lässt sich auch nicht in der Kommunikationspolitik erkennen.

---

[6] Vgl. dazu Cialdini 2007

Eine einseitige und wenig kreative Orientierung auf Sport mag präzise sein, greift aber bei einem wenig treuen Sportpublikum zu kurz[7] und vermag den Mehrwert eines direkten Bezahlmodells für das Publikum nur unzureichend zu vermitteln. Auch die Verwendung von Off-Air-Medien ist eher klassisch und reicht an nationale (etwa ZDF) oder internationale Maßstäbe (etwa CBS) nicht heran.

Insgesamt zeigt sich in der Kommunikationspolitik der Sender eine sehr viel stärkere Vielfalt und Differenzierung als dies in der Programmpolitik der Fall ist. Es bleibt daher zu vermuten, dass der Kommunikationspolitik auch in der TV-Markenführung die wichtigste Rolle zufällt. Diese Relevanz ist bereits aus anderen saturierten Märkten im Non-Media-Bereich bekannt. Wenn Unterhaltung als Kernkompetenz der verschiedenen Sender als austauschbar vom Publikum wahrgenommen wird, ist eine klare Markenpositionierung mit einer stringenten Kommunikationspolitik wesentlich für den Erfolg der TV-Marke.

5   TV-Markenführung: Ein Qualitätsmanagement-Ansatz

Die Fallstudien haben gezeigt, dass ein durchgängiges, stringentes Markenmanagement nötig ist, um in den saturierten, hochkompetitiven TV-Märkten zu bestehen. Wenngleich die Rahmenbedingungen für die untersuchten Sender variieren, so zeigen sich doch zahlreiche Gemeinsamkeiten, aber auch marktinhärente Unterschiede. Zudem zeigt die Anwendung des einheitlichen Analyseschemas einige „Fallstricke" auf, die an Hand eines Gap-Modells[8] aufgezeigt werden können (vgl. Abb. 1).

Hiermit soll aufgezeigt werden, wie eine mögliche Lücke zwischen den Erwartungen des Publikums und der wahrgenommenen Leistung einer Sendermarke erklärt respektive vermieden werden kann. Sie ist – dies ist bereits aus der Kundenzufriedenheitsforschung bekannt – die Ursache von Unzufriedenheit, von einer mangelnden Kundenloyalität und letztlich eines hohen Wechselbereitschaft. Das Zustandekommen einer langfristigen Zuschauerbindung an TV-Marken kann daher über ein solches Modell erklärt werden:

---

[7] Vgl. Wolff 2006: 155, vgl. Artikel Förster: TV-Markenführung: Besonderheiten, Strategien und Instrumente in diesem Buch.
[8] Anm.: Das Modell basiert auf der Grundidee des Ansatzes von Zeithaml et al. 2000 zur Servicequalität.

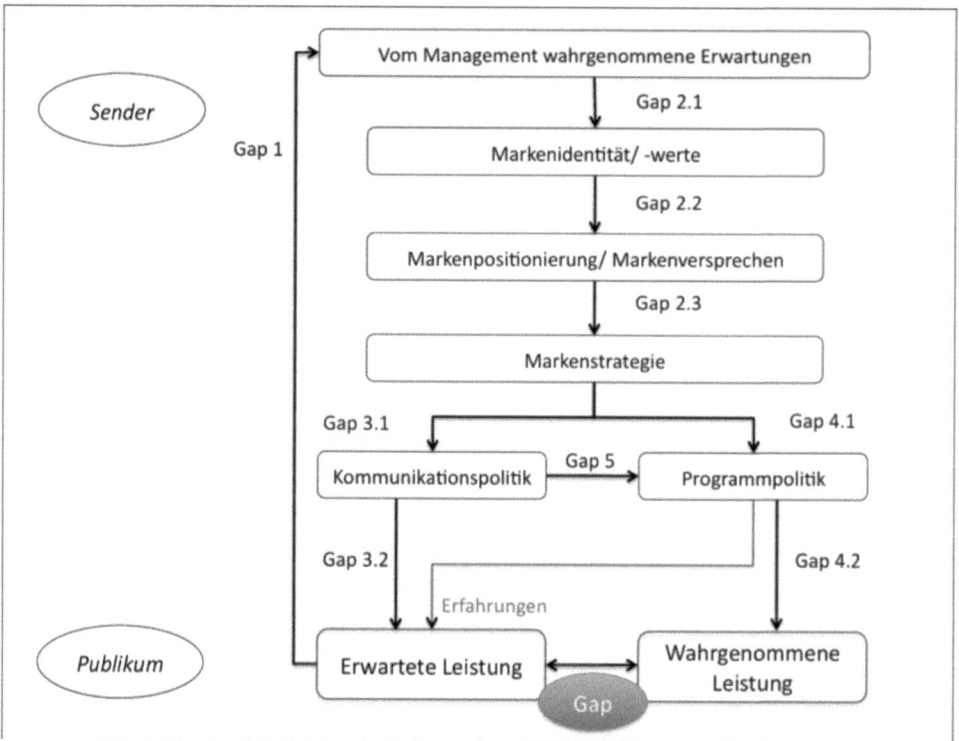

Abb. 1: Gap-Modell des TV-Markenmanagements

Die Entstehung einer Inbalance zwischen den Erwartungen und der wahrgenommenen Qualität der Leistung einer TV-Marke, ganz gleich ob es sich hierbei um Informations- oder Unterhaltungeserwartungen handelt, kann auf verschiedenen Ebenen und mit unterschiedlichen Gaps erklärt werden. Am Beginn des Markenführungsprozesses stehen zunächst die Publikumsforschung und damit die Erfassung der Zuschauerbedürfnisse. Hier entsteht die erste mögliche Lücke dann, wenn diese Erwartungen falsch interpretiert werden (Gap 1). Im nächsten Schritt sind diese vom Management wahrgenommenen Erwartungen in Markenversprechen und -strategien umzusetzen (Gap 2). Auch hier können Fehleinschätzungen und die Auswahl ungeeigneter oder vager Markenversprechen (etwa NBC, CBS, Sky) oder die Konzentration auf unzweckmäßige Submarken die Wirksamkeit der Marke verringern. Die weitere Übersetzung in die Kommunikationspolitik mit seinen On- und Off-Air-Maßnahmen spiegelt eine weitere potentielle Sollbruchstelle wider (Gap 3). Hier haben sich einige Best Practice-Beispiele gezeigt, so etwa Antena 3 in Spanien, ITV1 in Großbritannien oder auch das ZDF in Deutschland. Entwicklungspotential zeigt sich hier jedenfalls für Sky, aber auch für das NBC Netzwerk, die bisher ihren direkten Wettbewerbern in der Nutzung des Kommunikationspotentials nachstehen. Gap 4 ergibt sich schließlich aus der Übersetzung des Markenversprechens in die Programmpolitik, und damit in Programmprofil und -schema. Gap 5 beschreibt das Entstehen einer Lücke, wenn die durch kommunikationspolitische Maßnahmen versprochenen Leistungen insbesondere im Programmprofil nicht eingehalten werden.

Die Kommunikationspolitik nimmt damit eine zentrale Stellung in der Markenführung ein: Sie übernimmt einerseits eine akquisitive, andererseits eine bestätigende, konfirmierende Funktion. Sie dient der Übersetzung der Markenwerte, Markenversprechen und der Markenpositionierung und prägt so die Erwartungen des Publikums.

Die Marke spielt für TV-Sender eine tragende Rolle. Sie soll vom Publikum emotional und sozial akzeptiert werden (Sympathie, Empfehlung); in Bezug auf ihre Positionierung und Differenzierung soll sie soll eindeutig und einzigartig sein.[9] Für das Publikum ist ein TV-Sender nicht weniger als ein Begleiter: Wir lassen uns von unseren ganz persönlichen Serienhelden begeistern, manchmal zu Tränen rühren. Das Fernsehen ist der Blick in die Welt, ob nun durch Scripted Reality Shows oder Nachrichten. Die Bedingungen, ob technologisch oder hinsichtlich bestimmter Formattrends, die keine Landes- und Sprachengrenzen mehr kennen, scheinen sich in kaum einem anderen Bereich so schnell zu verändern wie in der Welt des Fernsehens. Daher gilt wohl ganz besonders für die TV-Markenführung: Fortsetzung folgt ..

Literaturverzeichnis

Cialdini, R.B. (2007): Die Psychologie des Überzeugens, 5. Aufl., Bern.

Förster, K./ Grüblbauer, J. (2010): Markeninternationalisierung von TV-Sendern: Empirische Untersuchung des Markenwerts deutscher Sender in Österreich, in: Koschnick, W.J. (Hrsg.): FOCUS-Jahrbuch 2010. Schwerpunkt: Der Stand der Werbewirkungsforschung, München, S. 631-658.

Schafmeister, G. (2007): Sport im Fernsehen. Eine Analyse der Kundenpräferenzen für mediale Dienstleistungen. Heidelberg.

Woelke, J. (2010): TV Programmanalyse. Fernsehvollprogramme in Österreich 2009, Schriftenreihe der Rundfunk und Telekom RegulierungsGmbH, Band 2/2010, Wien.

Wolff, P.-E. (2006): TV Markenmanagement. Strategische und operative Markenführung. Magdeburg.

Zeithaml, V.A./ Berry, L.L./ Parasuraman, A. (2000): Kommunikations- und Kontrollprozesse bei der Erstellung von Dienstleistungsqualität, in: Bruhn, M./Stauss, B. (Hrsg.): Dienstleistungsqualität, 3. Aufl., Wiesbaden, S. 119.

---

[9] Vgl. dazu Förster/ Grüblbauer 2010

Medien

Tobias Ebbrecht / Thomas Schick (Hrsg.)
Kino in Bewegung
Perspektiven des deutschen
Gegenwartsfilms
2011. ca. 300 S. (Film, Fernsehen, Medien-
kultur. Schriftenreihe der Hochschule für
Film und Fernsehen „Konrad Wolf") Br.
ca. EUR 29,95
ISBN 978-3-531-17489-1

Regina Friess
**Narrative versus spielerische
Rezeption?**
Eine Fallstudie zum interaktiven Film
2010. ca. 250 S. (Film, Fernsehen, Medien-
kultur. Schriftenreihe der Hochschule für
Film und Fernsehen „Konrad Wolf") Br.
ca. EUR 29,95
ISBN 978-3-531-17502-7

Andrea Gschwendtner
Bilder der Wandlung
Visualisierung charakterlicher Wandlungs-
prozesse im Spielfilm
2011. ca. 450 S. (Film, Fernsehen, Medien-
kultur. Schriftenreihe der Hochschule für
Film und Fernsehen „Konrad Wolf") Br.
ca. EUR 39,95
ISBN 978-3-531-17488-4

Volker Gehrau /
Christoph Neuberger (Hrsg.)
StudiVZ
Kommunikationswissenschaftliche
Studien zum Umgang mit einem sozialen
Netzwerk im Internet
2011. ca. 208 S. Br. ca. EUR 24,95
ISBN 978-3-531-17373-3

Mike Sandbothe
Wozu Medienphilosophie?
Pragmatistische Aufsätze 2000 bis 2010
2010. ca. 160 S. Br. ca. EUR 19,95
ISBN 978-3-531-17620-8

Wolfgang Schweiger / Klaus Beck (Hrsg.)
**Handbuch
Online-Kommunikation**
2010. 549 S. Geb. EUR 39,95
ISBN 978-3-531-17013-8

Eva Johanna Schweitzer /
Steffen Albrecht (Hrsg.)
Das Internet im Wahlkampf
Analysen zur Bundestagswahl 2009
2011. ca. 300 S. Br. ca. EUR 29,95
ISBN 978-3-531-17023-7

Erhältlich im Buchhandel oder beim Verlag.
Änderungen vorbehalten. Stand: Juli 2010.

www.vs-verlag.de

VS VERLAG

Abraham-Lincoln-Straße 46
65189 Wiesbaden
Tel. 0611.7878-722
Fax 0611.7878-400

MIX
Papier aus verantwortungsvollen Quellen
Paper from responsible sources
FSC® C105338

If you have any concerns about our products,
you can contact us on
ProductSafety@springernature.com

In case Publisher is established outside the EU,
the EU authorized representative is:
Springer Nature Customer Service Center GmbH
Europaplatz 3, 69115 Heidelberg, Germany

Printed by Libri Plureos GmbH
in Hamburg, Germany